第 17 辑 下卷　　宋晓 主编

# 中德法学论坛

Jahrbuch des Deutsch-Chinesischen
Instituts für Rechtswissenschaft der Universitäten
Göttingen und Nanjing

 南京大学出版社

# 中德法学论坛

## 第 17 辑·下卷(2020 年)

# Jahrbuch des Deutsch-Chinesischen Instituts für Rechtswissenschaft der Universitäten Göttingen und Nanjing

Band 17 Heft 2 Jahr 2020

## Herausgeber
### SONG Xiao

感谢德意志学术交流中心
对《中德法学论坛》的支持
Gefördert vom Deutschen Akademischen Austauschdienst (DAAD)
aus Mitteln des Auswärtigen Amtes (AA)

# Jahrbuch des Deutsch-Chinesischen Instituts für Rechtswissenschaft der Universitäten Göttingen und Nanjing
## Band 17 Heft 2
## Inhaltsverzeichnis

• Aufsätze •

# 学术专论

中德法学论坛

第 17 辑·下卷，第 3~30 页

# 个别约定中的补充解释[*]

〔德〕托马斯·芬克瑙尔[**] 著 马 强[***] 译

摘 要：当合同存在漏洞时，应通过补充解释对其进行填补。补充解释应以假设的当事人意思为准，即假使当事人在缔约时认识到填补的必要性，本于诚信之思考，将会采纳何种规则。补充解释应始终围绕当事人的意思及其规整计划展开，但在具体技术安排上，法官有一定的自由裁量空间。补充解释应遵循法律行为效力控制的一般规则。判例与学理对补充解释所作的限制，大多不具有合理性，没有独立存在的价值。如当存在多种漏洞填补方式且不确定当事人会选择哪一种时，应禁止补充解释，这种限制尤其应被废除。补充解释与交易基础丧失在历史渊源与规范结构上均具有共性，对于二者界分的诸多尝试无一不走向失败，交易基础丧失的规则也只是个解释的问题。

---

* 本文出自：Archiv für die civilistische Praxis（AcP），Dezember 2013，213. Bd.，H. 5/6 （Dezember 2013），pp. 619-651.

** 〔德〕托马斯·芬克瑙尔（Thomas Finkenauer）：德国图宾根大学民法、罗马法、欧洲私法教席教授。

*** 马强：上海财经大学法学院民商法博士研究生。感谢上海财经大学法学院朱晓喆教授、德国图宾根大学法学院博士研究生吴训祥、上海财经大学法学院刘洋博士对本文的翻译所提出的宝贵建议。

# 一、漏洞及其填补

## (一)规整漏洞

依通说,补充解释是依《德国民法典》第 157 条的解释。[1] 其以合同约定中存在一个开放的要点(einenoffenen Punkt)为前提。这会使得当事人所欲实现之规整计划中的一项必要规定缺失。[2] 违反计划的规定欠缺可能归因于:当事人以某一不正确的事实为出发点,事后情况发生了改变,存在一项缔约时尚未发生的问题,而当事人对此并未认识到,其或为当事人所直接忽视,或有意留白。[3] 一项问题是否被留白,只能通过对所达成之合意的范围的相应解释来确定。[4]

所涉者,究系自始规整漏洞,抑或嗣后规整漏洞,[5] 漏洞是无意还是有意而生,均无关紧要。[6] 如当事人在一份框架合同(Rahmenvertrag)中将有问题的规则交由日后确定,仍希望在缔约后就一项规则达成一致,或者在缔约之时误认为就某一点没有规范的必要,大致即存在一项需填补的、有意的规整漏洞。[7] 不过,在一项有意的规整漏洞中可能也表达了一种风险决定(Risikobestimmung),其全然禁止补充解释,因为如果允许补充解释,这会使得在缔约中无法与(他方当事人)达成其他风险承担条款的当事人受益。[8]

若由某一规则的存在而径直推断出,当事人有意作封闭约定,并因此认为不存

---

〔1〕 Vgl. etwa BGHZ 9, 273, 278; 164, 286; BGH NJW 1995, 1212; NJW 2013, 679 und 991; *Larenz*, Allgemeiner Teil des deutschen Bürgerlichen Rechts, 7. Aufl. 1989, 539;539; *Sandrock*, Zur ergänzenden Vertragsauslegung im materiellen und internationalen Schuldvertragsrecht, 1966, 103f.; *Brox/Walker*, Allgemeiner Teil des BGB, 36. Aufl. 2012, Rn. 140; Staudinger/ *Roth*, BGB, 2010, § 157 Rn. 2; *Säcker*, in: FS für Harm Peter Westermann, 2008, 617, 621.

〔2〕 BGHZ 77, 301; *Larenz* (Fn. 1), 538; *Mayer-Maly*, in: FS für Werner Flume zum 70. Geburtstag, Bd. Ⅰ, 1978, 621, 624 f.

〔3〕 *Flume*, Allgemeiner Teil des Bürgerlichen Rechts, Bd. Ⅱ: Das Rechtsgeschäft, 4. Aufl. 1992, 323.

〔4〕 *Flume*, (Fn. 3), 323.

〔5〕 Staudinger/*Roth* (Fn. 1), § 157 Rn. 17;关于嗣后漏洞 BGH NJW - RR 2013, 494, 495; *Hager*, Gesetzes-und sittenkonforme Auslegung und Aufrechterhaltung von Rechtsgeschäften, 1983, 166.

〔6〕 *Köhler*, BGB. Allgemeiner Teil, 35. Aufl. 2012, § 9 Rn. 19.

〔7〕 Staudinger/*Roth* (Fn. 1), § 157 Rn. 17.

〔8〕 *Ehricke*RabelsZ 60 (1996), 661, 675f.

在漏洞,这是不恰当的。例如,一份土地买卖合同的当事人为防货币购买力下降,设定了随养老金而发展变化的价值担保条款以保障契约定期金(Vertragsrente),然而养老金过度上涨,(当事人)所选择的指数(Index)虽不相宜,但应否定存在漏洞,于此充其量能认可存在交易基础丧失。[9] 这并不能使人信服:虽然存在一项关于价值担保的规则,但事实证明其是有缺陷的。即若当事人预见到相关指数会如何变化,将以其他方式解决该问题。对于前述例子,可于嗣后得出当事人的规整计划中存在一项漏洞的结论。[10] 司法裁判在补充解释当中亦对此表示赞同,例如公司法上的补偿金(gesellschaftsrechtliche Abfindungen)由股份的账面价值提升到交易价值。[11] 补偿费的问题在这类契约中同样也有规定,但鉴于交易价值的发展变化,这并不妥当。另一个例子:一个土地买受人(就该土地被废油污染损害一事受到欺诈)将其所购买之土地转卖给第二买受人,尽管第二个买卖合同中约定了排除瑕疵担保责任,但仍可通过补充解释得出第一买受人(向第二买受人)让与了针对第一出卖人的瑕疵担保请求权。[12] 上诉法院还曾否定规整漏洞,而联邦法院完全正确地对规整漏洞加以肯定,并提到,既存的瑕疵担保责任排除仅指涉一般的瑕疵风险,而不涉及废油污染损害这种额外的风险。因此,虽然对于有疑问之情事存在一项意定规则,然而完全可以肯定存在必须填补的漏洞。这是一种依当事人之规整计划规定不充分的情形;单纯的完善必要性(bloße Vervollständigungsbedürftigkeit)同样也会产生有必要填补的漏洞。[13]

## (二) 假设的当事人意思

对约定的解释始终要从当事人实际表达的意思出发。即使当事人的意思在一项其他的甚至可能无效的规则中被表示出来,其对于解释而言,亦应被纳入考量。[14] 若此等检视未达目的,则依《德国民法典》第157条,应考察交易习惯(Verkehrs-

---

〔9〕 BGH BB 1975,623;在著名的"黑麦案"(Roggenfall)中有不同而正确的观点 BGH LM § 157 (D) Nr. 27;BGHZ 81,135(下文"三·(二)·1")。

〔10〕 就此而言,这个例子与"黑麦案"没什么不同(BGH LM § 157 (D) Nr. 27);对此 MünchKomm/*Finkenauer*,BGB, 6. Aufl. 2012, § 313 Rn. 42. 与《德国民法典》第313条的界分见下文第三部分。

〔11〕 BGHZ 123,281;BGH ZIP 1994,1173.

〔12〕 BGH NJW 1997,652.

〔13〕 亦见 Staudinger/*Roth* (Fn. 1), § 157 Rn. 15. 顺便提一下,*Lüderitz* 将该漏洞问题完全作为假问题(Scheinproblem)而不予考虑,这是无法理解的,*Lüderitz*,Auslegung von Rechtsgeschäften,1966,410;与之相反,正确的是,*Mayer-Maly* (Fn. 2),621,625 in Fn. 24.

〔14〕 BGH LM § 157 (D) Nr. 12(不可追认的价值担保条款);*Mayer-Maly* (Fn. 2),621,625.

sitten)、商业习惯(Geschäftsgepflogenheiten)与贸易惯例(Handelsbräuche)。[15] 若此等检视亦未达成目的,漏洞应以契约补充解释的方式通过如下规则进行填补,即若当事人考虑到其未予规整之情事,在合理权衡双方利益时,依诚实信用原则本将采取的规则。[16] 因此,漏洞填补要探求假设的当事人意思,其可从契约文书(Vertragsurkunde),或者亦可从相关情事中得出。[17] 有必要检视,若当事人注意到开放之要点的规整必要性,本须诚信且理智地采纳何种规则。[18] 对于不完整的规则,须依其自身的前提条件以及契约目的相应地进行填补。[19] 最后,当前述对具体契约的检视无法继续进行时,也要关注当事人的典型利益(typische Interessen der Parteien)。具有决定意义的是合同订立的时间,除非由此所获致的解释结果例外地与当前的(即解释之时的)价值标准或交易习惯相悖。[20]

　　同样,在多个方面均不妥当但常被讨论的问题是,若当事人考虑到开放的要点,本来会作出何种规定。[21] 其没有认清,人们绝对无法澄清这种事后评判(ex post),再者,其亦与《德国民法典》第 157 条的规范性标准不符。不过最重要的是,此种观点错误地表明,[契约的补充解释]取决于每一方当事人的个人私人利益。至于当事人本来是否会实际同意所获致之规则,就无关紧要了。补充解释是一种客观的解释,当然,说是一种规范的解释(normative Auslegung)更好。[22]

---

〔15〕　对此参见 *Sonnenberger*,Verkehrssitten im Schuldvertrag, 1970;*Lüderitz*(Fn. 13),414 ff.;*Ehricke* RabelsZ 60 (1996), 661, 681 f.

〔16〕　BGHZ 123,281,285 f.,289;160,354,364 f.;164,286,292;BGH NJW 2002,2310,2311.

〔17〕　不应将假设的当事人意思与可推测的当事人意思(der mutmaßliche Parteiwillen)相混淆,因为此等表述暗含了,其并非规范的而是一种主观的解释;*Lüderitz*(Fn. 13),396.

〔18〕　BGHZ 90,69;BGH NJW 2002,1482;*Larenz*(Fn. 1),539,542;*Wieling* Jura 1985,508,510;*Mayer-Maly*(Fn. 2),621,625;*Brox/Walker*(Fn. 1),Rn. 140;*Ehricke* RabelsZ 60 (1996),661,687;*Bork*,Allgemeiner Teil des BGB, 3. Aufl. 2011, Rn.537;*Säcker*(Fn. 1),617,621 f.

〔19〕　*Larenz*(Fn. 1),538.

〔20〕　BGH NJW 2005, 3559, 3565;NJW 2008, 562;*Mayer-Maly*(Fn. 2),621, 626;MünchKomm/*Busche*,BGB, 6. Aufl. 2012,§ 157 Rn. 50;Nomos Kommentar/*Looschelders*,BGB, 2. Aufl. 2012,§ 157 Rn. 24;Staudinger/*Roth*(Fn. 1),§ 157 Rn. 4;*Hager*(Fn.5),164;*Wieling* Jura 1985,508,509 in Fn. 68;*Kötz* JuS 2013,289,295. 限制:BGHZ 23,282 (因纳粹罪证而对储蓄银行经理的免职). 其他观点 *Flume*(Fn. 3),327:因契约补充的规范性特征,以法官裁判时点为判断标准。

〔21〕　非常明确的 *Pawlowski*,Allgemeiner Teil des BGB, 7. Aufl. 2003, Rn. 516.

〔22〕　*Flume*(Fn. 3),322,325;*Larenz*(Fn. 1),542;*Brox* JZ 1966,761,766;*Mayer-Maly*(Fn.2),621;*Wieling* Jura 1985,508;*Säcker*(Fn. 1),617, 621.

### （三）批判：契约类型抑或法官的契约补充

尤其要提及的是，弗卢梅（Flume）摒弃了假设的当事人意思理论，而选择了"此类法律行为的规则"（die rechtsgeschäftliche Regelung als solche）作为参考。需追问，什么[样的规则]"属于""此类"（而非该具体的）契约，为此，契约须依其类型而被理解。在欠缺交易习惯时，补充性规则须从法秩序之整体，尤其是从[法秩序整体]对于相似类型[契约]已准备好的规则中获取。[23]

依另一种广为流传的观点，按照假设的当事人意思的契约补充解释无异于客观的、脱离当事人意思的法律发现、法律续造或法官的契约补充。[24]"补充解释"是一种语词矛盾（contradictio in adiecto），因为人们对某一契约要么进行解释，要么予以补充。[25] 对于司法裁判来说，补充解释可简化裁判理由，因为补充解释能够使得裁判理由显得像是对契约逻辑一贯的"深究到底"（Zu-Ende-Denken）。[26] 归根结底，这涉及法律行为的拟制（rechtsgeschäftliche Fiktionen），其通过解释而被"投放"到现实之中。[27]

但反对这两种学说者坚持，须对具体的契约深究到底，契约须基于其具体计划而得到补充。[28] 可类比海克（Heck）的法律解释理论，[29] 海克将之称为一种对于契约规整计划的可理解的服从（verstehendes Gehorsam）。单纯适用任意规范，如弗卢梅的观点最终所要达到的那样，没有充分考虑到私人自治的当事人规整（privatau-

---

[23] *Flume*（Fn. 3），324，327.

[24] *Henckel* AcP 159（1960/61），106，118 f.；*Pilz*，Richterliche Vertragsergänzung und Vertragsabänderung，1963，50，62，91；*Lüderitz*（Fn. 13），395；*Hart*，in：Alternativkommentar zum BGB，1987，§§133，157 Rn.59，66；MünchKomm/*Busche*（Fn.20），§157 Rn. 28；*Bachmann*，Private Ordnung，2006，239 f.联邦法院也有一些判决诉诸《德国民法典》第157条、第242条（例如 BGHZ 123，281，287 f.；BGH ZIP 1994，1173，1178）或者直接诉诸《德国民法典》第242条（BGH VersR 1980，426；NJW 2009，1482，1483），不过大多数是诉诸《德国民法典》第157条（参见注释1）.

[25] *Wolf/Neuner*，Allgemeiner Teil des Bürgerlichen Rechts，10. Aufl. 2012，§35 Rn. 68；*Neuner*，in：FS für Claus-Wilhelm Canaris，Bd. Ⅰ，2007，901，918 f.，924.

[26] *Uffmann*，Das Verbot der geltungserhaltenden Reduktion，2010，196 ff.

[27] *Pilz*（Fn. 24），62；*Neuner*（Fn. 25），916，918；*Uffmann*（Fn. 26），194 f.，200.

[28] 正确者 BGHZ 123，281，285 f.；BGH NJW-RR 2013，494，495；*Brox* JZ 1966，761，765；*Hager*（Fn. 5），160 f.；*Larenz*（Fn. 1），539 f.；*Sandrock*（Fn. 1），86 f.，102；*Mayer-Maly*（Fn. 2），621，626；*Medicus*，Allgemeiner Teil des BGB，10. Aufl. 2010，Rn. 343；*Erman/Armbrüster*，BGB，13. Aufl. 2011，§157 Rn. 20；*Säcker*（Fn. 1），617，624；保持开放者 *Ehricke* RabelsZ 60（1996），661，686.

[29] *Heck*，Begriffsbildung und Interessenjurisprudenz，1932，106 f.

tonome Parteiregelung）。尽管强调规范性，[30]但依《德国民法典》第 157 条的解释却非他治的或司法的契约补充（依《德国民法典》第 242 条），而系根植于私人自治。[31] 尽管这两个规定有着几乎相同的表述以及共同的编纂史，[32]但二者的出发点却有着根本不同：《德国民法典》第 157 条仍是关于契约解释，即其系一项契约本身固有的视角，而《德国民法典》第 242 条应被理解为一种外部修正的辅助手段。依奥尔特曼（Oertmann）所言，支持依《德国民法典》第 157 条解释者，可被称为意思效力（Willenswirkung）的拥护者；支持适用《德国民法典》第 242 条者，可称为法定效力（gesetzliche Wirkung）（或法官确定之效力）的拥护者。[33]

　　补充解释必须始终遵循契约当事人的意思及其规整计划。若其为一种客观的、他治的思考（objektiv-heteronome Betrachtung），亦必须认可将经济人（homo oeconomicus）作为假设的当事人意思的判定标准，并因此寻求对于当事人有效率的规则。但经济主体并非总是追求收益最大化（Nutzenmaximierung）。[34] 在发生漏洞的情形下，于当事人而言，对契约"继续思考"（Fortdenken）作为一种纯粹的拟制而不予考虑者，则为考量各种契约以外的、所谓的更高利益，如公共福利（Gemeinwohl），开通了道路。[35] 但遵从公共福利并非法官的解释任务。不足为奇的是，在纳粹时期，补充解释与受假设的当事人意思及契约拘束的观点遭到抵制，取而代之，义务的思想与公共利益（Gemeinnutz）被置于前端。[36]

---

〔30〕　参见前注 22。

〔31〕　NomosKommentar/*Looschelders*（Fn. 20），§ 157 Rn. 28；Staudinger/*Roth*（Fn. 1），§ 157 Rn. 4；同样对于私人约定 *Wiedemann*，in：FS für Claus-Wilhelm Canaris，Bd. Ⅰ，2007，1281. 与发展趋势不同的 BGHZ 96,313,320f.（《国际货物统一买卖法》第 3 条：与私法自治没有直接的共同之处）；与之相反，正确的 *Medicus*（Fn. 28），Rn. 343；所提及的判决无疑不具有代表性，参见：*Vogenauer*，in：Historisch-kritischer Kommentar zum BGB，Allgemeiner Teil，2003，§§ 133，157 Rn. 102 m.w.N.

〔32〕　对此 HKK/*Vogenauer*（Fn. 31），§§ 133,157 Rn. 24 f.

〔33〕　*Oertmann*，Die Geschäftsgrundlage，1921,130. 联邦法院也正确地认为，《德国民法典》第 242 条系关于法律上的应当（das rechtliche Sollen），第 157 条系当事人的法律上的意愿（das rechtliche Wollen der Parteien），BGHZ 16,4,8；BGH WM 1969,1237,1239.

〔34〕　正确的 Staudinger/*Roth*（Fn. 1），§ 157 Rn. 2.

〔35〕　与之相反，MünchKomm/*Finkenauer*（Fn. 10），§ 313 Rn. 79.

〔36〕　参见 *Heinrich Stoll*，Vertrag und Unrecht，Bd. I，1936，83；HKK/*Vogenauer*（Fn. 31），§§ 133，157 Rn. 41，102 f. m.w.N.（德意志民主共和国时期法律行为的解释 ebd.，Rn. 41）.

### （四）任意法

当存在任意法，该任意法为开放的要点提供了规则时，判例与通说即否认存在漏洞。[37] 然而，相较于补充解释，不应优先适用任意法。此乃任意法的性质使然，即其具有谦抑性（nachgiebig）。[38] 因此，经由解释始获致的当事人意思也可能是排除任意法的适用。[39] 当然，如果没有可识别的相反证据时，通常应承认，当事人同意适用任意法，[40] 因为任意法在很大程度上是"诚实且理性的当事人可推知之意思的法定类型化"。[41] 契约越符合法律规定的契约类型，越应当如此适用。[42]

### （五）补充解释的法效果

补充解释可能的法效果的范围（Bandbreite）不能过大。其无法与判例在一个交易基础障碍案例中所发展出来的、并于 2002 年在《德国民法典》第 313 条加以规定的（交易基础丧失制度的法效果）相区分：一方面为契约调整，另一方面为通过解除或终止而使契约终结。德国联邦法院十分坦率（并且逻辑一贯）地指出，不要求对契约补充的"技术安排"（technische Ausgestaltung）的每个细节均于契约意思（Vertragswillen）中有据可循。[43] 举几个例子可能就足以说明：因为出租人想要改建（所出租的房屋），所以承租人的美化修缮义务没有意义了，取而代之，出租人的金钱

---

〔37〕 *Bork*（Fn. 18），Rn. 534；Staudinger/*Roth*（Fn. 1），§ 157 Rn. 22 m.w.N.；*Kähler*，Begriff und Rechtfertigung abdingbaren Rechts，2012，336；《一般交易条款法》上关于补充解释的一贯的司法判决亦是如此（BGFIZ 90，69；92，363），但在合伙契约有所不同，对此补充解释优先，适用任意法被视为"最后的权宜之计"（BGHZ 123，281，285 f.）；区分者 Soergel/*Wolf*，BGB，12. Aufl. 1999，§ 157 Rn. 109 ff.；*Möslein*，Dispositives Recht，2011，84 f.；与联邦法院观点不同的，尚有帝国法院（补充解释优先），vgl. HKK/*Vogenauer*（Fn. 31），§ § 133，157 Rn. 101 m.w.N.

〔38〕 任意法可能自始即限制其自身的适用，如通过纯粹的疑义规则（bloße Zweifelsregelung），如《德国民法典》第 125 条第 2 句、第 154 条第 2 款、第 262 条、第 269 条第 1 款、第 271 条第 1 款。

〔39〕 正确的 *Larenz*（Fn. 1），547；MünchKomm/*Busche*（Fn. 20），§ 157 Rn.45f.；*Hart* KritV 72（1989），179，187；*Mayer-Maly*（Fn.2），621，625；*Wieling* Jura 1985，508，510 in Fn. 77；*Wiedemann*（Fn. 31），1281，1286；*Kötz* JuS 2013，289，294. 亦见 *Cziupka*，Dispositives Vertragsrecht，2010，201 f.，412（"经常'不适宜的'粗网眼的典型化个性修正工具"）；*Sandrock*（Fn. 1），47 f.，仅在非典型的、特别的或个性化的案情中援用补充解释，其他情形援用任意法。

〔40〕 BGHZ 77，301，304.

〔41〕 *Canaris* AcP 200（2000），273，285.

〔42〕 Staudinger/*Roth*（Fn. 1），§ 157 Rn. 23.

〔43〕 BGHZ 90，69，81（zu AGB）.

给付请求权得到了肯定。[44] 这就由一个完全不适当的或不生效的价值担保条款成为一项免于追认的给付保留。[45] 若在发包程序(Vergabeverfahren)中,定标因为复核而迟延,契约的时间与报酬将相应地改变。[46] 按照账面价值基础计算的过低的股东补偿金被提高,[47] 或者对于一项诊所交换(Praxistausch)添加竞业禁止义务。[48] 最后,契约的补充亦会考虑到解除保留(Rücktrittsvorbehalt),并因此涉及一项终止权(Beendigungsrecht)。[49]

## 二、契约补充的界限

### (一)违法与悖俗

不言而喻,契约不得以解释结果违法或悖俗的方式而被补充。[50] 契约无效不符合假设的当事人意思。[51]

### (二)司法的理性?

法官的任务不是以自己的利益评价替代当事人的利益评价。[52] 因此,不允许法官以补充解释的方式使一个愚蠢的契约变为合理的契约,或使一个不公平的契约成为公平的契约。[53] 法官亦非"社会工程师",因此不允许其以一个社会所期望的契约替代一个不为社会所期待的契约。

若当事人已经以一定的方式评估了给付与对待给付的关系,补充解释就不得修改此等关系。一方当事人在缔约磋商中没能或不愿实现者,亦不得由法官事后赋予。[54] 然而,若在契约存续期间情事发生变化,并使得原本在契约中所表达出的给付评价无法再实现,则有必要以补充解释的方式修正。但在此等情形中,法官仅仅

---

[44] BGHZ 77, 301.

[45] BGH LM § 157 (D) Nr. 27；BGHZ 81, 135 (黑麦条款)；OLG Köln ZMR 1999, 633.

[46] BGHZ 181, 47.

[47] BGHZ 123, 281；BGH ZIP 1994, 1173.

[48] BGHZ 16, 71.

[49] BGHZ 90, 69 (zu AGB).

[50] MünchKomm/*Busche* (Fn. 20), § 157 Rn. 56.

[51] *Brinkmann*, in：Prütting/Wegen/Weinreich, BGB, 7. Aufl. 2012, § 157 Rn.29；*Bunte* NJW1984,1145,1149.

[52] *Larenz* (Fn. 1), 539；*Kötz* JuS 2013,289,295.

[53] 正确的 *Flume* (Fn. 3), 325.

[54] *Leenen*, BGB Allgemeiner Teil：Rechtsgeschäftslehre, 2011, Rn. 193.

是维持原初的牵连关系(das ursprüngliche Synallagma)。〔55〕

### (三)当事人的真实意思

补充解释不得悖于契约缔结时当事人可认识的真实意思。〔56〕正如所见,因为这里涉及的仍是契约解释,而非一种外部修正。从嗣后的表示只能谨慎地推导缔约时的实际意思,相反,从诉讼时所做出的表示中基本没法得出当事人的意思,盖其必然是有争议的。〔57〕无论如何,关于当事人实际意思的猜想(Mutmaßungen)没有存在的空间。〔58〕

### (四)契约标的之扩张或限缩

经常读到,契约补充解释不得使契约标的扩张或限缩。〔59〕帝国法院在1915年即采用此等限制,以否定对通行权的扩张。一个庄园的出让人要求受让人在所让与之庄园上无偿授予其通往甜菜专线(Rübenbahn)车站的道路通行权。但当事人没有将通往该车站的最短道路纳入契约,因其一致认为,这涉及的是一段公共道路。嗣后发现,这其实是一段私人道路,受让人立即封锁了道路(亦针对出让人)。帝国法院狭隘地认为,扩展最短道路上的通行权会扩张契约标的,这是不被允许的。〔60〕如同其他所有意思表示,在物权合意之上,补充解释亦被允许。〔61〕无法弄清,何以善

〔55〕　BGHZ 90, 69;181,47;BGH NJW 2002,2310;*Larenz*(Fn. 1),542;*Wieling* Jura 1985,508,510;MünchKomm/*Busche*(Fn. 20),§ 157 Rn. 48;*Köhler*(Fn. 6),§ 9 Rn. 20.

〔56〕　帝国法院已经采此观点 RG JW 1915, 87, Nr. 1;BGHZ 90, 69;BGH NJW 1995, 1212, 1213;Staudinger/*Roth*(Fn. 1),§ 157 Rn. 38;*Mayer-Maly*(Fn. 2),621,625,627 源自判例的进一步证据;*Larenz*(Fn. 1),542;MünchKomm/*Busche*(Fn. 20),§ 157 Rn. 49.

〔57〕　正确的 *Medicus*(Fn. 28),Rn. 343. 契约缔结后当事人行为原则上的可用性 *Wiedemann*(Fn. 31),1281,1282.

〔58〕　MünchKomm/*Busche*(Fn. 20),§ 157 Rn. 48.

〔59〕　BGHZ 77,301,304;BGH NJW-RR 2005,1619;NJW 2009,1348,1349;NJW 2010,2649;vgl. *Sandrock*(Fn. 1),97;RGRK/*Piper*,BGB,12. Aufl. 1982,§ 157 Rn. 103;Soergel/*Wolf*(Fn. 37),§ 157 Rn. 127;Staudinger/*Roth*(Fn. 1),§ 157 Rn. 39 m. w. N.;NomosKommentar/*Looschelders*(Fn. 20),§ 157 Rn. 25;Erman/*Armbrüster*(Fn. 28),§ 157 Rn. 23.

〔60〕　RGZ 87,211,214.

〔61〕　正确的 Staudinger/*Gursky*,BGB,2012,§ 873 Rn. 62,65;MünchKomm/*Kohler*,BGB, 6. Aufl. 2013,§ 873 Rn. 64;*Wieling*,Sachenrecht,5. Aufl. 2007,§ 20 I 2 c. 法律交往可通过《德国民法典》第891条以下得到充分保护;因为对于登记以及与之相关的登记的同意适用客观中立观察者的解释(BGHZ 60,226;160,354;Staudinger/*Roth*(Fn. 1),§ 157 Rn. 45). 如果客观解释之登记与合意不符,则登记簿不正确,vgl. Staudinger/*Gursky*,2012,§ 873 Rn. 65. 亦见 Fn. 73.

意的契约当事人不会对被帝国法院拒绝的通行权之扩张作出约定：受让人在假想的公共道路上显然没有值得保护的利益，并且其可在很大程度上为出让人节省费用。与私人道路上的地役权相关的维护费无疑可由出让人承担。[62]

　　一个较新的例子：针对住宅之让与，受让人承担了对让与人的照顾，并于让与人有生活障碍时担任护理人之职（Stellung einer Pflegekraft），然而让与人必须被安顿到疗养院，若受让人应按比例负担让与人在疗养院的护理费以替代所约定的其私人护理，则意味着一项不被允许的契约扩张。[63] 但是关于护理人之职的约定即清晰地表明了，受让人不应仅提供个人的、因而是"无金钱支出"的照护。让与人没有而且亦不必应允对其照顾的此等有限保障。仅当可以认识到，当事人一致同意对安置到疗养院这种情形由社会保障金而非受让人个人负担费用时，方可依《德国民法典》第 157 条排除受让人的义务。[64]

　　限制的意义在学理上被正确地削弱了。[65] 也就是说，补充解释当然可以使契约标的扩张。若离任股东（der ausscheidende Gesellschafter）可以获得高于契约所定之补偿，[66] 这对于公司来说，即意味着一种扩张。若法院只是确保维持原初的牵连关系，这对于公司来说只是一种微弱的慰藉。若补充解释的结果为在营业转让中亦须交付顾客名单，则从出让人的角度来看，几乎不能否定这是一种扩张。在诊所交换案（Praxistausch-Fall）中，一个诊所的出让人被施加了不与受让人竞争的附加义务。[67] 相反，对一方回赎权的准许则限于（存在）法律行为义务。

　　最近由判例尝试界定的公式是不得将新的、迄今尚不存在的（内容）引入契约，[68] 此种公式同样是不成功的。因为，如在联邦法院的一项民事判决（BGHZ 90，69）中所采纳之解除权，并非使原契约得以实行，而恰恰是创设了（新的）使之终结的可能。此种理由作为限制，其只能表述为不得超出当事人规整计划之界限。[69] 不过，这在结果上又与对契约作逻辑一贯的深究根本没什么区别。这已经可以从常规的漏洞填补的要求中得出（上文"一（二）"），前述标准没有作为一种独立限制的价值。

---

〔62〕　正确的 *Pilz* （Fn. 24），41，51，61.

〔63〕　BGH NJW 2010，2649.

〔64〕　BGH NJW 2009，1348；亦见下文"二·（五）·1·（3）"。

〔65〕　*Flume* （Fn. 3），327（"有保留地理解"；„cum grano salis zu verstehen"）；HKK/*Vogenauer* （Fn. 31），§§ 133，157 Rn. 104 f.

〔66〕　参见注释 47 的引证。

〔67〕　BGHZ16，71，76 f.

〔68〕　BGHZ 92，363，370；BGH NJW-RR 1989，1490，1491.

〔69〕　Staudinger/*Roth* （Fn. 1），§ 157 Rn. 42；亦见 *Flume* （Fn. 3），327；*Wieling* Jura 1985，508，511；*Müller* JZ 1981，337 f.

### （五）规整可能的多样性

通说将存在多种形成可能性（Gestaltungsmöglichkeiten）且不确定当事人会诚信地（redlicherweise）就哪种方式取得一致，视作另一种限制。[70] 若可想象的不同规整模式处于同等地位，并且不能发现当事人会诚信地选择哪种方式来规范开放的要点的依据，则应因此排除补充解释。这种限制立基于努力维持当事人的私人自治，并且避免肆意的、未包含于当事人意思之中的决断。[71]

实践中，补充解释因司法认知可能性的错误限制（vermeintliche Begrenztheit）而落空的情况，并不少见。不过值得注意的是，在这一点上判例所使用的表述明显不同：一些判决仅提出当事人会选择哪种规则的问题（下文第 2 小节），而没有采用通过价值评价，判断当事人会诚信地选择哪种规则的表述（下文第 2 小节）。对于裁判理由值得作更深入的思考。

1. 依据规范的、以诚信当事人意思为基准设立的公式做出判断

（1）房屋所有权中的费用分配方案。

通过对阁楼与地下室的合法扩建，由原初的四个私人住房衍生出了六个单元。居住面积由此扩大了一半多。依分割表示（Teilungserklärung），四个共有份额分别对应着居住面积的比例关系。作为分割表示组成部分的共有规则（Gemeinschaftsordnung），其对于共同所有权的费用参引了《德国住宅所有权法》第 16 条第 2 款，并因此依照共有份额的比例关系（分配）。由此，在结果上费用最初是按照居住面积比例分配。但扩建给提出申请的共有人增加了 58% 的费用，因此其要求变更依居住面积比例关系而定的费用分配方案。在移交程序（Vorlageverfahren）中，联邦法院正确地提出了契约的补充解释，[72] 因为依居住面积切实地分配费用，会使当事人原初的规整计划落空。为此，其提供了三种潜在的规整可能，并采取对于一个公正观察者来说"最为接近的"（nächstliegende）模式 [73] 来调整费用分配变更请求权。相反，联

---

[70] 同意该规则者 MünchKomm/*Busche* (Fn. 20)，§ 157 Rn. 55；RGRK/*Piper* (Fn. 59)，§ 157 Rn. 103；Staudinger/*Roth* (Fn. 1)，§ 157 Rn. 44；Soergel/*Wolf* (Fn. 37)，§ 157 Rn. 130；NomosKommentar/*Looschelders* (Fn. 20)，§ 157 Rn. 26；*Ehricke* RabelsZ 60 (1996)，661，689；*Köhler* (Fn. 6)，§ 9 Rn. 20；不同观点 *Hart* (Fn. 24)，§ § 133，157 Rn. 64.

[71] NomosKommentar/*Looschelders* (Fn. 20)，§ 157 Rn. 26.

[72] 补充解释于单方意思表示（如分割表示）亦可适用，vgl. BGHZ 160，354，363.

[73] 法官选择了此种客观标准，因为这里涉及土地登记，其虽"出于自身"（aussichselbstheraus），但必须结合可考虑的登记文件（berücksichtigungsfähige Grundbuchunterlagen）而被解释。所选择的规则必须是最为接近的（nächstliegende），因为只有如此，住宅所有权的受让人才能就其所不知的约定获得保护（BGHZ 160，354，362 f.；*Grebe* DNotZ 1988，275，286）。亦见注释 61。

邦法院认为,采与居住面积成比例地自动发生的费用分配变更或一项共有份额变更请求权的观点走得太远。[74] 其毫不犹豫地决定对契约作适当的补充。是否真的仅调整请求权(Anpassungsanspruch)是唯一妥当的规则,而不存在相应的自动发生费用分配调整,这是有疑问的,但这是一个补充解释的"技术安排"问题,联邦法院正确地将之保留给法院(自由裁量)。[75]

(2) 邮票与电话卡的兑换。

2002 年 7 月 1 日,以德国马克标记票面价值的邮票通过政府的主权行为而丧失效力,同时德国邮政股份公司赋予了为期一年的兑换权(Umtauschrecht)。联邦法院认为,可以对依《德国民法典》第 807 条,一个"小的无记名证券"所承载的邮局的给付允诺做补充解释。考虑到邮局的利益,即废止旧的没有防伪的邮票,以及不必长期承担兑换所需的巨大管理费用,人们在购买邮票时会诚信地同意一年的兑换期。[76] 联邦法院甚至没有考虑其他(更长或更短)的期限,亦未考虑无限期的兑换权,如对于以德国马克标记的纸币以及 1998 年以前的旧电话卡所适用的(规则)。[77] 因此,事实上存在的多样的形成可能根本不会妨碍补充解释。

(3) 居住权与疗养院安顿(Heimunterbringung)。

父母一方因医疗的必要而需长期被安顿在疗养院,由此不得行使其所享有的终身居住权,故由其子收取租金,社会保障基金(Sozialkasse)基于被转化的权利(aus übergeleitetem Recht)而就该租金享有请求权。因为在晚年被安置到疗养院具有可预见性,联邦法院反对上诉法院的做法,没有适用《德国民法典》第 313 条,而选择了对租约的补充解释。即在租金归属于谁这一点上,存在漏洞。儿子虽得以自己名义出租房屋,但租金仅归属于其母。没有什么可以表明,被告的母亲希望通过出租之前的住房,使得社会福利机构可以请求支付其在疗养院期间未被社会保险覆盖的费用。[78] 但因对于服务国家(Leistungsstaat)的已生变化的理解,这至少是有疑问的。[79] 首先想到的是所谓有利于残疾人遗嘱(Behindertentestament)的判决,[80]借此社会福利机关(Sozialbehörde)对遗产的审阅权有针对性地被挫败,并使后顺位原

---

[74] BGHZ 160,354,366.

[75] BGHZ 90,69,81.

[76] BGHZ 164,286.

[77] 对此 BGH NJW-RR 2008,562.

[78] BGHNJW 2007,1884,1886 f.

[79] 对此的批判,参见 MünchKomm/*Finkenauer* (Fn. 10), § 313 Rn. 257 及 Fn. 846.

[80] BGHZ 111,36,41 f.；123,368,376 f.；对此 *Schiemann* in: FS für Harm Peter Westermann, 2008,637,642 ff.-BGHZ 123,368,376 f.,详细阐释道:"相反,立法者总是考虑到《德国联邦社会救助法》第 43 条第 2 款本身的思想,即除了家庭,社会要直接承担起孩子的扶养、教育以及照管的全部经济负担。"

则(Nachrangprinzip)被掏空。[81] 这种观点显然也广为流传,即(所有权)让与契约的当事人更希望由社会保障基金而非受让人来承受未考虑到的、将受让人安置于疗养院的负担。[82] 当事人无疑可以在不违反善良风俗的前提下约定,儿子得收取租金,尤其当母亲的请求权仅会使其成功转入社会保障基金时。但最终联邦法院的判决是正确的,因为居住权是母亲养老给付(Altersversorgung)的一部分,并且没有依据表明,仅母亲迁居这一事实应给儿子带来经济上的优待。[83]

在另一个判决中,联邦法院延续了这一判例,并在补充解释中确定,近于居住权人的所有权人(dem Wohnberechtigten nahestehende Eigentümer)自己使用住宅无须支付租金。此外,对于(已经居住在养老院的)居住权人,所有权人没有对外出租住宅的义务,因为这会使契约标的扩张,即在结果上由居住权变成了用益权,这是不被允许的。[84] 当居住权应服务于权利人的养老保障时,这两种解释结果无疑是存在疑问的。仅当居住权人拥有充足的财产,方可认为,所有权人不必向其支付租金。在前述前提下,也必须认可存在相应的出租义务;对于契约"扩张"的担心是没有理由的,因为仅产生一项在经济上可与用益权相较的权利。在内部关系上,权利人与义务人当然也可在居住权中约定出租义务。

(4) 相互的责任免除。

原告与被告(两个德国人)在南非租了一辆汽车。他们想轮流开车并分担费用。他们没有购买事故险,但是他们不知道,他们在南非几乎不享有保险保护。被告因轻过失引起了一起事故。联邦法院认为,公正地说,没有一方当事人会拒绝另一方提出的免除因轻过失所引起的责任的建议。不存在等价的规整选择。因为在国外的保险请求权很难获得实现,诚信的当事人不会限定于购买了事故险,而且可能威胁生存的损害对半分担的规则也不具有利益正当性。[85] 联邦法院在价值评判上探讨了不同的形成可能并最终采纳了一项具有说服力的方案。

2. 依据当事人实际意思作为基准设立的公式做出判断

(1) 损失预防担保(Ausfallverhütungsgarantie)。

贷款人借助一项定期的损失预防担保以保护自己,通过其被给予的作为担保的

---

[81] 对此的批判 *Raiser* MDR 1995,237, 238("公众无法承受的负担");支持者 *Schubert* JR1991,106,107;区分(依遗产的数额)*Köhl* ZfSH/SGB 1990,449,465;*Krampe* AcP 191(1991), 526.

[82] *Mayer* MittRhNotK 2004,181,182;相反,合理的 *Krauß* DNotZ 2002, 705, 707.

[83] 持不同观点者 OLG Schleswig NJW-RR 2008, 1705,基于规整可能的多样性(错误地)不考虑补充解释。

[84] BGH NJW 2009,1348,1349.

[85] BGH NJW 2009,1482.

土地债务来防止其在强制拍卖中遭受损失。若尚在期限内,贷款人基于后顺位的土地债务而申请强制执行,但强制执行因为欠缺《德国强制执行法》第 77 条的命令(Geboten)而被终止或中止。对于贷款人来说没有损失,担保于此未失效。

联邦法院首先肯定了一项规整漏洞,因为当事人并不希望通过设定期间而实质上使担保失效。即当事人只考虑到顺位在先的债权人于期限内申请强制执行,并因此触发担保的情形,而没有考虑到贷款人必须自己申请强制执行,但实践中,因不动产价值与先前负担的数额,可能无法获得额外的费用(Zuschlag)。

然而,法院不允许补充解释。当事人本有两种规整可能:其一,当事人可能会达成一项以立即支付请求权为结果的合意,当债务将在此期间内到期,以及在期限届满前表明,在可预见的时间以作担保的土地实现权利会被排除之际,担保人要承担责任。其二,当事人可能会约定,对于适时申请之强制执行因欠缺命令而不能达其目的之情形,担保继续存在。无法确定当事人会同意哪种方案。[86] 但联邦法院最终借助《德国民法典》第 242 条拒绝了担保人对于期间届满的主张;因为"损失预防担保与期限的结合"是"荒谬的"。[87]

联邦法院在此拒绝补充解释是毫无理由的。[88] "期限"清楚地表明,超出最终期限后担保人即不应被请求(承担责任)。联邦法院的解决方案与此等(值得保护的)利益不相符。如果当事人事先考虑到了开放的要点,则担保人必须诚信地接受被担保人的这一要求,即在强制拍卖中将附有担保的所期待的损失与实际发生的损失同等对待,不过其必须满足担保的前提条件。联邦法院所论及的支付请求权本是具有利益正当性的。

联邦法院逃向了"帝王条款"(Königsparagraphen),因损失预防担保与期限的结合在结果上被视为不被允许的而显然应被拒绝,这对于将来的案例亦同。这样一种一般性的论述能从《德国民法典》第 242 条得到更有力的支持,而非仅涉及具体契约的依《德国民法典》第 157 条的解释。

(2) 股权让与。

被告两兄弟是一家有限责任公司的股东,他们决定将其股份让与给一个股东的儿子们(A,B 和 C)。在两份相隔四个月的公证契约中,一个股东先将其价值 12500 马克的股份无偿转让给了 A(6250 马克)和 B(6250 马克),之后另一个股东将自己的股份分别有偿转让给了 A(13750 马克)、B(6250 马克)和 C(2500 马克)。并且 A 应作为公司的经理,持有占股份总额 40% 的价值 20000 马克的股权。四年后,就 A 的运营管理发生争议,并发现股份的分配,在所让与之股份金额不能被 100 马克整除的

---

〔86〕　BGH NJW 1999,711,712.

〔87〕　BGH NJW 1999,711,712.

〔88〕　正确的 *Lorenz*,Anmerkung LM § 242 (Ba) Nr. 99.

范围内,违反了原《德国有限责任公司法》第 17 条第 4 款。在此范围内,经公证的股权让与依《德国民法典》第 134 条无效,相应的债法上的义务依原《德国民法典》第 306 条亦无效。被告另行处分了其股权,A 请求因不履行而致的损害赔偿。不同于上诉法院,联邦法院认为,通过追问假设的当事人意思的契约补充解释没有适用空间。因为存在多种等值的规整可能,并且对于契约标的的扩张是不被允许的。并不清楚,股东的哪个儿子本会诚信地多受让 50 马克,哪个少受让 50 马克。此外,该决定亦会影响第二份经公证的契约,借助这一决定,第二个股东须相应地让与给 A 和 B 更多或更少的股份。[89]

但如上诉法院所主张的,两份经公证的契约实质上构成了一项共同分配计划的技术安排。对于所有当事人来说,重要的只是 A 最终应获得价值 20000 马克的股份、B 应获得价值 12500 马克的股份、C 应获得 2500 马克的股份,并且其中一个股东股权的让与应为有偿的。但在考虑到原《德国有限责任公司法》第 17 条第 4 款的前提下,如何实现该目的,对于当事人来说无关紧要;这是个技术安排问题。故可以通过补充解释,而使第一个股东的义务为转让 6300 马克的股份给 A 并转让 6200 马克的股份给 B,第二个股东的义务为转让 13700 马克的股份给 A 并转让 6300 马克的股份给 B。这将恰好符合当事人的意思。在第二个契约框架下 A 和 B 所应给付的价金当然可以遵循原本所期望的 13750 马克——6250 马克的标准。不同于联邦法院,以诚信为标准不能得出 A 还是 B 的股份应被提高到 6300 马克——相应地另一方的股份减少到 6200 马克,这是无关紧要的。法律行为整体无效最不符合当事人的意思。[90]

(3) 赠与一个未纳税的证券账户以及负有财产税的土地。

1998 年,F 留给作为免责的先位继承人的丈夫 M 两所价值 100 万欧元的私人住宅,以及未向德国税务局申报的价值 220 万欧元的瑞士有价证券账户。后位继承人是 F 一婚所生的女儿 T。此外,T 还获得了价值 740 万欧元的两家家族企业的股份,条件是将利润的 50% 分配给 M。M 将前述房子卖了,并借助额外的贷款又买了一座住宅。M 将证券账户赠送给了 T。之后,M 与 T 之间发生了纠纷,T 将该证券账户告知了税务局,并补缴了 36 万欧元的赠与税。税务局要求 M 继续支付 915000 欧元,包括逃漏的财产与所得税、团结互助附加税(Solidaritätszuschlag)* 以及遗产税。M 作为唯一的继承人,有义务支付遗产税以及依《德国民法典》第 1967 条、《德国税

---

[89] BGH NJW-RR 2005,1619.

[90] 同样拒绝者 Staudinger/*Schlosser*,BGB,2006,§ 306 Rn. 15.

* 团结互助附加税是自德国统一后,为解决因统一而带来的财政负担和促进东部地区发展而征收的税,它本身不是一项独立的税种,而是建立在个人所得税和公司所得税上的附加税——译者注。

法》第45条第2款规定的所谓的被继承人债务,即F逃漏的税款。M起诉T要求返还赠与。

联邦法院判决T支付因证券账户属于遗产而产生的遗产税增加部分,以使M免责。但此系基于交易基础丧失,而非补充解释。漏洞虽然被肯定,因为当事人双方都忽视了可能在证券账户上发生补缴欠缴的税费以及遗产税的情形。该漏洞亦有规整的必要,因为M将承受超出受赠证券账户价值的巨大的经济负担。若必须仅由M支付(上述税费),可能是不恰当的,而且亦非当事人所期望的。以两所住房的方式来确保M的资产基础(Vermögensstamm),这本将实现F的意愿,但现在其几乎将被税收负担消耗殆尽。然而补充解释却不被允许,因为无法确定假设的当事人意思。M与T之间有三种填补漏洞的可能方案:① 他们共同分担全部的税赋;② 基于"F已经将证券账户及所有位于其上的被继承人债务'遗赠'给了T"这种"外行的"看法,由T支付F逃漏的税费和赠与税;但在这种方案下,M要继续负担遗产税,因为证券账户不能从遗产中被分离出来;③ M偿付被继承人债务以及一部分遗产税,T除了偿付赠与税以外,一并偿付因证券账户在M处作为"转运站"(Durchgangsposten)而产生的剩余部分遗产税。当事人本会选择三种可能中的哪一种,无法确定。

不过该请求权系基于交易基础丧失。若当事人以为某一特定情事是理所当然,如在这个案例中,认为不会发生税款补缴,则满足(交易基础丧失的成立前提)。T可以认识到,M的效果意思(Geschäftswille)建立在其仅丧失证券账户的价值,而非除此以外的私人住宅的全部价值。向税务局的申报(Anzeige),会导致此种交易基础丧失。因为随着税款的补缴,双方当事人都尊重的被继承人的意愿将会落空,在经济上,M至少要付出其私人住宅,此等结果对M来说是不可期待的。但对赠与契约的必要调整也不能使M的负担全部被削减,而应仅在其无法承受的范围之内。较妥当的是前面提到的第三种方案,即在内部关系上由M负担财产与所得税以及因不含证券账户之遗产所发生的部分遗产税,反之,T承担赠与税和剩余的遗产税。联邦法院毫不费力地确定了,在《德国民法典》第313条的方案与《德国民法典》第157条中当事人之间的规整可能性是一致的。[91]

该判决的结果与理由均不能使人信服。首先,很轻易地就能发现,当事人可对契约漏洞进行填补的其他形成可能:例如,为什么他们就不应想到,M仅就所赠与之证券账户金额负担义务,因此无须承担前述税款呢?不过这种观点其实完全不重要;因为补充解释不是确定当事人本来会做什么——这没有人能够确定。这个问题必须这么讲:受赠的T必须善意地采纳何种规则?联邦法院本身在其阐释中忽视了这一正确标准:尽管其最初对此作了正确的阐述,但在陈述了前述三种规整方案后却陷于窘境,并仅认为,无法确定当事人会如何进行规整。其不知不觉地将自己的

---

〔91〕 BGH NJW-RR 2006,699,701.

论证由规范标准转到了事实标准。

在税赋问题上受赠人本须同意何种规则，无须太大困难即可澄清：如联邦法院所正确理解的，当事人双方均希望尊重被继承人的意愿，据此 M 至少应保有私人住宅。失去证券账户以外的金钱，这不符合 M 的利益。M 最终还必须为其住宅剩余资金贷款。这两点对于 T 来说均是可认识的。T 应该会诚信地接受 M 的如下要约，即"你是否愿意在以下条件下受赠我的证券账户，即以该证券账户最高价值为限，支付因该账户可能被税务机关发现而产生的全部税费？"没有必要尽可能多地保护 T 的利益，因为其无须为对待给付。[92] 依诚实信用原则，受赠人应可提出哪些反对债权（Gegenforderungen）呢？

在一个仅略微不同的案例中，联邦法院自己承认了前述原则。在契约补充解释中，其正确地认为，在 1949 年获得地产的受赠人被视为负有支付依赠与契约签订后始生效的《紧急援助与负担法》而发生于赠与人的财产税的义务。联邦法院正确地阐述道，赠与人可能不愿意牺牲比赠与契约所规定的更多的财产。若自始即明确在内部关系中受赠人有按比例缴纳财产税的义务，受赠人无疑也会因为其自身所能获得的利益而接受赠与。[93]

不能理解为什么上述具有说服力的利益评价不应适用于赠与瑞士证券账户案。就所逃的财产与所得税而言，联邦法院的论点，即在 F 正确纳税时 M 本会继承得更少，因此其要负担被继承人债务——即财产与所得税，只是表面看来正确。因为 F 本会从证券账户中获取（支付税款的）必要金钱，而不会出让地产或企业股份，M 只会继承一个金额较少一些的证券账户，反正其在 M 那里只是作为"转运站"。此外，在任何情况下，M 都会坚持要求由 T 承担税赋，因为在赠与之后，M 没有住宅价值以外的其他财产可用以偿还税款。

至于遗产税，作为继承开始债务（Erbfallschuld），[94] 在外部关系上由唯一继承人 M 承担。M 一方故意逃税对于其与 T 之间的内部关系并不重要。当 M 总共只愿失去以所赠与之证券账户金额为上限的财产时，若其本来考虑到了补税的必要性，也会使受赠人 T 承担这笔款项。T 本来也会诚信地同意该要求。唯一应被考虑的界限是，补充解释的结果不得是一项被禁止的交易内容。但是不存在法律规定禁止由第三人在内部关系上免除纳税义务人的税赋。

3. 总结及一些方法论上的思考

（1）人们正确地将关于赞成或否认补充解释的判决称为走钢丝（Gratwanderung）

---

[92] 关于无偿受让人的弱势，参见 *v. Tuhr*，Bürgerliches Recht. Allgemeiner Teil，1923，33 f.

[93] BGH WM 1961，759 f.，延续了上诉法院（的观点）。

[94] Palandt/*Weidlich*，BGB，72. Aufl. 2013，§ 1967 Rn. 7.

式判决。[95] 事实证明，在个别约定中普遍被接受的多种等值规整选择的限制是非常糟糕的。关于当事人可考虑不同的规整选择，并且相应地限制司法的裁断可能性（Erkenntnismöglichkeit）这一观点，在有些情况下是有争议的，而在另外一些情况下是无关紧要的。在方法论上值得注意的是，在拒绝补充解释的判决中，无一例外地可发现这样一种错误的表述，即无法决定，当事人本会在多种可考虑的方案中选择哪个。反之，在支持补充解释的判决中，都是在这样一个正确的大前提之下进行涵摄，即获取当事人本会诚信地采纳的规则。

　　司法裁判出于不同原因使用前述方法论上的技巧。首先在很多情形中，起决定作用的无疑是大量的决断论（Dezisionismus），这没什么值得奇怪的，因为如《德国民法典》第 157 条、第 242 条、第 313 这样的规范，永远无法实现最终的适用确定性（Anwendungssicherheit）。如在瑞士证券账户案中，如果人们不想对契约"深究到底"，而是想适用《德国民法典》第 313 条的不可期待性这一较为柔和的标准，以做出一个大致各半分配的"所罗门王式的/智慧的"（salomonische）判决，[96] 则首先必须拒绝补充解释。进一步来说，关于某一规则无效的一般性的法律论断，即其不仅适用于所裁判的案件，而且亦应适用于将来的争议，则借助于《德国民法典》第 242 条更有说服力，而非《德国民法典》第 157 条的补充解释——人们恰当地称之为围绕具体契约的欠缺"扩张效力"的补充解释。[97] 虽然在援引《德国民法典》第 242 条的情形中也会涉及个案正义，[98] 然而《德国民法典》第 242 条没有如规定于第 157 条文义之中的涉及一个具体的契约。基于《德国民法典》第 242 条而证成的裁判理由通常具有一定抽象水准（Abstraktionsniveau），超越了所要裁判的具体案件，以确保其可转用于同类案例。[99] 通过这种方式，对于已决法律问题的未来的讨论即被切断，而在（补充的）契约解释完全不是这种情况。最后，在此种情形中，《德国民法典》第 242 条还服务于规则形成（Regelbildung）。[100] 如前所述，[101] 联邦法院即称，损失预防担保的期限是荒谬的，并将之视为不被允许的而一概予以拒绝。反之，若判例欲使某一见解仅适用于某一具体契约，而非同时创设一项一般的典型规则，则不得不求助于补充解释制度。[102] 最后值得一提的是，与依《德国民法典》第 313 条的交易基础

---

〔95〕　*Leenen*（Fn. 54），§ 8 Rn. 193.

〔96〕　对此的批判 *Finkenauer*，in：Y. Mausen（Hg.），Aequitas-Équité-Equity，2014.

〔97〕　*Hau*，Vertragsanpassung und Anpassungsvertrag，2003，176.

〔98〕　仅见于 *Looschelders/Roth* JZ 1995，1034，1043.

〔99〕　MünchKomm/*Roth/Schubert*，BGB，6. Aufl. 2012，§ 242 Rn. 25.

〔100〕　MünchKomm/*Roth/Schubert*（Fn. 99），§ 242 Rn. 23 ff.

〔101〕　上述"（五）·2·（1）"。

〔102〕　*Hart* KritV 72（1989），179，188.

丧失相区分这一强制要求。在 2002 年以前，通说即已承认补充解释的优先性，[103] 然而很多判决在作出时，或者检视补充解释，或者考虑交易基础，以为裁判。[104] 自从交易基础理论在 2002 年被纳入民法典，此种方式即不再可能。现在毋宁说存在一项界分的法定强制。但因为这并不容易实现（见下文第"三"部分），所以只得尝试这样一种策略：人们"忘记了"补充解释也是规范的，而提出事实上存在的规整选择的多样性，并以此否定了本身应优先的《德国民法典》第 157 条的适用。显然这种方式注定是要失败的，这从联邦法院在瑞士证券账户案中，将其此前已确认为当事人可能选择的填补漏洞的一种规则视为《德国民法典》第 313 条框架下"可期待的"规则，已可看出！

（2）存在多种形成可能作为一种限制补充解释的做法，首先出现在 20 世纪 70 年代的《一般交易条款法》中 [105]，并且即使在那里也无法使人信服。因此判例逐步放弃了在《一般交易条款法》领域内的这一限制。自 1984 年的时价条款判决（Tagespreisklausel-Entscheidung）[106]产生以来，判例已表示特定的、其所偏好的形成方式是纯粹技术性的，并且在存在多种可选择的解决方案时也作出一项具有利益正当性的判决。此外，若对于纠纷的裁判必然会被其中一种可选择的形成方案涵盖，联邦法院也承认对于精准确定替代规则保持开放之可能。[107] 此外，尤为重要的是 1995 年的一个判决，即在所谓的大批量契约（Massenverträgen）情形下，基于一项客观的一般化解释以及所要求的"更高的抽象水平"而存在的限制，自始即被拒绝，[108]这就剥夺了其在《一般交易条款法》中的一大部分适用空间。最后，联邦法院在 2012 年甚至允许由使用者自己进行溯及既往的漏洞填补。[109] 绝大多数关于《一般交易条款

---

[103]　仅见于 BGHZ 90,69.

[104]　Vgl. etwa BGH NJW 2001,1204，在此补充解释根本未被提及。

[105]　Vgl. BGHZ 54,106,115 (von 1970); 62,83,90; 62,323,326 f.; 68,372. NomosKommentar/*Looschelders* (Fn. 20)，§ 157 Rn. 38 中关于联邦法院也长期将对私人约定所适用的这一限制适用于一般交易条款的表述，是不妥当的。

[106]　BGHZ 90, 69, 81；同意者 *Harry Schmidt*, Vertragsfolgen der Nichteinbeziehung und Unwirksamkeit von Allgemeinen Geschäftsbedingungen, 1986, 193, 210; *Lindacher／Hau*, in: Wolf/Lindacher/Pfeiffer, AGB-Recht, 6. Aufl. 2013, § 306 Rn. 22; *Bunte* NJW1984,1145,1150; 拒绝者 *Rüßmann* BB 1987,843,846 f.

[107]　BGH NJW 1993,326,330(舞蹈教学契约)。

[108]　BGH NJW 2005, 3559（一项人身保险的条件))；同意者 Bamberger/Roth/*Hubert Schmidt*, BGB, 3. Aufl. 2012, § 306 Rn. 14.

[109]　BGHZ 195, 93（VBL 的章程）；对此的批判 *Thüsing／Fütterer* VersR 2013,552,554.

法》的文献都正确地要求废除该限制。[110]

（3）当存在不同的可考虑的规整可能时，要求契约中具有当事人本会选择哪种方案的线索，就如同这一限制本身，也是不妥当的。[111] 即使没有此等线索，判例也完全可以正当地以按照契约之目的必要且适当的规则补充契约，而不问当事人是否曾这么想过。[112]

（4）在检视诚信的当事人会同意何种规则时，法官有自由裁量的空间（Ermessensspielraum）。[113] 因此，应以解除权保留抑或解除条件来补充契约，其通常只是个法律技术的问题；重要的仅是终止的可能性（Beendigungsmöglichkeit）。

即使在（少见的）存在多种规范上等值的解决方案并且一项选择判决（Auswahlentscheidung）显得专断的情形中，法官拒绝裁判对于当事人而言也不会增加自治。[114] 毋宁说，即使在两种规范上具有同等说服力的方案之间抽签决定，也比空缺（nihil）能在更大程度上保障私人自主决定，而且亦非被禁止的契约援助（Vertragshilfe）。[115] 否则将给当事人以石头而代替面包。这尤其适用于以严格的契约目的导向为基础的解释，可于股权让与案中清晰地呈现，[116]实际上，从规范的视角来看，在该案中并不能确定，首先应由 A 还是 B 获得价值 6300 马克的股份。然而，联邦法院因此等困境而采纳的让与无效，最不符合当事人的意思。这种限制完全是给私人自治帮倒忙，阻却了合于契约目的的裁判，并导致了更多的法律不确定性，因为无法预见其是否会得到适用。

---

[110]　*Schmidt*（Fn. 106），208；*Schmidt*，in：Ulmer/Brandner/Hensen，AGB-Recht，11. Aufl. 2011，§ 306 Rn. 38；*Lindacher/Hau*，in：Wolf/Lindacher/Pfeiffer（Fn. 106），§ 306 Rn. 21；Bamberger/Roth/*Schmidt*（Fn. 108），§ 306 Rn. 14；然而不同者 MünchKomm/*Basedow*，BGB，6. Aufl. 2012，§ 306 Rn. 29；Erman/*Roloff*，BGB，13. Aufl. 2011，§ 306 Rn. 13.

[111]　RGRK/*Piper*（Fn.59），§ 157 Rn. 103；*Ulmer* NJW 1981，2025，2030 f.；Köhler（Fn. 6），§ 9 Rn. 20；那里所涉及的两个判决（BGH NJW 1974,1322,1323；BGHZ 77,310,304）都没有考虑这种限制。

[112]　*Pawlowski*（Fn.21），Rn. 518.

[113]　在此范围内正确的 *Ehricke* RabelsZ 60（1996），661,686.-其适用不取决于补充解释被归类为合同解释抑或法律续造（对此参见上文"一・（三）"）。因为即使是说补充解释的完全可修订性（对此的争议 MünchKomm/*Busche*，Fn. 20，§ 157 Rn. 59），在规范上等值的解决方案之间的司法选择也不会是违法的。

[114]　亦见 *Pilz*（Fn. 24），60.

[115]　不同者 *Stoffels*，AGB-Recht，2. Aufl. 2009，Rn. 620.

[116]　上文"（五）・2・（2）"。

## （六）小结

事实表明,在判例以及文献中所提到的对补充解释的限制没有独立的内容。[117]其可与补充解释的前提条件等同。若补充解释使用正确的标准,以获取诚信的当事人在考虑到契约缔结时当事人双方的利益的情形下本会同意的规则,则其不能求诸当事人实际表达的意思,不能导致司法的家长主义(richterliche Bevormundung)或规则的无效,或以不被允许的扩张或限缩的方式对契约作"深究到底"。当存在多种法律构造的可能时,禁止补充解释作为一种限制也不具有说服力:因为就此而言,其强调无法确定当事人实际上本会采纳的规则,这忽视了《德国民法典》第157条所设定的规范标准。最后,这些限制与法律适用的备忘录(Merkposten)并无不同,以获取在假设的当事人意思确定这一不确定领域进行涵摄的支撑,因此其充其量只有作为助记辅助工具(mnemotechnische Hilfsmittel)的价值。

## 三、与交易基础丧失的界分

证券账户案的判决[118]恰好呈现了,判例努力划清(补充解释)与《德国民法典》第313条的界限;毕竟依通说,交易基础的检视劣后于补充解释。[119] 不过,这种努力注定要失败。

### （一）历史的共同性

《德国民法典》第157条与第313条有共同的历史根源。在2002年以前,通说认为由《德国民法典》第242条来支撑第313条,而《德国民法典》第242条与第157条具有共同的编纂史。[120] 此外,要是魏玛共和国在第一次世界大战后能够决定为债权升值的话,以《德国民法典》第242条为支撑的交易基础理论就得不到发展。其发现者奥尔特曼(Oertmann)在20世纪头十年还试图以《德国民法典》第157条来解决有关案件,即给予一项契约内的答案(vertragsimmanente Antwort),但这种方法因立法者对于升值问题所做出的反对决定非常明确而无法成立。奥尔特曼以及帝国法院只得以《德国民法典》第242条为论据。借助于这一"外部的"契约修正,升值的问题获得了法律上必要的正当性,帝国法院不必诉诸明显与立法者的决断以及规定在货币法中的"马克等

---

[117]　正确者 *Hart* (Fn. 24), § § 133,157 Rn. 65.

[118]　上文"二·(五)·2·(3)"

[119]　进一步的论证 MünchKomm/*Finkenauer* (Fn. 10), § 313 Rn. 143.

[120]　HKK/*Vogenauer* (Fn. 31), § § 133,157 Rn. 24 f.

于马克"的名义化原则相悖的契约解释。[121] 为了寻找一种方法论上具有说服力的方式以证成妥当的结果，意思解释（Willensauslegung）被抛弃了。

### （二）结构的共同性

两种制度结构上的亲缘关系亦可从实践中发现。在很多案例中，或者是上诉法院应用交易基础的原则而联邦法院应用补充解释，[122]或者相反，上诉法院应用《德国民法典》第 157 条而联邦法院应用《德国民法典》第 313 条。[123] 以下例子证明了判例在方法上的多元化。

#### 1. 价值担保

因政府事后对黑麦价格的补贴而被证明不可用的黑麦条款（Roggenklausel），依《德国民法典》第 157 条予以调整，[124]然而，在生活费用提高了 150％时，（地上权的）地租可依交易基础丧失而进行调整；[125]土地让与契约中与养老金相关的价值担保条款也适用交易基础丧失的原则。[126]

#### 2. 补偿金

若离任股东的补偿金过低，因为其仅依账面价值估量并因此而表明是不可期待的（原文即如此！），则其依《德国民法典》第 157 条按照交易价值调整。[127] 若受害人的补偿金基于错误通知的养老金金额而确定，则应系交易基础丧失。[128] 对于补偿金的和解（Abfindungsvergleiche），其范围亦应以社会福利费以及退休养老金请求权为交易基础。[129]

#### 3. 费用分配方案（《德国住宅所有权法》）

变更费用分配方案的请求权部分以交易基础丧失为支撑，[130]部分依《德国民法

---

[121]　MünchKomm/*Finkenauer*（Fn. 10），§ 313 Rn. 43.有趣的是，在"RGZ 107,78,92"中（法院）即认可，亦得依契约的补充解释来支持重新评估判决（Aufwertungsrechtsprechung）。关于上述帝国法院在 20 世纪 20 年代初的裁判的转变，亦见 HKK/*Vogenauer*（Fn. 31），§§ 133,157 Rn. 105.

[122]　例如 BGHZ 9,273；160,354；181,47.

[123]　例如 BGH NJW 1997,320；BGH WM 2013,1550,1551 ff.（分红权）。

[124]　BGH LM § 157（D）Nr. 27；BGHZ 81,135.

[125]　BGHZ 77,194；90,227；91,32；94,257；96,371.

[126]　BGH BB 1975, 623（就此参见上文"一·（一）"）。

[127]　BGHZ 123,281；BGH ZIP 1994,1173.

[128]　BGH NJW-RR 2008,1716.

[129]　进一步的论证 vgl. MünchKomm/*Finkenauer*（Fn. 10），§ 313 Rn. 232.

[130]　BayObLGZ 1984,50,54 ff.；87,66,72 f.；NJW-RR 1991,721.

典》第 242 条以房屋所有人的共有关系,[131]或者以契约补充解释为基础。[132]

### 4. 联邦领土的扩大

对于旧的联邦共和国(包括柏林)适用的竞业禁止以补充解释的方式扩张适用于当今形态下的联邦共和国。[133] 与之相反,在一份电影联合制作契约中所让与的播放权原来限于旧的联邦领土之内,两德重新统一后电影的播放得以恢复,现亦包括新的国土,对播放权的扩张就适用了交易基础丧失的原则。在此,播放权通过"明确"的约定而在空间上被划分,因此不存在漏洞。[134] 但这一理由忽视了可能存在嗣后漏洞,即无法想见未来两德的重新统一。

### 5. 使用目的丧失

众所周知,通说借助《德国民法典》第 313 条来解决著名的国王加冕案。[135] 但是,在为观看随后被取消的游行而租用靠窗座位的案例,与购买期望用于建设之土地而该地块被规定不得建造建筑的情形一样,都存在目的落空。对此,通常由买受人承担风险,除非合同规定——且仅以补充解释的方式——由出卖人承担土地将来不能用于建设的风险。[136] 与之相反,在所挫败的目的是排他的或唯一合理的度假目的的情况下,因为没有雪而取消酒店预订,则必须依据《德国民法典》第 313 条解决该问题。[137] 然而,如果旅行社不能使用所预定的房间,旅行社欲解除其与酒店缔结的预订契约,可在满足其他条件下依《德国民法典》第 157 条为之。[138]

### 6. 税费

若当事人没有把嗣后发生的营业税计算在内,则联邦法院以补充解释的方式提高买方的对价。[139] 在一个对联邦共和国的补偿税(Ausgleichabgabe)自始即被计算在内由买受人负担,但嗣后没有征收该税费的案件中,联邦法院根本没提到《德国民法典》第 157 条即获致了相同的结果——提高买受人的对价。[140]

---

[131] BGHZ 130,304; 156,193; BayObLGZ 2001,99,103.

[132] BGHZ 160,354;对此参见上文"二·(五)·1·(1)"。

[133] LAG Berlin ZIP 1991, 825.

[134] BGH NJW 1997,320 (Klimbim). Klimibim 是 1973 年在西德上映的一部电影——译者注。

[135] 就此(批判的)MünchKomm/*Finkenauer* (Fn. 10), § 313 Rn. 42,157.

[136] BGHZ 74,370.

[137] 进一步的论证 MünchKomm/*Finkenauer* (Fn. 10), § 313 Rn. 259.

[138] BGH NJW 1977,385.

[139] BGH NJW-RR 2000,1652.

[140] BGH NJW 2001,1204.

### （三）界分的尝试与失败

《德国民法典》第 157 条与第 313 条之间的无缝衔接(fließende Übergänge)以及结构上的共同性经常被强调。[141] 交易基础理论最终无非契约补充解释问题,这一再被广泛地加以强调。[142] 两种制度均服务于漏洞填补,并且借助两者均得以依据具有利益正当性的规则而使不完整的规整计划得到补充:必须探寻的是,若当事人考虑到所发生的情事(《德国民法典》第 313 条第 1 款)或者共同的错误(第 313 条第 2 款)的话,本来会诚信地选择何种规则。归根结底,就如同《德国民法典》第 157 条,要追问假设的当事人意思。[143] 司法实践中依交易基础丧失所作出的裁判均可依《德国民法典》第 157 条所认可的原则来解决。[144]

在文献与判例中,人们一再尝试划定二者的界限。在此对这些尝试进行简要总结。

《德国民法典》第 313 条涉及对(当事人)所意愿之事调整以适应现实,或者在调整失败时相应地进行清算,而《德国民法典》第 157 条系帮助实现当事人的计划意图(Planvorstellung)[145]——可用一句不太恰当的表述来说明:即依《德国民法典》第157 条对当事人的计划意图进行调整以适应一项未被考虑到的情事,使当事人所期望者与现实保持协调;若借助补充解释而为契约补充了一项解除权(如在"BGHZ 90,69"中),则系在调整失败的情况下对契约进行清算。

---

[141] *Hart* (Fn. 24), §§ 133, 157 Rn. 71; Staudinger/*J. Schmidt*, BGB, 1995, § 242 Rn. 968, 1102; Palandt/*Grüneberg* (Fn. 94), § 313 Rn. 10; NomosKommentar/*Krebs*, BGB, 2. Aufl. 2012, § 313 Rn. 11; *Medicus* (Fn. 28), Rn. 876, 879; *Medicus/Lorenz*, Schuldrecht, Allgemeiner Teil, 20. Aufl. 2012, Rn. 142; *Klinke*, Causa und genetisches Synallagma, 1983, 55 ff., 57; HKK/*Vogenauer* (Fn. 31), §§ 133, 157 Rn. 105; *Nicklisch* BB 1980, 949, 952; *Müller* JZ 1981, 337; 联邦法院前不久的判例亦如此 BGH WM 2013, 1550, 1552.

[142] *Henckel* AcP 159 (1960/61), 106, 123; *Brox*, Die Einschränkung der Irrtumsanfechtung, 1960, 72 ff., 78, 85, 178 ff., 185; *Brox* JZ 1966, 767; *Medicus*, in: FS für Werner Flume, Bd. I, 1978, 629, 632 ff.; *Medicus* (Fn. 28), Rn. 860; *Wieling* Jura 1985, 508, 511 mit Fn. 90; *Pawlowski* (Fn. 21), Rn. 567, 569 in Fn. 486; *Ehmann/Sutschet*, Modernisiertes Schuldrecht, 2002, 166; *Nicklisch* BB 1980, 949; Erman/*Palm*, BGB, 12. Aufl. 2008, § 119 Rn. 51 (对于共同动机错误); *Littbarski* JZ 1981, 8, 13; *Huber* JuS 1972, 57, 65; 瑞士法: *Wiegand*, in: Honsell/Vogt/Wiegand, Basler Kommentar, 4. Aufl. 2007, Art. 18 OR, Rn. 58 f.; 奥地利法: *Rummel*, Kommentar zum ABGB, 3. Aufl. 2000, § 901 Rn. 6.

[143] MünchKomm/*Finkenauer* (Fn. 10), § 313 Rn.41.

[144] 例子见于 MünchKomm/*Finkenauer* (Fn. 10), § 313 Rn. 42 und zudem Rn.45.

[145] BGH NJW-RR 2005,205.

同样难以维续的还有一种界分,即认为《德国民法典》第 157 条涉及对一项共同的错误的积极认识,即认识错误(Fehlvorstellung);而对于《德国民法典》第 313 条的适用,当事人不得有任何认识,即认识欠缺(fehlende Vorstellung)。[146] 对于将来情事发展认识错误与认识欠缺的区分终究还是不具有说服力的:误认为黑麦价格的发展将来会与一般生活成本相适应者,有一种错误的认识;设定地上权时没有考虑到将来货币购买力下降者,欠缺某种认识。但在任何一种情况下,从现实状况来看,(当事人的)认识都不正确,契约之规整存在漏洞,因此对于认识错误与认识欠缺这两种情形应作相同对待。因为对于未来情事发展没有认识者,即存在一项明显错误的认识:一切情事都和原来一样。[147]

《德国民法典》第 313 条在术语上所采用的"契约内容"与"契约基础"的相关界分并没有更好。[148] 也就是说,通常不可能严格区分默示的条件(即"已经成为"契约内容)与纯粹的"前提"(即交易基础)。实现这种区分的希望有多渺茫,通过以下两个例子即可清晰地呈现:虽然瑕疵担保责任的排除明确属于融资租赁合同的内容,但通说认为瑕疵担保的问题是交易基础的一种情形。[149] 此外,《德国民法典》第 812 条第 1 款第 2 句第 2 种情形中所谓已成为契约内容之目的,应该也可"非强制地"被评价为当事人共同的认识,并因此被评价为交易基础。[150]

拉伦茨(Larenz)参考没多大说服力的认识错误与认识欠缺的界分,而区分了补充解释与(为避免过于不公平而作的)修正解释(korrigierende Auslegung)。[151] 不过,这种界分也纯粹只有术语上的性质:[152]若依《德国民法典》第 157 条以解除权来填补契约,则给予了解除权人从整体上质疑契约、修正契约的可能。

最后,执着于必要调整的范围(Ausmaß der notwendigen Anpassung)是没有成效的:若在契约意思中寻不到任何依据,则适用《德国民法典》第 313 条。[153] 因此应表述为,相较于《德国民法典》第 157 条,对于第 313 条来说必要的调整范围更广而且

---

[146]  相关说明,参见注释 151。

[147]  对此 MünchKomm/*Finkenauer* (Fn. 10), § 313 Rn. 15,42,44.

[148]  完整的(论述)MünchKomm /*Finkenauer* (Fn. 10), § 313 Rn. 9.

[149]  对此的批判 *Finkenauer/Brand* JZ 2013,273,275.

[150]  BGH WM 1971,276;WM 1972, 888,889.

[151]  *Larenz* (Fn. 1), 544 f.; *Larenz*, Geschäftsgrundlage und Vertragserfüllung, 3. Aufl. 1983, 160,166;相近者 *Larenz*, Lehrbuch des Schuldrechts, Bd. I, 13. Aufl. 1982,330 f.;判例亦仅见于 BGHZ 90,69,74.

[152]  *Rüthers*, Die unbegrenzte Auslegung, 6. Aufl. 2005, 60 in Fn. 65; *Medicus* (Fn. 142), 629,634; *Wiegand*, in: Honsell/Vogt/Wiegand (Fn. 142), Art. 18 OR, Rn. 117.

[153]  联邦法院遵从了上诉法院以补充解释为支撑的论点——通过援引《德国民法典》第 311 条,参见 BGH WM 2013,1550, 1551 ff.

干预强度更大,这是一项不太中用的标准。应以未量化且不能量化的克温特(Quentchen [154])来决定二者的界限吗? 应如何权衡彼此完全不同的调整结果呢? 无论如何,《德国民法典》第 157 条与第 313 条本身无法在多种可能的调整结果中作区分,没有哪种调整结果(直至合同清算)是不可考虑的。[155]

结论只有一个:《德国民法典》第 157 条与第 313 条之间的实质界分注定是失败的,瑞士证券账户判决 [156]中表面看来学术式的论述最终只是一种无用的尝试,是一种虚假的教义学(Scheindogmatik)。实际上,立法者在 2002 年已经通过法律的修订将交易基础丧失理论规定为契约补充解释的一种情形。[157]

### (四)《德国民法典》第 313 条中的不可期待性与重大变更

区分这两个规范的,还有《德国民法典》第 313 条第 1 款中所提到的不可期待性与重大变更或等价关系破坏的标准。

1. 当"避免一项不可承受的、依着公平正义不会被约定的,并因此依诚实信用原则对于相关当事人不可苛求之结果,显得是不容拒绝的情况"时,联邦法院肯定了不可期待性。[158] 不过,因为补充解释和交易基础丧失本身是无法区分的,因此这种额外的标准没什么重要意义:其仅是要求全面地权衡内在于契约的情事,反之,交易以外的考量——即使涉及相同的当事人——仅有如同对公共利益的考量般微弱的地位。若以假设的当事人意思为导向的解释会推导出一项不同的契约规则,则要求受有不利的当事人坚守未变更的契约即是不可期待的。不同于通说,这里并不要求更多。[159]

2. 单纯的情事改变尚不足以构成依《德国民法典》第 313 条第 1 款进行调整的正当事由;法律毋宁要求"重大的"(schwerwiegende)变更。[160] 因此,当尚未超过依《德国民法典》第 313 条的重大变更的界限,但主观的等价关系已被破坏之时,判例依《德国民法典》第 157 条来填补契约。正确的观点是,在契约所确定的给付与对待给

---

〔154〕 "Quentchen"(或"Quäntchen")是一种重量单位,一般用来指"少量""少许""一点儿"——译者注。

〔155〕 补充解释可能的调整结果,参见上文"一·(五)",交易基础丧失可能的调整结果,参见 MünchKomm/*Finkenauer* (Fn. 10),§ 313 Rn. 90 ff.

〔156〕 上文"二·(五)·2·(3)"

〔157〕 MünchKomm/*Finkenauer*(Fn. 10),§ 313 Rn. 46,145.

〔158〕 BGH LM § 242 (Bb) Nr. 27,41,51,61;BGHZ 84,1,9;121,379,393;128,230,238;133,281,295;133,316,321;NZM 2005,144;BB 2006,911.

〔159〕 相关论述 MünchKomm/*Finkenauer* (Fn. 10),§ 313 Rn. 77 ff.

〔160〕 与《德国民法典》第 313 条第 2 款所使用的"重要认识"的挫败是同义词。

付的对价关系被破坏时,其必须被重新恢复。在此,于《德国民法典》第 157 条的框架内,边界值(Grenzwerte)没什么作用。[161]

与《德国民法典》第 313 条不同:判例与学理在此提出了各种各样的边界值,逾越这些边界值则会导致交易基础丧失。例如,在(地上权的)地租案中,要求生活费用提高 150%,[162]在"面积短少"的房屋租赁中——"自始交易基础丧失"的一种情形——偏离 10%即已满足,在维护费和解(Unterhaltsvergleichen)中同样是少于10%。[163]另外有观点认为,在自始交易基础丧失,5%的比例即可,[164]并在等价关系破坏中建议一般性地采取 1:2 的参考值。[165]

如此的话,(交易基础丧失)与补充解释的界分并非定性的,而是定量的。显而易见,这样的(以及其他的)参考值是多么的擅断。这是一种粗鄙的权宜之计(grobe-Behelfe),其更迎合庸俗的法律思想,而非先进的法律科学,因此其在理论论证上不具有说服力。[166]但其对我们而言终究是无害的,因为交易基础与补充解释仅是术语上的区分,漏洞填补的类型与方法是一样的。不同的是,如果人们明确正确的合同解释的工具,则究以《德国民法典》第 157 条抑或第 313 条来证成判决,无关紧要。基于《德国民法典》第 313 条之文义,仅一些情形——即特别重大的——可从《德国民法典》第 157 条的适用范围分离出来。可见,在思考时《德国民法典》第 313 条必须优先。

有害的只是,当援引《德国民法典》第 313 条时,没有注意到交易基础丧失也只是个解释问题,以及当援引《德国民法典》第 313 条时,希望通过一般的公平思想裁决而非契约目的导向的解释,即以一种未经检验的"所罗门王式的"五五开( „salomonisches" Halbe-halbe-Machen)来替代利益评价。[167]在结果上,2002 年《德

---

[161] 如在"BGHZ 181,47,64"中原料成本在采购程序检查期间"仅"上涨了 40%。

[162] 若货币贬值(依生活费用标准)低于大约 150%,重新评估(Aufwertung)会被直接拒绝,若高于 150%,则可允许(高出原来费用)500%的重新评估。vgl. MünchKomm/*Finkenauer*(Fn. 10),§ 313 Rn. 191.

[163] 地租:BGHZ 77,194;90,227;91,32;94,257;96,371;进一步的支付 MünchKomm/*Finkenauer* (Fn. 10),§ 313 Rn. 191;"面积短少":BGH NJW 2004,3115;维护费:BGH NJW 1987,2054,2055.

[164] *Teichmann*,in:Gedächtnisschrift für Manfred Wolf,2011,169,186.

[165] *Harke*,Allgemeines Schuldrecht,2010,Rn. 101,105.

[166] 对此的批判 MünchKomm/*Finkenauer* (Fn. 10),§ 313 Rn. 191;*Finkenauer*,in:FS für Harm Peter Westermann,2008,183,205 f.

[167] 在《德国民法典》第 313 条框架内判例的这种趋势,参见 MünchKomm/*Finkenauer* (Fn. 10),§ 313 Rn. 90;*Finkenauer* (Fn. 96).

国民法典》增加第 313 条没有产生任何效益,反而发生了对于《德国民法典》第 157 条的一定偏斜(Schieflage)——并非随交易基础丧失原则新增入法典所带来的唯一的偏斜。[168]

## 四、结论

1. 补充解释是规范的,但与契约(目的)密切相关。其以如下规则补充契约,即假使当事人在缔约时认识到了填补的必要性,依诚信之思考方式本会采纳的规则。在填补的技术安排上,法官于契约规整计划内有一定的自由裁量空间。

2. 判例以及文献中所要求的对补充解释的限制,实际上无非其前提条件的反面,因此不具有独立的内涵。尤其当存在多种规整可能但不能确定当事人本会选择哪种时,对补充解释所作的禁止应被废弃。

3. 交易基础丧失是自 2002 年被增加到《德国民法典》中的补充解释的一种情形。其与依《德国民法典》第 157 条的补充解释之间不可能存在实质的界限。

---

[168] 对我们的指导意义 *Loyal* NJW 2013,417.

中德法学论坛

第 17 辑·下卷,第 31~48 页

# COVID-19 对专利法和促进创新的挑战 *

[德] 阿克塞尔·梅茨格/赫伯特·策希** 著

吴桂德*** 译

**摘 要**:当下 COVID-19 大流行影响到了我们社会生活的方方面面。COVID-19
(coronavirus disease 2019)是因 SARS-CoV-2 病毒(一种冠状病毒)引发之病症的官
方名称。目前,对其诊疗方式是基于化学药物成分与医疗技术等各种技术手段。其
他技术创新,特别是疫苗目前还在世界范围内通过政府或私人研究经费的大力支持
而努力研发中。给予创新以何种激励通常应当是专利法调整的部分。然而,这种专
利法对促进创新的实际贡献在当前的社会讨论中时常遭受质疑。因而,有必要进一
步探讨无形财产法在应对新冠危机时发挥了何种作用。

**关键词**:新冠危机;专利法;强制许可;数据专有权;促进创新

**Abstract**:COVID-19 beeinträchtigt aktuell alle Bereiche unserer Gesellschaft.

---

* Abgedruckt in GRUR 2020(6),561,die Zweitveröffentlichung erfolgt mit freundlicher
Genehmigung des Verlags C.H. Beck.(此处为出版社就本文的授权声明)。本文由两位作者合作
并发表于德国知识产权法权威期刊 GRUR(全称:Gewerblicher Rechtsschutz und Urheberrecht,中
文译为:知识产权与版权法保护)2020 年第 6 期,并为封面首篇文章。

** 阿克塞尔·梅茨格[Professor Dr. Axel Metzger, LL.M. (Harvard)]现为德国柏林洪堡大
学民法、知识产权法教席教授,并担任中国同济大学、瑞士巴塞尔大学、德国汉堡博锐思法学院等
科研机构客座教授,其亦是本文译者的博导;赫伯特·策希(Professor Dr. iur. Dipl.-Biol. Herbert
Zech)现为德国柏林洪堡大学民法、科技与信息法教席教授,并为柏林麦树研究机构(Weizenbaum
Institut)的部门负责人之一。

*** 吴桂德:德国柏林洪堡大学法学博士候选人。也特别感谢中国同济大学法学院副教授、德
国柏林洪堡大学法学博士杨大可承担了本译文的校对工作。

本文翻译也获得了教育部国家留学基金委(CSC),资助号:201708080159,以及同济大学欧洲
研究双一流建设基金项目"中德企业监督机制比较研究"的支持,特此致谢。

COVID-19 (coronavirus disease 2019) ist die offizielle Bezeichnung der Krankheit, die durch das Virus SARS – CoV – 2 (einem Coronavirus) verursacht wird. Ihre Bekämpfung baut schon heute auf unterschiedlichsten technischen Leistungen aus den Bereichen der chemisch-pharmazeutischen Wirkstoffe und der Medizintechnik auf. Weitere technische Innovationen, insbesondere Impfstoffe, werden derzeit weltweit unter Einsatz erhebliche öffentlicher und privater Forschungsgelder gesucht. Dies sollte eigentlich die Stunde des Patentrechts sein, welches Anreize für entsprechende Innovationen setzen soll. Der tatsächliche Beitrag des Patentrechts zur Förderung technischer Innovationen wird in der aktuellen gesellschaftlichen Diskussion zum Teil jedoch eher kritisch bewertet. Grund genug, um einen Blick auf die Rolle des Immaterialgüterrechts bei der Bewältigung der Coronakrise zu werfen.

**Key Words**: COVID-19, Patentrecht, Zwangslizenzen, Datenexklusivität, Innovationsförderung

# 一、引言

## (一) 为抗击 COVID-19 而进行的创新

有效抗击 COVID-19 需以多个领域的技术创新为前提。在有效的化学药物应用之外,还有以公共利益为导向为抗击 COVID-19 而研发的疫苗、诊断测试剂、医疗器械(特别是呼吸机)等。

关于有效药物,一方面要考虑已知的有效药,另一方面也要考虑经过一段时间研发而被证明具有有效活性成分的新药物。而在已知的有效药方面,一则要考虑已知但尚未获得许可的有效药(特别是一些正在开发的抗病毒药物,例如针对埃博拉病毒的瑞德西韦[Remdesivir]药物)。二则还可以考虑已获批准、具有有效活性成分并被用作其他用途的药物。当然,主要应予讨论的是抗病毒药物(例如有效成分为洛匹那韦/利托那韦[Lopinavir/Ritonavir]组合的一种治疗艾滋病药物),即针对肺部疾病的免疫调节剂和药物。[1]同样就此还要提及的是氯喹(Chloroquin),这是一种在上世纪 30 年代已研发出的用于抗击疟疾的有效药物。根据目前大量临床试验

---

〔1〕 参见欧洲药品管理局 EMA 的概述(die Übersicht der European Medicines Agency EMA),https://www.ema.europa.eu/en/news/update-treatments-vaccinesagainst-covid-19-under-development.

报告可知,使用已知有效药物的诊疗也已在进行中。[2]

目前正在研发的新药中,特别值得提及的是被动免疫抗体(多克隆或单克隆[poly-oder monoklonal])疗法,亦即可通过提取已康复患者的血浆实施治疗,患者通过注入该血浆中可能存在的抗体而痊愈,但这种血浆疗法不能分离或量产。

同时,对 COVID-19 的永久控制还是要依赖于主动免疫疫苗的研发。从创新经济的角度考虑,比较重要的是利用好现有的疫苗平台(新颖的研发和生产平台[novel developmentand-manufacturing platforms][3]),即基于先前开发的病毒样本来加速新疫苗的研发。[4]这是一种最初无法投放市场的创新,但是可以在出现危机情形时更快地做出反应(例如疫苗研发)。

将来,全新的概念也可能会取得成功,例如,mRNA 作为抗体的蓝图(参见 *Ethris/Neurimmune*);mRNA 作为抗原的蓝图,因而可以作为疫苗(sodium CureVac)或也可使用 RNA 的基因剪(例如 RNA 病毒,SARS-CoV-2)来识别和切割(Cas13 酶)。[5]

在诊断测试中,必须区分直接识别病毒的检测,尤其是病毒 RNA 的测试(例如使用由 RT-PCR 第一个开发的实时测试),与受检测者已对病毒产生抗体反应的检测。后者也适于进行大批量测试,并且目前部分已经可行。[6]

### (二)当下的法政策讨论

当前较为紧迫的是寻找疫苗和药品,并以最快速度在全国范围内供应,这也引发了社会公众的关注与讨论:首先,研发和分配最先需求药品不应遵循通常拥有专

---

〔2〕 此处要提及的是世界卫生组织(WHO)所发布的所谓"团结(Solidarity)"的研究报告,其中所倡导的是,优先考虑四种已知的有效药应用或者有效药联合应用(即瑞德西韦[Remdesivir];氯喹[Chloroquin]或羟氯喹[Hydrochloroquin];洛匹那韦[Lopinavir]与利托那韦[Ritonavir];洛匹那韦[Lopinavir]与利托那韦[Ritonavir]加干扰素 β-1a),也参见:https://www.who.int/emergencies/diseases/novel-coronavirus-2019/global-research-on-novel-coronavirus-2019-ncov/solidarity-clinical-trial-for-covid-19-treatments(最后访问日期:2020 年 9 月 30 日).

〔3〕 *Lurie/Saville/Hatchett/Halton*, NEJM, https://www.nejm.org/doi/full/10.1056/NEJMp2005630(最后访问日期:2020 年 9 月 30 日).

〔4〕 其中德国的疫苗研发信息主要可参见:https://www.dzif.de/de/entwicklung-von-impfstoffen(最后访问日期:2020 年 9 月 30 日).

〔5〕 https://www.handelsblatt.com/technik/medizin/pharmabranche-ein-spray-gegen-corona-biotech-firmen-bilden-neueallianzen/25742268.html? ticket=ST-5912920-djUr9Tvc29EKtnWgZ1IA-ap1;https://www.scinexx.de/news/medizin/einegenschere-fuer-virale-rna/;https://www.wissenschaft.de/gesundheit-medizin/mit-crispr-cas-gegen-viren/(最后访问日期:2020 年 8 月 30 日).

〔6〕 *Ritter*,Hoffnungsträger im Kampf gegen Corona, FAZ v. 18.4.2020,24.

利的制药业所通行的具有排他性的专利权营销模式。同时,限制性专利的有效性也必须受制于国家命令,例如实施强制许可或命令其可被国家购买。而且公共研究经费对私人公司的支持将必须以在新冠危机期间不得注册专利以及来自该公司的临床研究数据向公众开放为条件。另外,非政府组织也提出了相应的要求,例如"医生无国界"口号。[7]近期欧洲议会有近 40 名成员也通过发布声明的方式表态支持这些要求。[8]此外,欧盟境内各国均相应调整了其本国的法律法规,例如德国就已通过新修订的《德国传染病防治法》(第 5 条第 2 款第 5 项规定)。

另一方面,制药公司及其行业协会也就专利法在新冠危机期间对药物研发所起的弱化作用进行讨论,并一致认为应当由其自身财政来承担相关 COVID-19 的研发经费。[9]迄今为止,也有一些专利律师认为从专利的激励作用视角考虑,权利人在抗击 COVID-19 的斗争中所投入的研究资金将在以后通过行使专利权而收回,以期能为克服危机做出积极贡献。[10]

实际上,疫苗和药物研发的过程表明那些有组织且具有国际竞争力的私人制药业,即使在其间不起决定性作用,也很重要并且有其贡献。其核心业务是研发合适的药物之有效成分,直至可以在市场销售。鉴于目前全球需求,立即加入对 COVID-19 研究的投资动机已显而易见。当然,在后期适当的时机公司应可再次分摊巨额研发成本。为此,他们需要实施其已久经考验的专有权商业经营模式。尤其对制药行业、经济学家和律师们而言,这种基本假设至少在很大程度上承认了专利法可提供

---

〔7〕 参见由 62 个机构欧盟机构例如 European Alliance for Responsible R&D 和 Affordable Medicines 所倡导的并于 2020 年 3 月 25 日签署的"医生无国界"联名信,https://medicinesalliance. eu/thefight-against-covid-19-lets-make_public-investments-count-for-people(最后访问日期:2020 年 9 月 30 日).

〔8〕 https://haiweb.org/wp-content/uploads/2020/03/MEP-Covid-Letter-March-2020.pdf (最后访问日期:2020 年 9 月 30 日).

〔9〕 参见德国医药行业联盟(简称:BPI)不同的声明报告:报告时间为 2020 年 3 月 17 日 („Covid-19:Pharma forscht"),https://www.bpi.de/de/nachrichten/detail/covid-19-pharma-forscht(最后访问日期:2020 年 9 月 30 日).

〔10〕 持相同意见者参见 *Eck*,laut Handelsblatt v. 31.3.2020;siehe auch *Bartels*,Das Patentrecht und seine Zwangslizenz in der Coronakrise,25.3.2020,https://www.cr-online.de/blog/ 2020/03/25;持不同意见者则参见 *Tietze/Vimalnath/Aristodemou/Molloy*,Crisis-Critical Intellectual Property:Findings from the COVID-19 Pandemic,5.4.2020,http://dx.doi.org/10.2139/ ssrn.3569282(最后访问日期:2020 年 9 月 30 日).

有意义的激励措施。[11]但是,专利法的保护作用也必须满足公共利益的目的,其尺度必须把握到位,并有相应限制条款与有限的保护期限,承担披露义务以及在有些情形下提供所谓强制许可的信息,而且应方便公众获得和访问,以确保(潜在的)创新者能继续进行技术创新。下文将较为系统地探讨关于行使排他性使用权的专利法规则体系是否有望帮助解决新冠危机,抑或专利法在此还可能是一障碍,因此必须重新调整。

## 二、现行法保护及其限制

对于已经授予的专利,专利法提供了许多自主性安排和规范,旨在使公众尽可能广泛地获得受保护的技术。下文将详细阐释如何将这些技术手段用于应对当前的新冠危机中。

### (一) 免费专利技术

与公开争论中的某些声音不同,在应对 COVID-19 过程中,专利法在最初受专利保护的一些当前非常重要的技术中所起的作用尤为明显,但现在多项技术已处于公有领域。例如,较简单的呼吸机通常含有免费的专利技术,即目前是已不受任何专利保护的技术。进而言之,一些项目如 Mercedes AMG HPP [12]的 CPAP (Continuous Positive Airway Pressure)技术 [13]或配合使用 RWTH Aachen 的(CORE-SPONSE)技术 [14],经由 3D 打印设备可制成简单的呼吸袋。其间,专利法对于这些技术创新已然产生了激励作用,而且这些技术也已基于专利法而被公开。[15]当然,呼吸机的研发也在不断跟进,其间专利法所发挥的激励作用仍不可小觑。

---

〔11〕　而通常批评专利的经济学者甚至更愿意承认这一点,例如参见 *Landes/Posner*, The Economic Structure of Intellectual Property Law, 2003, 312 ff.; *Mazzoleni/Nelson*, The benefits and costs of strong patent protection: a contribution to the current debate, 27 Research Policy 273 – 284 (1998).

〔12〕　https://www.bbc.com/news/health – 52087002 (最后访问日期:2020 年 9 月 30 日).

〔13〕　CPAP 技术原本主要被应用于睡眠呼吸暂停症(Schlafapnoe),但目前也被 FDA 推荐用于对抗 COVID-19,参见:https://www.fda.gov/medical-devices/letters-health-care-providers/ventilator-supply-mitigationstrategies-letter-health-care-providers (最后访问日期:2020 年 9 月 30 日).

〔14〕　https://www.coresponse.rwth-aachen.de/cms/Coresponse/~gqggs/Das-Projekt (最后访问日期:2020 年 9 月 30 日).

〔15〕　CPAP 技术专利已于 1970 年代在美国注册,详见:US 4261355 (注册日期:25.9.1978). 其在欧洲专利局所登记的专利号为:EP 0756503B1 (注册日期:21.4.1995). 同时,根据官方信息显示,Mercedes AMG HPP 的设备是一种不受专利技术保护的复制件。

#### (二) 放弃(专利权)声明

专利权也可基于当下情形控制技术的使用,即通过专利权人放弃部分权利的使用而实现。[16]自新冠危机暴发以来,便有非政府组织,如"医生无国界",一直在呼吁放弃相关专利权或者放弃征收专利执行费。但截至目前,企业还是很难满足这些要求,只是偶有一般性的声明与有关放弃声明的新闻报道。例如,霍华德·休斯医学研究所(Howard Hughes Medical Institute)、创新基因组研究所(Innovative Genomics Institute)和加州大学(University of California)已宣布免费许可其相关专利。[17]据信拉布拉多诊断公司(Labrador Diagnostics)也已宣布免费许可使用其专利进行 COVID-19 的测试。[18]另外,据称艾伯维公司(AbbVie)在很大程度上并未行使其有关抗艾滋病药物 Kaletra(Lopinavir/Ritonavir)的专利权,[19]但其对相关专利的放弃声明目前尚未公布。[20]还有吉利德(Gilead)也回应了这一呼吁,并声明其目前愿意仅就利用瑞德西韦(Remdesivir)药物进行的检测而放弃其专利权行使,以期能以这种方式造福更多患者。[21]

目前,实务中尚未在制药和医疗技术行业尝试推行相应的放弃专利权声明。但在信息技术领域情况则有所不同,例如,可在考虑公众利益的基础上放弃部分专利组合的专利权行使,这对于 IBM、Google 和 Microsoft 等[22]大型科技集团来说已有多年经验,在某些情况下甚至是法律上更为完善的专利组合声明,即"专利承

---

〔16〕 此处也参见：*Tietze/Vimalnath/Aristodemou/Molloy* (o. Fn. 11),第 V 项.

〔17〕 https://innovativegenomics. org/news/our-pledge-to-share-covid – 19-ip ( „ non-exclusive，no-fee, royalty-free license to make our new technology available to any entity working on this disease around the world")(最后访问日期：2020 年 9 月 30 日).

〔18〕 Business Wire, 17. 3. 2020, https://www. businesswire. com/news/home/20200316005955/en (最后访问日期：2020 年 9 月 30 日).

〔19〕 Financial Times, 23. 3. 2020, https://www. ft. com/content/5a7a9658 – 6d1f – 11ea – 89df – 41bea055720b (最后访问日期：2020 年 9 月 30 日).

〔20〕 特别还包括艾伯维公司(AbbVie)自己所掌握的有关 COVID-19 的信息, 参见: https://www. abbvie. com/content/dam/abbvie-dotcom/uploads/PDFs/factsheet-coronavirus – 030420.pdf (最后访问日期：2020 年 9 月 30 日).

〔21〕 Siehe (以下简称：S./s.) *O'Neill*, Gilead expands special access to potential COVID-19 drug, Life Sciences Intellectual Property Review, 31. 3. 2020, https://www. lifesciencesipreview. com (最后访问日期：2020 年 9 月 30 日).

〔22〕 有关上述各个公司就"专利承诺(Patent Pledges)"的不同声明概览请参见：http://www. pijip. org/non-sdo-patent-commitments (最后访问日期：2020 年 9 月 30 日).

诺(Patent Pledges)"。[23] 在其他行业中,也有越来越多的企业找到其他合适的方法,例如特斯拉(Tesla)和孟山都(Monsanto)[24]等。他们对"专利承诺"(Patent Pledges)的相应法律评估取决于每个具体声明,其既可以是一种可缔结许可合同的要约;也可以是一种类似先合同缔约表示(拉丁文:*pactum de non petendo*),据此,权利人即可根据例如在构成《德国民法典》第 242 条规定的背俗行为(拉丁文:*venire contra factum proprium*)时,单方撤销该意思表示。[25]可以看到,目前已知的放弃专利权声明在德国尚未成为法律诉讼的探讨主题。同时,"专利承诺"(Patent Pledges)的多样性表明,实务中公司使用专利组合的方式有很大不同,从最大可能的排他性到以特定版本发布特定的使用形式(例如,仅用于非商业用途)或有一定的时间限制,直到进一步自我限制为止,其间,专利权仅被用于预防(侵权)。

当然,信息技术领域的经验不能简单地转而应用于现在我们感兴趣的领域。除了行使专利权以外,IT 公司通常还可使用版权;而且,他们的商业模式通常面向服务或下游市场。但两者均不适用于药企和医疗器械公司。即便他们是为了当前技术需要而主动去调整,从而去学习 IT 行业的经验以及利用他们久经考验的所谓"专利承诺"(Patent Pledges)这一工具。此处不仅仅是如本文末尾所提及的为创新经济而考虑照顾公众利益。相反,专利权人可主动放弃或授予个人许可,并自行确定使用该发明专利的规则,以避免国家例如根据《德国专利法》第 13 条和第 24 条的规定而采取相关措施。因而或许也可在当前制定"专利承诺"(Patent Pledges)时,允许在新冠病毒大流行期间免费使用该技术,但也不必排除以后付费许可的可能。同样,或许也可通过适当的措辞约定,将商业上捣乱的竞争者排除在外或相互承担义务。目前首先被广泛建议的所谓标准化的"开源新冠许可"(Open Covid License)已经实现。[26]"开源新冠许可"的期限为自世卫组织发出声明起,到 COVID-19 大流行结束。[27]若有相应的放弃专利权声明,则必须确保其不仅发布专利信息,而且还发布

〔23〕 S. hierzu *Maracke/Metzger*, Playing Nice With Patents: Do Voluntary Non-Aggression Pledges Provide a Sound Basis for Innovation? 17 N.! C.! J.L & Tech 483 – 514 (2016); s. auch die verschiedenen Beiträge in *Contreras/Jacob* (Hrsg.), Patent pledges: Global Perspectives on Patent Law's Private Ordering Frontier, 2017. Vgl. auch *Hauck* 5 ZGE/IPJ 206, 223 (2013); *Pregartbauer*, Mitt 2016, 487.

〔24〕 S. o. Fn. 23.

〔25〕 具体可参见 *Maracke/Metzger* (s. o. Fn. 24), 499 ff. und 507 ff.

〔26〕 S. https://opencovidpledge.org (最后访问日期:2020 年 9 月 30 日).

〔27〕 S. hierzu auch *Rack*, Open COVID: Freie Lizenzen für offenes Wissen in der Coronakrise, 9.4.2020, https://irights.info/artikel/open-covid-freie-lizenzen-fuer-offenes-wissen-in-der-coronakrise/30023 (最后访问日期:2020 年 9 月 30 日).

临床试验数据。[28]而且所谓"开源新冠许可"显然已明确放弃了数据排他性。[29]

### （三）罗氏限制

当仅在临床研究中使用有效成分和药物时，现有的专利就此应当无效。《德国专利法》第 11 条第 2b 款规定的所谓的罗氏(Roche Bolar)规则指出，专利的效力不得涉及研究和试验以及由此产生的社会实际需求，而且其在欧盟范围内获得药品生产或者营销的许可，还需要欧盟成员国或第三国的授权。这使得临床研究像世卫组织发起的如所谓"团结"(Solidarity)[30]的研究项目那样，可不受专利权人参与的限制而进行。但是，如果专利权人已经生产出有效成分或药物，就更容易推进前述研究项目。

### （四）强制许可

COVID-19 检测剂、医疗设备、消毒剂和防护服的供应不足，以及对生产与推广疫苗和药物延误的担忧引起对强制许可在应对当前新冠病毒大流行中作用的讨论。[31]目前以色列已向其境内一家药物进口公司发放了艾伯维(AbbVie)公司生产的抗艾滋病药物 Kaletra(洛匹那韦/利托那韦[Lopinavir/Ritonavir])的许可证，但仅限用以治疗 COVID-19 疾病。[32]

因此，现在考虑这一关键问题还过早：为克服新冠危机是否必须诉诸强制许可？可以看到，德国目前碰到的供给障碍并不是因为缺乏（可使用的）无专利保护技术，而仅仅是由于缺乏生产能力。即便目前强制许可在德国尚无实际意义，但在专利权人无法满足其足够数量的专利产品生产时，这种强制许可还是有利于促进疫苗和药品研发。但目前大批量的强制许可在当下德国的司法实践中，一如德国联邦最高法

---

〔28〕 此处也与本文第三章第四节阐释相同，即数据排他性(Datenexklusivität)。

〔29〕 例如在不同"开源新冠许可(Open Covid License)"中的第 3 版中有提及(s. o. Fn. 27)："The Pledgor will not assert any regulatory exclusivity againstany entity (⋯)."

〔30〕 S. o. Fn. 3.

〔31〕 特别目前德国就此相关讨论可参见巴特尔斯(Bartels)博士的网文(s. o. Fn. 11)；也参见：*Lunze/Rektorschek*，Zwangslizenzen und staatliche Benutzungsanordnungen für Patente, 7.4. 2020，https://deutschland. taylorwessing. com/de/zwangslizenzen-und-staatliche-benutzungsanord-nungen-fur-patente (最后访问日期：2020 年 9 月 30 日). 相关宪法保护的视角请参见：*Stoll*，Private Impfstoffentwicklung und öffentliches Interesse, 19.3.2020, verfassungsblog.de/private-impf-stoffentwicklung-und-oeffentliches-interesse (最后访问日期：2020 年 8 月 30 日). Zur internationalen Diskussion s. *Tietze/Vimalnath/Aristodemou/Molloy* (s. o. Fn. 11).

〔32〕 以色列卫生部的相关决定及翻译件请参见：https://www.keionline.org/32503 (最后访问日期：2020 年 9 月 30 日).

院的判例所示还存有障碍。立法上,目前《德国专利法》第 24 条第 1 款规定的强制许可是以当事人已向权利人寻求许可证而不被授权或是以造福公共利益为前提。2017 年,德国联邦最高法院在"Raltegravir"一案中根据 1980 年的《德国专利法》首次确认了这种所谓的公共利益。[33]在本案中,涉案的是一种治疗艾滋病的有效成分专利,且德国专利权人并未授权使用该成分。但该成分经医疗实践证明对某些患者群体(婴儿、十二岁以下的儿童和孕妇)有效。然而,在新近 2019 年"Alirocumab"一案的判决中,德国联邦最高法院却又澄清,其认为该案不构成《德国专利法》第 24 条第 1 款规定的强制许可。[34]也即就此否认了公共利益要件。虽然此案情形或许能构成公共利益要件,即"该药物用于治疗严重疾病的有效成分具有目前已有记录的市场上他人可用资金购买的降低疾病治疗风险乃至治愈疾病的特征",但在具体情形中,寻求许可证者很难提供这一证据,特别是在缺乏所要求(授权的)技术属性客观研究报告的情形下。而在当前 COVID-19 大流行期间,现实的挑战甚至可能来自德国市场的专利权人也难以迅速(独自)研发出疫苗或生产出足够数量的药物。同样,医疗设备和防护服生产也面临相同挑战。在此情形下,《德国专利法》第 24 条第 1 款规定的强制许可是可以被考虑的。[35]而尚不清楚的情形是,即便可以生产出足够数量的有效药,但专利权人却要为此付出高昂代价。其实,实践中只要医疗保险公司认为民众的医疗保健费用开支还可以偿还,那么所谓《德国专利法》第 24 条第 1 款规定的公共利益的正当性就很难被认为是合理的。但就此必须指出的是,在公共利益的框架下还应考虑经济和社会政治因素;[36]当然,这最终应视具体情况而做出决定。如果满足签发强制许可的条件,那么亦可根据《德国专利法》第 85 条以临时禁令的方式实施。[37]与此同时,就在侵权诉讼中可否根据《德国民法典》第 242 条的规定并以《德国反托拉斯法》的强制许可为蓝本,而提出强制许可异议的抗辩,司法实践亦未给出答案。[38]

然而,基于合法许可数据的排他性还存在一个同步问题(参见本文第 3 章第 4 小

(参见本文第 3 章第 4 小

---

[33] BGH GRUR 2017,1017—Raltegravir. Vgl. zum Folgenden auch *Stierle*,GRUR 2020,30.

[34] BGH GRUR 2019,1038—Alirocumab.

[35] *Benkard/Rogge/Kober-Dehm*,PatG,11. Aufl. 2015,§ 24 Rn. 16;*BeckOK PatR/ Wilhelmi*,15. Ed. (15.1.2020),§ 24 Rn. 33.

[36] *Benkard/Rogge/Kober-Dehm* (s. o. Fn. 36),§ 24 Rn. 20 f.;对此从法经济学角度来衡量而对先前的判决持怀疑的态度有:*Mes*,PatG,5. Aufl. 2020,§ 24 Rn. 14.;同样从所谓政策性预算的理由(haushaltspolitischen Gründen)角度出发,对强制许可持怀疑的态度有:*Böttger* GRUR Int 2008,881 (889).

[37] S. auch im Fall BGH GRUR 2017,1017—Raltegravir.

[38] 持相反意见有:*Stierle*,GRUR 2017,383 (384 unter 5);s. auch *Stierle*,Das nicht-praktizierte Patent,2018,300 f.

节)。即使签发了强制许可证,也不存在相关文件保护的法律规定,也即被许可人可据此将原始批准文件用于其申请。由此,也将影响到通过强制许可而实际使用该发明之目的实现。在瑞士,这导致了对现行法进行相应调整的尝试,但目前仍未成功。[39]就德国而言,这一问题或许必须通过欧盟层面来解决。[40]在适当地参与分摊研究经费的前提下,(欧盟)通过许可法调整凌驾于利益之上的数据排他性的做法其实已有先例。例如,根据欧盟《关于植物保护产品上市及撤销理事会指令》(以下简称:[EC] No.1107/2009)第 62 条和欧盟《关于化学品注册、评估、许可和限制法案》(以下简称:REACHVO)第 28 条,可据此在批准植物保护产品时避免对脊椎动物进行重复测试。[41]就此,出现了法律类推适用的可能性问题,但还需对此进行更详细的个案分析。

强制许可或许能在发展中国家的人民医疗保健中发挥重要作用。《与贸易有关的知识产权协定》(以下英文简称:TRIPS)的第 31 bis 条在经过长时间讨论后,现也已引入了强制许可的规定。即当药品的生产不是提供给发(许可)证国的本国市场,而是为欠发达国家之一的市场而提供时,该协议附件中更为详细的规定即可生效。该国际协议实则已于 2003 年在 WTO 的框架内通过,但由于需要多国签署,因此直到 2017 年年初才最终生效。例如在"加拿大向卢旺达出口抗艾滋病毒及其药物"一案中的情况所示,根据 TRIPS 协议,通过强制许可向发展中国家出口救生药物仍存在很大障碍。[42]目前 COVID-19 席卷了南半球许多缺乏足够制药工业以自行生产有效药的国家,因而新冠危机或将对 TRIPS 第 31 bis 条规定适用提出考验。

### (五)使用命令

根据《德国专利法》第 24 条第 1 款第 1 句的规定,解决专利保护与当前公共利益之间冲突的利剑是使用命令。[43]其前提是德国联邦政府为了公共福利(或为了联邦

---

〔39〕 https://www. publiceye. ch/de/news/detail/die-pharma-lobby-torpediert-eine-motion-von-oeffentlichem-interesse(最后访问日期:2020 年 9 月 30 日).

〔40〕 Dazu 't Hoen/Boulet/Baker , J Pharm Policy Pract (2017) 10:19, https://doi.org/10.1186/s40545－017－0107－9(最后访问日期:2020 年 9 月 30 日).

〔41〕 Dazu Zech/Brzezinski-Hofmann , in Möstl , Europäisierung des Lebensmittelrechts, 2017, 31 (36 f.).

〔42〕 S. hierzu https://www.wto.org/english/news_e/news07_e/trips_health_notif_oct07_e.htm(最后访问日期:2020 年 9 月 30 日) sowie Hestermeyer , 11 ASIL Insights 28 (2007). 对于 TRIPS 第 31 条和 31 bis 条在新冠危机中的意义也参见:Grosse Ruse-Khan , Blogpost v. 15.4.2020, Blog of the European Journal of International Law, http://www.ejiltalk.org(最后访问日期:2020 年 9 月 30 日).

〔43〕 从历史解释视角分析可参见:Mächtel , Das Patentrecht im Krieg, 2009, 174.

自身安全)而发布的命令。根据《德国传染病防治法》第 5 条第 2 款第 5 项规定,现已授权联邦卫生部发布此命令。为此,必须得到德国联邦议院依《德国传染病防治法》第 5 条第 1 款第 1 项的认定,即认为全国范围内出现流行病(对于 COVID-19,这在德国于 2020 年 3 月 25 日被认定为流行病)。因而《德国传染病防治法》第 5 条第 2 款第 5 项实则主要是向卫生部移交了管辖权。

某些产品可能符合《德国传染病防治法》第 5 条第 2 款第 5 项规定的命令,并通过援引该法第 5 条第 2 款第 4 项的规定罗列如下:例如药品包括麻醉剂;药物的有效成分、原料和辅助材料;医疗器械;实验室诊断仪;辅助工具以及用于消毒的个人防护设备和产品。同时,《德国专利法》第 13 条第 3 款也规定了专利权人对此的薪酬请求权。

使用命令的合法性可依据《德国专利法》第 13 条第 2 款和《德国联邦行政管理条例》第 190 条第 1 款第 8 项的规定,通过向德国联邦最高行政法院(BVerwG)提出异议来实现。其中,实质合法性要求是该使用应符合公共福利或联邦的安全。当然,所谓公共福利和联邦的安全都是模糊性的法律术语,因而可由行政法院再核实。[44]而且判例对公共福利的理解要比《德国专利法》第 24 条规定的公共利益更为狭窄,其仅包括具有普遍利益的必要公共服务领域(即指国家必须采取行动以保障公民福祉的所有领域)。[45]这尤其包含卫生健康领域的预防(传染病)感染。

但公共福利要件之适用在具体情形中也必须以证明侵犯现有专利权是合理的为前提。[46]因此,仅有必要通过使用命令来确保公共福利。如果还可通过另一种方式(必要时)同样可与通过使用命令一样而达致目的,那么就不属于此种情形。[47]通常,也必须以首先询问专利持有人是否愿意授予该专利许可为前提。[48]如《德国专利法》第 24 条之规定,明显过高的许可费要求等同于拒绝许可。作为检验必要性的一部分,相较于《德国专利法》第 13 条规定的使用命令,《德国专利法》第 24 条第 1 款规定的强制许可是相对较为弱化的举措。《德国专利法》第 13 条之规定显然严重地限制了专利持有人的权利,因为使用命令下达后,在该命令的有效期及其范围内相当于中止了专利效力,而强制许可仅限于一个或多个被许可人。因此,国家颁布的

〔44〕 *Schulte/Rinken*, PatG, 10. Aufl. 2017, § 13 Rn. 7.

〔45〕 *Lenz/Kieser*, NJW 2002, 401 (402); *Mes* (s. o. Fn. 37), § 13 Rn. 3; *Schulte/Rinken* (s. o. Fn. 45), § 13 Rn. 7; *Benkard/Scharen* (s. o. Fn. 36), § 13 Rn. 4.

〔46〕 *Schulte/Rinken* (s. o. Fn. 45), § 13 Rn. 7.

〔47〕 *Busse/Keukenschrijver*, PatG, 8. Aufl. 2016, § Rn. 8; *Benkard/Scharen* (s. o. Fn. 35), § 13 Rn. 4.

〔48〕 *Schulte/Rinken* (s. o. Fn. 45), § 13 Rn. 4.

使用命令被认为是最后手段(拉丁文: *ultima ratio*)。[49]同时,在使用命令上还存在与药品法规批准同步的问题。而在这方面,则可以参考本文有关强制许可的论述。

## 三、为抗击 COVID-19 而对当下创新之保护

在抗击 COVID-19 的过程中,目前实践中正涌现出许多创新。因而需要考虑对此应当提供何种法律保护以及这些保护的激励效果如何等问题。

### (一) SARS-coV-2 基因序列作为开源数据

值得注意的是,德国感染研究中心(Deutsche Zentrum für Infektionsforschung,DZIF)[50]可通过实时 RT-PCR 技术实现对 SARS-CoV-2 的快速检测的唯一原因是,中国研究人员立即从 SARS-CoV-2 中提取了基因序列数据并第一时间公布。[51]从《名古屋议定书》(Nagoya-Protokoll,又称"生物多样性公约")第 8 b 条和第 4 Ⅷ 条第 511/2014 项中也可以看出,病原体应归为遗传资源。[52]但与其他基础材料不同,基因序列数据不受获取遗传资源法规的管辖约束。[53]因此,已发表的基因序列数据可自由被用于研究。而以此为前提进行的研究更是以确保对资源的依法访问为前提,并确保以平衡和公平的方式共享使用的利益(尤其应当征得主管当局的事先同意并签订相应合同),所以这或许又意味着严重的延迟(风险)。

还值得一提的是,世卫组织自身有一套针对大流行性流感[54]的规则;即大流行

---

〔49〕 *Lenz/Kieser*,NJW 2002,401 (402);BeckOK *PatR/Ensthaler* (s. o. Fn. 35),§ 13 Rn. 5.

〔50〕 https://www.charite.de/service/pressemitteilung/artikel/detail/erster_test_fuer_das_neuartige_coronavirus_in_china_entwickelt/;https://www.eurosurveillance.org/content/10.2807/1560 - 7917.ES.2020.25.3.2000045 (最后访问日期: 2020 年 9 月 30 日).

〔51〕 Auf virological.org,dazu *Schnirring*,11.1.2020,https://www.cidrap.umn.edu/news-perspective/2020/01/china-releasesgenetic-data-new-coronavirus-now-deadly (最后访问日期: 2020 年 9 月 30 日). Vgl. https://www.wired.com/story/data-sharing-open-source-software-combatcovid - 19/;https://www.deutschlandfunk.de/neues-coronavirus-diagnostischer-test-aus-berlin-weltweit.676.de.html? dram:article_id=468640 (最后访问日期: 2020 年 9 月 30 日).

〔52〕 (欧盟)委员会关于欧洲议会和理事会第 511/2014 号条例的范围和核心义务准则的公告表明,该条例是涉及使用者在欧盟境内根据《名古屋议定书》的规定,而采取关于获取遗传资源以及平衡和公平地分享其(在市场使用中)所产生的效益的措施(参见: 2016 / C 313/01,5.1);vgl. *Zech*,GRUR 2018,881 (884).

〔53〕 Dazu *Zech*,GRUR Int 2019,453.

〔54〕 对于流行性流感的法律思考请参见: *Kraft/Dohmen*,PharmR 2008,401.

性流感防范框架(Pandemic Influenza Preparedness Framework，简称 PIP 框架)，与获取遗传资源的一般规则相比，它具有特殊性。[55] PIP 框架旨在促进有关流感病毒信息的交换，以便更好地与流行疾病做斗争。其中，基因序列数据也应当被迅速交换(即"以快速、及时和系统的方式共享"，参见 5.2.1 PIP Framework)。但目前 PIP 框架仅适用于流感病毒(其具有在人群中大流行的潜力)，因而还不能直接适用于 SARS-CoV-2。[56]

**(二)专利法**

基于当前的高强度研究，特别是在关于治疗 COVID-19 患者的疫苗和药物方面，存在如此问题，即持有有效药物发明的公司可否获得相应的专利保护。在测试技术中，尤其是在运用基因序列专利或方法专利时，同样会出现有关专利保护的问题。[57]

若有效成分都是全新的(当前正在研发的疫苗可能就是这种情况)，则可预计，其或许会面临例如要求展示该有效药化学结构的压力。[58]如此，对该成分的保护或许是绝对的，也就是说将该成分用于其他目的使用时，若将来用以治疗其他疾病，或许也会被纳入专利的保护范围。[59]

特别是在抗击 COVID-19 的药物研发方面，目前的研究还是基于过去用于治疗其他病毒性疾病(如艾滋病毒或埃博拉病毒)的已知有效成分。也就是说有效成分是已知的，并曾受专利保护或仍受专利保护，[60]因而根据《欧洲专利公约》第 54 条第 2 款和《德国专利法》第 3 条第 1 款第 2 句规定其属于现有技术。与此同时，此处

---

〔55〕　https://www.who.int/influenza/resources/pip_framework/en (最后访问日期：2020 年 9 月 30 日).

〔56〕　PIP Framework 3. Scope："(3.1) This Framework applies to the sharing of H5N1 and other influenza viruses with human pandemic potential and the sharing of benefits. (3.2) This Framework does not apply to seasonal influenza viruses or other non-influenza pathogens or biological substances that may be contained in clinical specimens shared under this Framework. "

〔57〕　Dazu *Wächter*, in *Matthews/Zech*, Intellectual Property and the Life Sciences, 2017, 15 ff. 同时在瑞士，例如根据《瑞士专利法》第 40c 条也有关于强制许可的规定.

〔58〕　:*Kraft/Dohmen*, PharmR 2008, 401; BGH GRUR 1972, 541—Imidazoline. Hierzu umfassend *Uhrich*, Stoffschutz, 2010, 78 ff., 166 ff.

〔59〕　BGH GRUR 1972, 541—Imidazoline.

〔60〕　关于在美国有关为对抗病毒而获得专利组合的情况参见：*Li/Xu*, China: Patent Portfolio Of Remdesivir—Potential Drug For Novel Coronavirus, 25.2.2020, https://www.mondaq.com/china/patent/896840/patent-portfolio-of-remdesivir—potenzial-drug-fornovel-coronavirus (最后访问日期：2020 年 9 月 30 日).

基于第二医学指征中关于新颖性的特殊规定可帮助到申请人,即根据《欧洲专利公约》第 54 条第 5 款和《德国专利法》第 3 条第 4 款,在新的治疗过程中,可就已知和已用于其他医学适应证的有效成分,提出其相应成分的使用请求。[61]目前欧洲专利局对这种新颖性申请的评估也比较宽松,即只要用相同的有效成分来治疗相同的疾病就足够,且只要治疗或给药的类型明显不同于现有技术即可。[62]因而在针对已知有效成分的新应用并在与 COVID-19 进行斗争的创新中,亦存在专利的用武之地。如果新申请的发明人获得了具有特定目的之新成分保护,那么在先的关于有效成分专利的所有者若想根据新的医学适应证使用该新成分,还应当获得新的并与其使用目的相关的专利持有人的同意;且在先的成分保护专利仅是一种对第三人的禁止权,而非可用于任何可能目的之积极性权利。[63]相反,《德国专利法》第 24 条第 2 款创设了获得关联许可的可能性(如果有新迹象表明,其是具有重大经济意义的重要技术进步,通常应予以确认,并且被许可人在合理的时间内寻求许可证被拒绝。),而且还授予了基本专利权人特定条件下的相对许可权(Gegenlizenz)。[64]另外须注意的是,基于第二医学指征中关于新颖性的特殊规定仅适用于(药物)成分和成分的混合物,而不适用于医疗技术设备。[65]

就抗击 COVID-19 的发明专利申请而言,公司的专利管理部门还应保持谨慎态度,不要向公众提前发布对自身创造的新颖性有害的最新技术。与医学研究的其他领域相比,当前对此最新研究感兴趣的不仅是患者、主治医师和竞争对手,而且还有社会公众。无论如何,以利润为导向的公司还将确保在新冠危机期间先至少提交临时专利申请,然后再向公众公开。由于《欧洲专利公约》第 93 条第 1 款 a 目和《德国专利法》第 31 条第 2 款第 2 项规定的期限为 18 个月,因而若申请人不同意较早公开,则社会公众在时间上也将延迟查找到相应的专利申请。但由于存在巨大的公共利益以及对维持 18 个月保护期的批评,申请人或许还应该三思而后行,例如主动向

----

[61]　*Benkard/Melullis*,EPÜ,3. Aufl. 2019,Art. 54 Rn. 304.

[62]　BGH GRUR 1972,541—Imidazoline. EPA,G 2/08,GRUR Int 2010,333—Dosage regime/ABBOTT RESPIRATORY;s. im Einzelnen BeckOK *PatR/Fitzner/Metzger*(s. o. Fn. 36),Art. 54 Rn. 205 mwN.

[63]　最后,这两个专利持有人将不得不互相交叉许可,以便能够将有效成分用于新的申请,这也能通过《德国专利法》第 24 条第 2 款体现出来。在考虑到因为关联关系而产生的谈判成本时,对此也有反对意见,参见:*Landes/Posner*(s. o. Fn. 12),316 f.

[64]　在《德国生物专利法》修改过程中也重新起草了相关关联许可证的规定,以通过对成分的绝对保护来应对即将面临的关联性,参见:*Uhrich*(s. o. Fn. 59),374;*Zech*,in *Hilty/Jaeger/Lamping*,Herausforderung Innovation,2012,81(92). Vgl. *Zech*,in *Metzger*,Methodenfragen des Patentrechts,2018,137(169).

[65]　EPA Entsch. v. 24.10.2014—T 773/10,BeckRS 2014,118254—Dialysis membrane.

社会公众介绍所要申请的保护权是否会更好。通过这种方式,该专利申请成为较早发布的现有技术。因而根据《欧洲专利公约》第 67 条第 2 款以及《德国专利法》第 33 条所提出的索赔要求已从该早期时间点起开始适用。[66]且本发明工作也没有特殊特征。另外,时间方面的问题也相对较少,因为与新颖性不同,尚未公开的申请在评估创造性时不是最新技术的一部分(参阅《欧洲专利公约》第 56 条第 2 句和《德国专利法》第 4 条第 2 句)。

### (三) 罕见病药物的市场专有权

广为人知的是,吉利德(Gilead)公司在美国提交了请求认定瑞德西韦(Remde-sivir)为"孤儿药"(亦称为罕用药)的申请后又要求撤销这一事件。[67]在欧盟,相关药物在满足特定条件后也可被认定为"孤儿药",如根据《欧盟孤儿药条例》(OrphanVO)第 3 条第 1 款 a 目规定,要求该药物应旨在用以诊断、预防或治疗威胁生命或导致慢性残疾的疾病,并从权利人提交申请时起,在社区居民中受影响的人数不超过五万分之一。[68]若此类药物被批准用于治疗罕见病,则根据《欧盟孤儿药条例》第 8 条享有十年市场独占权。即便后面满足不了(这一条件),但在大流行的早期阶段,仍可实现罕见性的标准化定义(即五万分之一或更少的患病率)。因而是否取得法律上的认定,将取决于申请时间。若有关药品在第五年年末确定不再满足《欧盟孤儿药条例》第 3 条规定的标准,则根据该条例第 8 条第 2 款仅允许将(独占销售)期限缩短为六年。[69]然而问题是,旨在激励研究、开发和销售被认定为治疗罕见病药物的医药产品的《欧盟孤儿药条例》(如该条例第 1 条之规定)的立法目的,在此是否真的可以实现? 因为该治疗罕见病药物如果是可预见的,那么这种疾病不久也将不再罕见。

### (四) 许可法上的数据专有权(文件保护)

最终的激励机制可在许可法中找到,其特别目的在于补偿因临床研究而产生的费用或为赞助制定激励措施。[70]监管数据保护(regulatory data protection)使得参

---

〔66〕　*Benkard/Ehlers*,(s. o. Fn. 62),Art. 93 Rn. 6.

〔67〕　https://www.gilead.com/news-and-press/company-statements/gilead-sciences-statement-on-request-to-rescind-remdesivirorphan-drug-designation (最后访问日期: 2020 年 9 月 30 日).

〔68〕　关于罕见病的欧盟法规定参见:VO (EG) Nr. 141/2000 des Europäischen Parlaments und des Rates v. 16.12.1999.

〔69〕　当然,这也包括疾病流行性的改变,参见:*Meier*,in *Meier/v. Czettritz/Gabriel/Kaufmann*,Pharmarecht,2. Aufl. 2018,§ 3 Rn. 310.

〔70〕　*Meier*,in *Meier/v. Czettritz/Gabriel/Kaufmann* (s. o. Fn. 70),§ 4 Rn. 190 ff.; *Zech*,ZGE 7 (2015),1 (9 f.).

与竞争的药品制造商无法在申请时参考原药批准(一般数据专有权为八年)或者顺利获得相应的批准(十年市场保护)。[71]但有关许可本身或许可所基于的与已知药物新特征有关的数据则没有这种保护。[72]此类许可仅被视为现有全面许可(全球营销授权)的扩展。相反,根据《欧盟药品管理局条例》(VO (EG) Nr. 726/2004)第 14条第 11 款和《德国药品管理法》(AMG)第 24b 条第 1 款第 3 项的规定,只有在许可持有人将许可范围扩展到在许可的八年内包括一个或多个新应用领域的情形下,才可将十年的市场保护期再延长一年(十一年市场保护期限);而且其应得到具有管辖权的联邦高级主管当局的认可,即认为其与现有疗法相比具有重大的临床益处。尽管效果微弱,但这也是一种激励,以期在进行临床研究时能评估已批准的抗病毒药物的新适应证,例如 COVID-19。

## 四、创新经济概论与结论

即便目前抑制 COVID-19 传播的主要措施具有社会属性(如保持社交距离与消毒),但最终对成功战胜该疾病起决定作用的还是技术。社会大众需要疫苗、药物以及医用诊疗设备。在上述领域,社会大众也迫切希望且很需要私营公司能在其核心业务上做出必要的技术创新。当然,国家科研机构、医院和大学也肯定无法独自完成这项任务。若需要制药业参与解决新冠危机,则须允许这些公司能最终收回其投资。否则,作为以经济利益为导向的参与者将不会按照要求和期望进行投资。而且,保障分期获得和预期利润的核心是专利法以及现今与专利法一起战略性使用的数据排他性。由于高昂的研发成本和较低的仿制边际成本,制药公司必须取得在一定时期内商业化专有销售疫苗和药品的机会。[73]但专利法亦存在风险,即其有可能使得一些欠发达国家或某些国家的个人群体无法获得生存所必需的药物。[74]若不考虑社会后果而径自使用专利法,则有可能会引发社会冲突。因此建议专利持有人认识到其社会责任,并在当前危机情形下非常谨慎地利用其专有权。

---

〔71〕 欧盟法就此相关具体规定参见: Regelungen in Art. 10 I RL 2001/83/EG des Europäischen Parlaments und des Rates v. 6.11.2001 zur Schaffung eines Gemeinschaftskodexes für Humanarzneimittel, § 24b I AMG, Art. 14 XI VO (EG) Nr. 726/2004 des Europäischen Parlaments und des Rates v. 31.3.2004 zur Festlegung von Gemeinschaftsverfahren für die Genehmigung und Überwachung von Human-und Tierarzneimitteln und zur Errichtung einer Europäischen Arzneimittel-Agentur.

〔72〕 EuGH GRUR Int 2017, 772—Novartis Europharm/Kommission.

〔73〕 Vgl. *Landes/Posner* (s. o. Fn. 12), 313;该部分是介绍有关药物研发的特殊情况(即研发成本高,而复制成本低)。

〔74〕 *Landes/Posner* (s. o. Fn. 12), 16 ff.

例如一种可能的方法是,尽管权利人注册了专利,但仍然根据已公开的专利承诺,基于当前危机形势将其提供给公众。通过相应地放弃专利权声明可使专利持有人感知专利在专有权以外的积极影响("信号化"[75]、防御性专利组合[76]等),同时可自行确定临时豁免的游戏规则。否则,不仅存在非政府组织和其他政客大声批评的威胁,而且还存在《德国专利法》第 24 条第 1 款规定的强制许可以及《德国专利法》第 13 条(与《德国传染病防治法》第 5 条第 2 款第 5 项结合适用)规定的使用命令的适用。当然,一旦克服了当前危机,并像其他疾病一样,COVID-19 的感染仅在可控范围内发生,制药公司必须能够再次执行其常规价格模型,也即豁免只能是暂时的。且过渡到付费营销的正确时间点可能是世卫组织宣布" COVID-19 大流行已结束"或在该时间点一年之后,一如"公开新冠许可(Open Covid License)"所建议的那样。[77]

当前围绕专利法在抗击流行病中的作用的讨论表明,随着时间推移,基于无形财产法的保护能实现更多创新(动态效率)的激励效果与限制公共领域消费之间的平衡。也即在某个时间点限制使用可行的解决方案(静态低效率)。通常,这种平衡应实现最佳(效果),即从长远来看动态效率的增益应当超过静态效率所可能导致的最大损失。而在发生严重公共卫生危机的情形下,必须在短期内寻求最佳方法,而后延迟免费使用。但也因为有储备金的概念(为下一次灾难做准备),即使这样做,也仍要避免丧失或严重损害长期激励作用的情形发生。否则,我们将无法为下一场危机做好准备。从心理学或行为学角度来看,当然就此存在偏见或感知错误的风险,如目前应对气候变化危机或采取预防多种耐药病原体(即对多种抗生素具有耐药性的病原体)的情况亦是如此。为了补偿专利权人因"专利承诺"而暂时放弃的专利使用权,应考虑相应地扩大保护效果,如最好采用通过欧盟法层面补充性保护证书的形式来实现。[78]

同时,至今尚未使用的有效成分和疫苗平台的重要性也表明,若不能在损害发生前通过创新遏制此类危险,则发生概率低但损坏程度高的风险可能导致市场失灵。类似问题也出现在用于多抗性病原体的储备性有效成分上,其目的是作为储备在一开始并不使用。[79]或许人们也可称之为储备创新或保留创新。就此专利保护可能不足以排除市场失灵。除了提供直接的公共研究经费外,欧盟及其成员国还应考虑提供奖励,以加快相关有效成分的研发进度。自 19 世纪以来,法经济学文献中

---

[75] Vgl. *Long*,69 U. Chic. L. Rev. 625,656 (2002).

[76] *Landes*/*Posner*(s. o. Fn. 12),320 f.

[77] S. o. Fn. 27.

[78] 就该点建议,我们感谢 Ansgar Ohly。

[79] Hierzu *Batista*/*Byrski*/*Lamping*/*Romandini*,IIC 2019,30.

已有关于用其他适当方法替代专利法的讨论。[80]当前的技术挑战或许亦是提供机会,使专利法通过当下已投入实践的手段得以完善。但这就考验国家相关定价机构的确定价格能力,一方面既保证能提供足够的激励,另一方面又不能将价格设置得过高而造成纳税人税赋的浪费。[81]为避免所谓的"寻宝问题",或许还应考虑是否不仅向第一位创新者,而且还向前三位创新者承诺给付酬劳。[82]最终,还应避免一方面研发成本由公众承担,而另一方面私人参与者仍可注册(专有)保护权。[83]若公众承担了研发费用,则其结果必须公开存于公有领域。

　　现行授予和限制医疗领域创新保护的法规是一个平衡的整体。它为发明和传播新药、疫苗、诊断测试剂和医疗设备创设了必要激励。同时,它也是一种确保在发生危机时无形财产法不与社会共同福利相抵触的机制。在危机情形下,专利法只有既考虑创新者的所有(涉及)法律可能性,又兼顾一般公众利益的限制,才能以平衡的方式发挥作用。

---

　　〔80〕　S. nur *Schäfer/Ott*, Lehrbuch der ökonomischen Analyse des Zivilrechts, 5. Aufl. 2012, 682 - 684; *Shavell*, Foundations of Economic Analysis of Law, 2004, 161 - 166.

　　〔81〕　此处主要存在相应措施的弱化问题;vgl. nur *Shavell* (s. o. Fn. 81), 162 f.

　　〔82〕　就寻宝问题也参见 *Schäfer/Ott* (s. o. Fn. 81), 673.

　　〔83〕　*Shavell* (s. o. Fn. 81), 161. 同样也参见欧盟议会近 40 名成员关于新冠肺炎的声明, 27.3.2020, s. https://haiweb.org/wp-content/uploads/2020/03/MEP-Covid-Letter-March - 2020. pdf (最后访问日期:2020 年 9 月 30 日). Dazu auch *Bartels* (s. o. Fn.11).

中德法学论坛

第 17 辑·下卷，第 49～63 页

# 德国与欧盟外国直接投资国家安全审查制度
# 及中国制度应对 *

胡晓红 **

**摘　要**：德国已经成为中资企业直接投资的前 10 位目标国之一，但德国不断修正的外商直接投资国家安全审查制度加剧了中资企业特别是国有企业投资的法律风险。不仅如此，德国等国推动的欧盟《建立在欧盟的外国直接投资的审查框架》已经于近期生效，该框架弥补了部分欧盟成员国有关外国直接投资国家安全审查制度的立法缺陷，并促使德国国家安全审查制度更加趋于严格。我国政府在要求中资企业严格遵守欧盟及其成员国有关国家安全审查制度基础上，应当从国内和国际法治发展两个层面积极推动国家安全审查制度全球治理的统一化进程。

**关键词**：德欧；外国直接投资；国家安全审查

## The National Security Review Systems of Foreign Direct Investment
## in Germany and EU and the Response of China's Legal System
### HU Xiaohong

**Abstract**：Germany has become one of the top 10 target countries for direct investment by Chinese enterprises，but its continuous revision of the national security review systems for foreign direct investment are accelerating the legal risks of investment of these enterprises，especially state-owned enterprises. Moreover，the EU's Foreign Direct Investment Review Frame work whichwas promoted by Germany and other EU parties has established in the EU. This framework has made up

---

   * 本文系 2016 年度司法部国家法治与法学理论研究项目（16SFB2045）阶段性成果。

   ** 胡晓红：南京大学法学院教授，主要研究方向为国际经济法学。

for the legislative defects of some EU members on the national security review system of foreign direct investment, and it has strengthened the stricter national security review system in Germany. On the basis of requiring Chinese enterprises to strictly abide by the EU national security rules, Chinese government should actively promote the unification process of global governance of national security review system at the domestic and international legal levels.

**Key Words**: Germany, EU, Direct Foreign Investment, National Security Review Systems

# 一、问题提出

据德国《法兰克福汇报》2019 年 1 月 7 日报道,2018 年德国联邦经济与能源部对非欧盟投资者发起的外资安全审查案例达 78 起,同比增加 18.2%。其中,对中国投资发起的审查有 27 起,占比为 34.6%。[1] 引起我国国内重视的是,2018 年 7 月德国联邦经济与能源部以国家安全为由阻止中国国家电网公司收购德国电网运营商 50 Hertz 20% 的股份,原因在于 50 Hertz 是"德国关键基础设施领域"的电网运营商。尽管德国 2008 年《对外贸易与支付条例》即建立了非欧盟企业的外国直接投资国家审查制度,[2]以后不断对其修改,但对中资企业实施国家安全审查的案例极少;2017 年德国再次对该条例修订,进一步严格对外国直接投资企业国家安全审查,且对具有国有资本背景的中企投资审查趋于严格。中国企业、政府亦加强重视德国有关外国投资国家安全制度。

在新冠疫情蔓延之时,2020 年 4 月 8 日,德国政府再次修改其《对外贸易条例》,对非欧盟国家投资实施更加严格的审核措施,执行更加严格有效的审核标准,以避免在关键问题上出现漏洞。2020 年 12 月 3 日,德国联邦经济与能源部决定根据新修订的《对外贸易条例》对中国航天科工的子公司航天工业发展股份有限公司通过专门成立的中介公司接管 IMST 有限公司的事项实施禁令。此次股权收购接近 95% 的 IMST 公司曾为德国首颗地球卫星 Terra SAR - X 开发了关键部件。德国政府认为,此次收购将导致"真实和严重的危险",并推动中国的军备发展。完成收购后,IMST 将不再是可靠的合作伙伴,因为其将由中国公司控制,德国的技术主权将

---

[1] 参见刘馨蔚:《中企赴欧投资创新高仍面临日趋收紧外资审查挑战——中国贸促会研究院发布《欧盟投资环境报告》,载《中国对外贸易》2019 年第 5 期。

[2] 参见胡晓红、张建军、李煜:《主权财富基金双边规制研究》,北京大学出版社 2017 年版,第 56 页。

处于危险之中；同时，该收购还将损害德国在未来五年移动无线电系统领域的技术主权。[3]

截至 2019 年 9 月，包括英国在内的欧盟 28 个成员国中有 14 个成员国确立了外资国家安全审查制度。[4] 这些国家的国家安全审查制度在审查范围、内容、程序等方面缺乏统一性。[5] 2017 年 2 月德、法、意联合向欧盟委员会提交了一份《确保并改善贸易和投资的平等竞争环境》提案，建议在欧盟建立外资国家安全审查机制。[6] 因而，2019 年 3 月欧盟理事会和欧洲议会通过《建立在欧盟的外国直接投资的审查框架》，[7] 该条例于 2020 年 10 月 11 日开始实施。

虽然近几年中欧、中德投资关系不断深入，但德国基于其国家安全不断完善相关制度，欧盟则在"事权"范围内出台并实施了《建立外国直接投资于欧盟的审查框架》（以下简称"审查框架"），新建了欧盟统一的国家安全审查制度。该制度在欧盟内部的普遍实施将会对中资企业在欧盟成员国直接投资造成一定困难。

## 二、德国国家安全审查制度主要内容

德国有关外国直接投资国家安全审查制度立法兴起于 21 世纪初期。2008 年金融危机后，法国、美国等国不断强化外商投资国家安全审查制度，德国从 2013 年后多次修订其有关外国直接投资（主要是非欧盟外资并购德国企业）国家安全审查实体和程序制度的《对外贸易与支付条例》，不断扩张国家安全审查范围，并在国家安全审查实践中针对外国国有企业并购德国企业采取了更加严格的措施。

---

〔3〕　德国叫停中企收购　涉事德企：将起诉德政府，https://3g. 163. com/news/article/FT2MI5TL00259LP.html，最后访问日期：2020 年 12 月 5 日。

〔4〕　该 14 国为：奥地利、丹麦、芬兰、法国、德国、匈牙利、意大利、拉脱宛亚、立陶宛、荷兰、波兰、葡萄牙、西班牙、英国。

〔5〕　参见徐程锦：《欧盟及其成员国外资安全审查制度改革与中国的应对策略》，载《区域全球发展》2019 年第 6 期。

〔6〕　Key Points for a Proposal for Investment Reviews at EU Level, Proposals for Ensuring an Improved Level Playing Field in Trade and Investment, p. 2, Berlin, Paris, Rome, February 2017.

〔7〕　欧盟第 2019/452 号条例，Regulation (EU) 2019/452 of the European Parliament and of the Council of 19 March 2019 Establishing a Framework for the Screening of Foreign Direct Investments into the Union, https://eur-lex. europa. eu/eli/reg/2019/452/oj. 最后访问日期：2020 年 10 月 11 日。

### (一)德国国家安全审查制度立法概况

德国的外资国家安全审查制度肇始于 2004 年,最初仅针对个别领域。[8] 2013 年 6 月德国联邦通过《对外贸易与支付法》,该法第 1 章第 4 节为"基于保护公共安全与内部利益而对行为的限制与责任要求",第 1 款规定:"在外贸与支付交易中,对能够受到限制和附加责任的法律交易和行为依据法规予以规范,目的是(1)确保德国联邦共和国基本安全利益;……;(4)确保德国联邦共和国在欧盟运行条约第 36 条、第 52.1 条和第 65.1 条含义内的公共秩序和安全……"[9] 随后,德国政府颁布实施《对外贸易与支付条例》(Foreign Trade and Payments Ordinance〔Außenwirtschafts-verord-nung, AWV〕),其中第 55 条细化《对外贸易与支付法》有关国家安全条款,对于非欧盟国家投资者在德国并购进行限制。2017 年 7 月德国政府根据《对外贸易与支付法》的修订,通过了《对外贸易与支付条例》修正案,明确了国家安全审查的范围及领域。外国投资受新冠疫情的影响,联邦经济和能源部于 2020 年 4 月 28 日公布了对德国《对外贸易和支付条例》的修改草案,该法案主要对目录中的企业的交易安全、生产安排等进行监管,并在适当情况下发布通知禁止执行交易或进行处罚。此次修改主要涉及以下内容:(1)扩大医疗保健领域的目标目录。扩大属于关键基础设施的医疗保健部门目标目录,如果非欧盟投资者持有 10% 或以上的投票权,这些目标将受到上述法案的约束,包含:① 开发或制造特定的个人防护设备,或为此提供初步产品/部件;② 开发、制造、销售或授权销售基本药物,包括其原料药和活性物质;③ 为诊断、预防、监测、预测、治疗或缓解危及生命和高度传染性疾病而开发、制造或分销医疗器械,或为开发或制造提供初步产品/部件;④ 供应、开发、制造或分销与危及生命和高传染性传染病有关的特定体外诊断医疗器械,或供应用于开发或制造的前体/成分。(2)扩大其他领域的目标目录。除上述有关医疗保健部门的补充规定外,如果非欧盟投资者持有 10% 或以上的投票权,则在受上述法案要求约束的目标目录中增加了两个方面:① 在国家通信基础设施领域提供服务的公司;② 开采或加工关键原材料及其矿石的公司。[10] 2020 年 7 月初,德国修订的《对外贸易与支付法》正

---

〔8〕 徐程锦:《欧盟及其成员国外资安全审查制度改革与中国的应对策略》,载《区域全球发展》2019 年第 6 期。

〔9〕 Foreign Trade and Payments Act (Außenwirtschaftsgesetz-AWG),Service provided by the Federal Ministry of Justice and Consumer Protection and the Federal Office of Justice-www.ge-setze-im-internet.de,最后访问日期:2020 年 11 月 10 日。

〔10〕 Additional COVID-19 Specific Reforms, https://www.dentons.com/en/insights/articles/2020/may/5/covid-19-speeds-up-tightening-of-the-german-foreign-direct-investment-rules.最后访问日期:2020 年 11 月 8 日。

式生效,为引入欧盟合作机制提供了法律基础。德国联邦政府正在讨论《对外贸易与支付条例》新修正案的有关细节,其修订重点是,将需要着重审查的企业范围扩大到高技术和未来技术的制造商和开发商。[11]

### (二)德国国家安全审查制度主要实体内容

德国联邦经济与能源部对于非欧盟企业的并购交易是否威胁德国的公共安全或秩序进行审查。所谓公共安全或秩序,根据欧洲法院的解释,是指危机情况下的供应安全、电信安全和供电行业、具有战略意义的服务行业的供给。[12] 根据《对外贸易与支付条例》(以下简称"条例")第55—59条之规定,国家安全审查制度主要实体内容包括受审查主体与受审查领域。

1. 国家安全审查对象

受德国国家安全审查规范的投资主体为非欧盟或者欧洲自由贸易协定的企业,包括以收购为目的而在德国境内建立的德国企业。2017年"条例"要求这些企业收购德国企业至少25%股权,且对于德国公共安全与秩序构成威胁时,德国政府有权对该收购案进行国家安全审查。但是,2020年"条例"对于属于关键基础设施的医疗保健领域的非欧盟投资收购德国企业股份调整为10%以上;对于在国家通信基础设施提供服务公司、开采或加工关键原材料及其矿石的公司的并购10%以上股份,即可予以国家安全审查。也就是说,德国国家安全审查制度仅适用于外国直接投资中的企业并购行为。"以收购为目的而在德国境内设立的德国企业",是指作为收购工具而在德国境内设立的企业。该企业在德国境内无实质性业务获得,或在欧盟境内无独立经营场所、无雇员或办公设备,且该企业为非欧盟或非欧洲自由贸易协定投资者所有,其所进行的收购系外商投资。[13]

2. 国家安全审查领域

根据2017年《对外贸易与支付条例》的规定,国家安全审查领域分为非敏感行业和敏感行业。

非敏感行业外国直接投资安全审查的重点领域包括:(1)关键基础设施领域,特

---

〔11〕 德国联邦内阁通过《对外经济条例》第16次修正案,http://www.mofcom.gov.cn,最后访问日期:2020年12月3日。

〔12〕 参见黄萌萌:《德国投资安全审查制度的调整及其影响》,载周弘、黄平、田德文主编:《欧洲发展报告》(2018—2019),社会科学文献出版社2019年版,第227页。

〔13〕 See Amendment to the German Foreign Trade Regime: Strong Impact on Foreign Investments in Germany, Mayer Brown, https://www.mayerbrown.com/amendments-to-the-german-foreign-trade-regime-impact-on-foreign-investments-in-germany - 07 - 24 - 2017/.最后访问时间:2019年11月1日。

别是德国联邦信息安全办公室所规定的领域,包括电信、水和能源、信息技术和电信、医疗保健、运输和交通、金融和保险以及营养行业。(2)从事涉及上述行业的关键基础设施运行的专门软件开发与更新行业。(3)制造、已制造或知晓德国联邦政府实施电子通信监管措施所需的电信技术或专有知识的领域。(4)有关云计算与服务的关键基础设施领域。(5)获得有关远程信息处理(遥感)基础设施零件和服务许可的企业。

2020 年"条例"对于"医疗保健"行业并购行为进一步予以细化,并增加了并购开采或加工关键原材料及其矿石的公司应受国家安全审查的制度。

敏感行业系涉及国防安全领域,"条例"第 60 条至 62 条做出规定,外国直接投资安全审查的重点领域包括:军工、武器、军用关键技术、坦克制动设备,与加密相关的附有信息技术安全功能的产品生产与研发,高精密遥感系统。军民两用产品或技术领域被归置于敏感行业。

### (三)德国国家安全审查制度程序内容

#### 1.德国国家安全审查程序启动

对于来自非欧盟或非欧洲自由贸易协定外国投资者投资,只要属于德国国家安全审查的投资范围,无论是敏感行业还是非敏感行业,均须实施国家安全审查。

德国国家安全审查启动可由相关外国投资者主动提出国家安全审查申请,也可由德国经济与能源部主动发起。国家安全审查程序启动后,德国经济与能源部进行审查,审查时间为 3—6 个月。该经济与能源部有权对过去 5 年的相关并购协议进行审查。[14]

#### 2.德国国家安全审查程序终止

对于非敏感行业的外国投资的国家安全审查,由经济与能源部独立进行;对于敏感行业的外国投资国家安全审查,须会同外交部、国防部、内政部等部门进行;经济与能源部审查非敏感行业相关外国投资后,征得联邦政府同意后做出禁止或限制并购交易的决定,或者向相关外国投资者颁发允许并购交易的"无异议证明"。对于敏感行业,经济与能源部与其他相关政府主管部门做出禁止或限制并购交易决定,或者做出允许并购交易的同意决定。

与多数国家一样,相关外国投资者对于德国国家安全审查决定无提出异议的行政救济权。

---

[14] 参见黄萌萌:《德国投资安全审查制度的调整及其影响》,载周弘、黄平、田德文主编:《欧洲发展报告》(2018—2019),社会科学文献出版社 2019 年版,第 229 页。

## 三、欧盟国家安全审查制度主要内容

在德国等国积极努力下,2020 年 10 月生效的欧盟"审查框架"(亦称"欧盟第 2019/452 号条例")开启了欧盟统一直接投资国家安全审查制度立法,弥补了部分欧盟成员国缺乏相关立法的空白。

### (一)欧盟"审查框架"的效力地位

"审查框架"序言第(6)部分指出,外国直接投资属于共同商业政策领域。根据《欧盟运行条约》第 3 条第 1 款第 5 项,欧盟对共同商业政策享有专属权能。《欧盟运行条约》第 207 条规定:"1. 共同商业政策应以统一的原则为基础,特别是关于税率的变化、与货物和服务贸易有关的关税和贸易协定的缔结以及知识产权、外国直接投资方面,实现自由化措施的统一、出口政策和保护贸易的措施,如在倾销或补贴情况下采取的措施。共同商业政策应在符合欧盟对外行动的原则和目标的背景下进行。2. 欧洲议会和理事会应按照普通立法程序通过法规采取行动,并采取措施,确定实施共同商业政策的框架。"显然,外国直接投资的国家安全事务属于"外国直接投资"范围,构成欧盟"共同商业政策领域"事项,应由欧洲议会和欧盟理事会制定法规予以规范。因此,"审查框架"构成欧盟法律体系的组成部分。

不过,有关共同商业政策,不仅"对内而言表现为制定实施有关共同商业政策的内部立法",而且还"涉及欧盟与成员国之间的权限划分"问题。[15]"审查框架"在确认外国直接投资国家安全审查制度属于共同商业政策事项的同时,也肯认维护国家安全与核心安全利益是成员国的"独一无二的责任"。[16] 当然,"东道国对接受或否决外资享有最终决定权,虽然欧委会的意见不能直接左右东道国的最终决定,但是应该能对决策过程产生重大影响"。[17]

虽然德国外国直接投资国家安全审查制度早于欧盟"审查框架",但根据该框架的效力,德国有权制定符合其安全或公共秩序的国内法,且其国内法相关制度可与

---

[15]　See Markus Krajewski, New Functions and New Powers for the European Parliament: Assessing the Changes of the Common Commercial Policy from the Perspective of Democratic Legitimacy in M. Bungenberg and C. Herrmann (eds.), Common Commercial Policy after Lisbon, European Yearbook of International Economic Law, Springer-Verlag Berlin Heidelberg. 2013, 67 - 85.

[16]　见《欧盟条约》第 4.2 条。

[17]　冷帅:《欧盟外资监管和安全审查立法的评估与应对——基于〈建立外国直接投资监管框架条例〉的分析》,载《现代法学》2019 年第 6 期。

"审查框架"一致。因而,2020 年德国《对外贸易与支付条例》扩张了对高新技术行业外国直接投资的审查力度,以保持与"审查框架"的一致性。

### (二)欧盟"审查框架"有关影响安全或公共秩序的考量因素

"审查框架"第 4 条"成员国或委员会可以考量的因素"分为一般因素与特殊因素。一般因素包括:(1) 关键基础设施。无论是物理的还是虚拟的,包括:能源、运输、水、医疗、通信、媒体、数据处理或存储、航空、防务、选举或金融基础设施及敏感设施,以及对适用这些基础设施至关重要的土地和房地产;(2) 关键技术和《关于建立控制出口、转让、居间行记和运输两用物项共同机制条例(理事会第 428/2009 号条例)》第 2 条第 1 款规定的两用物项,包括:人工智能、机器人技术、半导体、网络安全、航空、防务、能源储备,量子力学,以及核技术、纳米技术、生物技术;(3) 关键物品供给,包括能源或原材料,以及食品安全;(4) 获取包括个人数据在内的敏感信息的能力,或者控制此类信息的能力;(5) 媒体的自由与多样性。

特殊因素的考量,根据"审查框架"要求是属于特别考量因素,包括:(1) 外国投资者是否由第三国国家机构或武装力量在内的政府直接或间接控制,包括通过所有权结构或提供大量资金;(2) 外国直接投资者是否已经实施影响成员国安全或公共秩序的活动;(3) 外国投资者是否存在从事非法或犯罪活动的严重风险。

而欧盟委员会以安全或公共秩序为由,认为某一外国直接投资可能影响具有欧盟利益的计划或项目,则委员会可向成员国发表意见。该计划或项目的清单在"审查框架"附件中,包括:欧洲全球导航和卫星系统项目、哥白尼计划、地平线 2020(其中包括人工智能、机器人技术、半导体和网络安全技术等)、泛欧交通网络、泛欧能源网络、泛欧电信网络、欧洲防务产业发展计划、永久结构性合作(即欧洲防务一体化项目)。

### (三)欧盟"审查框架"有关可能影响联盟利益的外国直接投资

"审查框架"第 1 条规定,本条例建立以安全或公共秩序为由审查进入联盟的外国直接投资;第 2 条厘清了"外国直接投资"的概念。"外国直接投资"是指外国投资者做出的,旨在使该外国投资者与被投资企业主或企业间建立或维持持久、直接联系,以便在某成员国开展经济活动的任何类型的投资,包括能使其有效参与管理或控制某个开展经济活动的公司的投资。[18] 而"外国投资者"是指计划实施或已经实施外国直接投资的第三国自然人或企业。

---

[18]　周弘、黄平、田德文主编:《欧洲发展报告(2018—2019)》,社会科学文献出版社 2019 年版,第 299 页。

## 四、德国与欧盟外资国家安全审查制度对中国的影响

"一带一路"倡议推动了我国企业"走出去",德国和欧盟对于外国直接投资国家安全审查制度的建立、强化,必然会影响我国企业,特别是国有企业在欧盟直接投资的经营战略。

### (一)我国企业在德国、欧盟直接投资现状

2020 年 9 月商务部等部门联合发布了《2019 年度中国对外直接投资统计公报》,其中截至 2019 年年末,中国对外直接投资存量前 20 位国家或地区如下。

2019 年年末中国对外直接投资存量前 20 位的国家(地区)　　单位:亿美元

| 序号 | 国家(地区) | 存量 | 比重(%) |
|---|---|---|---|
| 1 | 中国香港 | 12753.6 | 58.0 |
| 2 | 开曼群岛 | 2761.5 | 12.6 |
| 3 | 英属维尔京群岛 | 1418.8 | 6.5 |
| 4 | 美国 | 778.0 | 3.5 |
| 5 | 新加坡 | 526.4 | 2.4 |
| 6 | 澳大利亚 | 380.7 | 1.7 |
| 7 | 荷兰 | 238.5 | 1.1 |
| 8 | 英国 | 171.4 | 0.8 |
| 9 | 印度尼西亚 | 151.3 | 0.7 |
| 10 | 德国 | 142.3 | 0.7 |
| 11 | 加拿大 | 140.9 | 0.6 |
| 12 | 卢森堡 | 139.0 | 0.6 |
| 13 | 俄罗斯联邦 | 128.0 | 0.6 |
| 14 | 中国澳门 | 98.5 | 0.4 |
| 15 | 瑞典 | 85.8 | 0.4 |
| 16 | 百慕大群岛 | 83.4 | 0.4 |
| 17 | 老挝 | 82.5 | 0.4 |
| 18 | 马来西亚 | 79.2 | 0.4 |
| 19 | 阿拉伯联合酋长国 | 76.4 | 0.3 |
| 20 | 哈萨克斯坦 | 72.5 | 0.3 |
| | 合计 | 20308.7 | 92.4 |

来源:商务部对外投资和经济合作司网站 hzs.mofcom.gov.cn(2020 年 9 月 16 日)。

2019 年,流向欧洲的投资 105.2 亿美元,同比增长 59.6%,占当年对外直接投资流量的 7.7%,较上年提升 3.1 个百分点。主要流向荷兰(38.9 亿美元)、瑞典(19.2 亿美元)、德国(14.6 亿美元)、英国(11 亿美元)、卢森堡(6.9 亿美元)、瑞士(6.8 亿美元)、意大利(6.5 亿美元)等国家。

2019 年年末,中国在欧洲的投资存量为 1143.8 亿美元,占中国对外投资存量的 5.2%,主要分布在荷兰、英国、德国、卢森堡、俄罗斯联邦、瑞典、法国、瑞士、意大利、挪威、西班牙、爱尔兰等。在中东欧 17 国的投资存量为 28.4 亿美元,占对欧洲投资的 2.5%。2019 年年末,中国在发达经济体的直接投资存量为 2494.6 亿美元,占中国对外直接投资存量的 11.4%。其中,欧盟 939.1 亿美元,占在发达经济体投资存量的 37.6%;美国 778 亿美元,占 31.2%;澳大利亚 380.7 亿美元,占 15.3%;加拿大 140.9 亿美元,占 5.7%;瑞士 56.6 亿美元,占 2.3%;日本 41 亿美元,占 1.6%;以色列 37.8 亿美元,占 1.5%;新西兰 24.6 亿美元,占 1%;挪威 12.5 亿美元,占 0.5%。

上述数据表明,欧盟已经跃居成为中国企业直接投资的首选目的地,除去英国,欧盟 27 个成员国中荷兰、德国又是中国企业直接投资的重点关注地。尽管德国、欧盟未与我国签署"一带一路"倡议谅解备忘录或协议,但是客观上欧盟已成为中国企业对外直接投资的重要目标地。

**(二) 德欧外资国家安全审查制度对中国企业直接投资的影响**

1. 对中国国企直接投资审查更加严格

中国贸易促进委员会发布的《欧盟投资环境报告》显示,有 83.9% 的受访国有企业表示欧盟加强外资审查将会使中国企业遭受不公平待遇,有 69.4% 的受访国有企业表示曾因国有企业身份遭受更加严格的审查。我国有学者同时认为,就资金来源而言,该条例第 4(2)(a) 条明确指出,在确定一项外国投资有无可能影响安全或公共秩序时,要特别考虑"外国投资者是否通过所有权结构或重大资助,直接或间接受到包括国家机构或武装部队在内的第三国政府控制"。这一条款几乎是为中国量身定做,其实质效果是对中国企业与政府之间的控制关系作出"有罪推定",不仅试图将国有企业等同于履行政府职能的"公共机构",还试图基于产业补贴、银行贷款等资金方面的理由,将控制关系推定延伸至所有权结构之外,从而将华为这样的民营企业也涵盖在内。[19]

德国有关外资直接投资的国家安全审查并未确立对外国国有企业投资的专门限制性条款,但是前述 2018 年中国国家电网收购德国 50 Hertz 20% 股权时遭遇国家审查例外规则适用,其主要原因有二:一是能源企业。2018 年 6 月,德国联邦信息

---

[19] 廖凡:《妥善应对欧盟外资审查新规》,载《经济参考报》2019 年 8 月 21 日第 8 版。

安全局警告,德国的能源企业正在成为外国网络攻击目标。[20] 二是国有企业。2018 年德国联邦宪法保护局认为,中国政府在中国企业对外投资中的影响越来越大,国有企业投资具有政府意志。[21]

2. 推高中企赴德欧并购投资成本和风险

外国直接投资国家安全审查使中国对德欧直接投资(主要为并购)交易复杂性与不确定性大大增加。除了传统并购交易程序,如市场调查、财务咨询、尽职调查、股权转让协议、交易融资之外,今后交易均可能面临增加的外资安全审查程序。外资安全审查通常复杂烦琐、冗长耗时,且具有不确定性,其法律准备、沟通专业性及复杂性均远高于普通并购交易程序,从而明显推高交易成本,而其审查结果的不确定性又进一步加大了交易风险。而且,即便交易成功完成,也不能排除结束后的投资审查可能性,这些问题都给交易后的投资项目运营带来长期风险。[22]

**五、中国对于德欧国家安全审查制度的规则应对**

目前,中欧双边投资协定正在进行第 35 轮谈判,双方均表示 2020 年本年度内完成谈判、达成双边投资协定。该双边投资协定能否排除欧盟及其成员国有关外资直接投资国家安全审查制度的适用,我们将拭目以待。但从中国单方面讲,对于德欧国家安全审查制度亦应有制度应对。

**(一)完善国有企业改革法律制度**

《中国共产党第十九届中央委员会第五次全体会议公报》指出:"十四五经济社会发展主要目标,就是:……社会主义市场经济体制更加完善,高标准市场体系基本建成,市场主体更加充满活力,产权制度改革和要素市场化配置改革取得重大进展,公平竞争制度更加健全……。""国有企业属于全民所有,是推进国家现代化、保障人民共同利益的重要力量,是我们党和国家事业发展的重要物质基础和政治基础。"[23]通过改革,"为国有企业公平参与市场竞争创造条件"。[24]尽管改革开放以来,我国有关国有企业改革的政策出台十分密集,有关国有企业的法律法规也在不

---

[20]　寇蔻、李莉文:《德国的外资安全审查与中企在德并购面临的新挑战》,载《国际论坛》2019 年第 6 期。

[21]　参见寇蔻、李莉文:《德国的外资安全审查与中企在德并购面临的新挑战》,载《国际论坛》2019 年第 6 期。

[22]　参见贾英姿等:《〈欧盟外商直接投资审查框架〉条例对中国的影响及应对策略》,载《财政科学》2019 年第 5 期。

[23]　2015 年《中共中央、国务院关于深化国有企业改革的指导意见》。

[24]　2015 年《中共中央、国务院关于深化国有企业改革的指导意见》。

断完善,但总体看,国有企业改革的立法还相对滞后,特别是有待厘清政府与国企关系,完善宏观经济治理的法律法规。

　　通过完善厘清政府、国企关系等的法律法规,明晰国有企业的市场主体地位,限制政府对国企的干预、补贴等产业政策,从而进一步激发国有企业的市场竞争能力。完善国有企业改革法律制度,一方面确认和指引国有企业改革成果和改革方向,全面提升国家治理能力现代化;另一方面削弱和淡化欧盟等我国企业直接投资目的国的政府、媒体、民众对我国国企投资目的的担忧。

### （二）完善境外直接投资法律制度

　　《中国共产党第十九届中央委员会第五次全体会议公报》要求:"要建设更高水平开放型经济新体制,全面提高对外开放水平,推动贸易和投资自由化便利化,推进贸易创新发展,推动共建'一带一路'高质量发展。"近几年,在"一带一路"倡议引领下,我国境外直接投资稳居前三名,更是德欧等直接投资流入的主要国家。然而,与我国境外直接投资现状和发展趋势不能匹配的是,我国有关境外直接投资立法处于"供给"低效态势。习近平总书记指出:"法治是国家治理体系和治理能力的重要依托。只有全面依法治国才能有效保障国家治理体系的系统性、规范性、协调性,才能最大限度凝聚社会共识。在统筹推进伟大斗争、伟大工程、伟大事业、伟大梦想的实践中,在全面建设社会主义现代化国家新征程上,我们要更加重视法治、厉行法治,更好发挥法治固根本、稳预期、利长远的重要作用,坚持依法应对重大挑战、抵御重大风险、克服重大阻力、解决重大矛盾。"[25]

　　完善境外直接投资法律制度是完善我国涉外法治的重要组成部分,有助于我国企业境外直接投资有序化、规范化。当前,我国有部分企业在德欧等国家、地区投资时存在不当承诺等行为。例如,2016 年 5 月美的正式向库卡发出收购要约。[26] 德国库卡公司是全球工业机器人和生产自动化制造的领军企业。美的除了提供高溢价的收购价格,还在并购合同做出了"不控制公司""提供研发资金"等承诺。此类承诺,从并购合同的私法自治分析是无可厚非的,但从商事交易的公平性看,显然已"超越"了商事交易的公平与效率的基本规律。虽然投资者母国通常不应限制其投资者的资本的自由流动,也不应对其投资者在境外的投资予以规制,然而就国家主

---

　　〔25〕　2020 年 11 月 17 日习近平在中央全面依法治国工作会议上的讲话,参见:《习近平在中央全面依法治国工作会议上强调:坚定不移走中国特色社会主义法治道路 为全面建设社会主义现代化国家提供有力法治保障》,http://www.gansu.gov.cn/art/2020/11/18/art_3966_461519.html,最后访问日期:2020 年 12 月 6 日。

　　〔26〕　Stefan Gaetzner, Midea meldet Closing des Kuka-Deals, https://www.ma-dialogue.de/midea-meldet-closing-des-kuka-deals.最后访问日期:2019 年 12 月 20 日。

权属人优越权视角审视,我国有必要通过国内立法的完善,规制我国投资者在境外的投资活动,以降低境外投资者海外投资的风险,为构建"人类命运共同体"打造国内法治体系、国际法治体系贡献中国方案。

**（三）完善外资直接投资国家安全审查制度**

十九届五中全会公报指出:"坚持总体国家安全观,实施国家安全战略,维护和塑造国家安全,统筹传统安全和非传统安全,把安全发展贯穿国家发展各领域和全过程,防范和化解影响我国现代化进程的各种风险,筑牢国家安全屏障。要加强国家安全体系和能力建设,确保国家经济安全,保障人民生命安全,维护社会稳定和安全。"我国《外商投资法》为外商投资国家安全审查制度奠定了制度基础,2011 年国务院办公厅发布《关于建立外国投资者并购境内企业安全审查制度的通知》,就并购安全审查范围、内容、工作机制与程序等做出了规定,2015 年国务院办公厅颁布《自由贸易试验区外商投资国家安全审查试行办法》,2011 年商务部发布《实施外国投资者并购境内企业安全审查制度的规定》,这些通知、办法初步构成了我国外商投资国家安全审查制度体系。实践中,2019 年 11 月国家发展和改革委员会发出《外商投资安全审查受理通知》,启动永辉超市收购武汉中百集团事项国家安全审查程序;同年 12 月永辉超市发布通告,决定终止向中百集团发出的部分要约收购计划。

尽管我国已经开启了外资并购境内企业国家安全审查实践,但从法律制度层面看,国务院办公厅两部规范性文件、商务部部门规章的法律效力层级不高,"权威性不足",且"相关机制和程序还不够完善,特别是在审查机构和工作机制上采取以国家发改委和商务部'双牵头'的较为松散的部际联席会议形式,有效性和终局性存疑",[27]因而,我国应当以《外商投资法》为契机,坚持总体国家安全观,健全外商投资国家安全审查制度体系,"尽快出台配套法规,完善相关机制,在国内法层面对外形成潜在反制"。[28]

同时,完善外资国家安全审查制度体系,还有助于我国境外投资者间接了解德欧等国家、地区的外资国家安全审查制度。纵观既有外资国家安全审查立法,基本实体法内容和程序法内容具有"共识性""相通性"。我国境外投资者基于投资法律信息"不对称性",可能无法获取相关投资目标国的国内法中有关国家安全审查制度实体和程序规则内容,但是,如果我国构建了完善的外资国家安全审查制度体系,则我国境外投资者可以透过我国外资并购境内企业国家安全审查制度体系,"管窥"投资目标国的相关法律制度,提前做好防范此类法律风险的准备工作。

---

〔27〕　参见廖凡:《〈外国投资法〉宜完善审查机构设计》,载《经济参考报》2015 年 1 月 28 日。

〔28〕　廖凡:《欧盟外资安全审查制度的新发展及我国的应对》,载《法商研究》2019 年第 4 期。

### (四)提前为中欧自由贸易协定谈判做准备

2014 年 3 月底至 4 月初,习近平主席访问欧洲,首次提出中国和欧盟要"积极探讨自由贸易区建设",欧盟对这一建议颇为重视。受欧洲对外贸易协会(Foreign Trade Association,FTA)委托,欧洲政策研究中心(Centre for European Policy Studies,CEPS)就欧盟与中国签订自贸协定问题进行了较深入的研究,并于 2016 年 4 月发布了《明日丝路:评估中欧自由贸易协定》这一研究成果。[29] 尽管中欧尚未启动自由贸易协定谈判,但是就当前中欧经贸关系发展现状看,中欧自贸协定谈判必然会启动。因而,我国应提前为中欧自贸协定谈判做好协定文本准备工作,其中包括双方投资者并购对方企业的国家安全审查豁免问题,当然也须包括中国国有企业竞争中立规则。通过自贸协定文本,澄清中国国有企业并购欧盟成员国企业国家安全审查适用,落实德国与欧盟现有国家安全审查制度不适用欧盟与其他第三国签订的自由贸易协定的缔约国投资者并购德国、欧盟成员国企业的投资行为;从我国适用国家安全审查制度分析,通过中欧自贸协定文本规定,确立欧盟投资者在华并购投资行为的国家安全审查对等豁免制度。

## 六、结论

我国有学者揭示了欧盟"审查框架"的出台实质原因:一是德法等国"将其国内制度主动欧洲化的结果"。根据"国家投射理论",在欧洲化进程中,国家作为积极的主体施动者把本国层面的理念、规范和政策推广到更大的欧盟层面,以影响欧盟制度的生成和治理实践,实现该成员国依其一己之力无法实现的目标。[30] 前已提及,德国、法国等部分欧盟成员国在 2008 年以前即有外资直接投资国家安全审查制度,到 2017 年在德法等国主导下,欧盟又于 2019 年通过了"审查框架"。这些国家将其国内法国家安全审查制度"投射"入欧盟层面,使国家安全审查制度成为欧盟法律的组成部分。二是中国企业赴欧投资数量、规模、领域的扩张引发欧盟对中国投资的"不安全感"。不安全感在很大程度上起源于权力落差,情势的改变引发了人们认识和反应的改变。[31] 近年来,中国和欧盟在全球经济竞争及地缘政治影响力中的相对位置不断变化,这种相对力量的改变是欧洲一些国家产生不安全心态的主要原

---

〔29〕 罗云开:《中欧自贸协定框架下国有企业问题研究》,载《国际贸易》2017 年第 9 期。

〔30〕 陈若鸿:《欧盟〈外国直接投资审查框架条例〉评析》,载《国际论坛》2020 年第 1 期。

〔31〕 王学玉:《通过地区一体化实现安全共同体:一个分析的框架》,载《欧洲研究》2003 年第 5 期。

因。[32] 本文以为,欧盟"审查框架"的出台及其保持"欧盟与成员国对于国家安全审查权力的双轨制"的根本原因还在于欧洲"民粹主义"的盛行。近几年,欧洲"民粹主义"右翼势力强调,"'夺回'被欧盟拿走或者削弱的国家主权,"期望"在新一轮政治动员过程中实现民族国家的团结,来应对全球化时代的认同困境和安全危机"。[33] 在"民粹主义"右派势力压力下,德法等国既要在国家安全审查制度上实现欧盟"一体化"立法,也要保持其国内相关制度法律效力的稳定性,因而形成了现有的"审查框架"内容与审查体制。

尽管欧盟"审查框架"制定的政治背景十分明显,但是我国赴欧投资者无法消除该"审查框架"产生的政治背景或原因,只能认真研究并严格"适应"该"审查框架"以及包括德国在内的欧盟成员国有关国家安全审查制度,在此基础上,关注尚无外资直接投资国家安全审查制度的欧盟成员国国内立法动态;同时,我国政府亦应积极参与国际投资的全球治理,取得国际直接投资国家安全审查制度体系化、透明化的话语权,并健全我国境外直接投资立法体系,防止我国境外投资者特别是国有企业境外投资因国家安全审查造成损失的风险的发生。

---

[32] 陈若鸿:《欧盟〈外国直接投资审查框架条例〉评析》,载《国际论坛》,2020 年第 1 期。

[33] 李靖坤、孔元、贺之杲:《民粹主义挑战与欧洲一体化的未来》,载周弘、黄平、田德文主编:《欧洲发展报告(2018—2019)》,社会科学文献出版社 2019 年版,第 8 页。

中德法学论坛

第 17 辑·下卷,第 64~95 页

# 论集中审理的实现路径

## ——德国《审判程序简化促进法案》的分析与借鉴 *

丁朋超**

**摘　要**:德国在吸收 Stuttgart 模式的基础上于 1977 年颁布《简化促进法》,该法通过确立主要期日及强化当事人诉讼促进义务实现了德国民事案件的集中审理并且成效显著。为解决诉讼迟延化及言词辩论虚置化等问题,我国新民诉法及新司法解释开始转向新的且是现代化的集中审理方式,然而由于制度理念的限制及立法的粗陋,集中审理效果并不理想。我国应当借鉴以德国为代表的大陆法系国家集中审理的先进经验,从增设程序保障之宪法权利、完善争点整理程序方法及庭前准备制度、明确并强化法官的释明义务等层面入手重塑我国的集中审理制度。

**关键词**:德国集中审理;争点整理程序;书状先行;Stuttgart 模式

## On the Realization Path of Centralized Trial
## ——Analysis and Reference of German Simplified Promotion Law

Ding Pengchao

**Abstract**:Germany adopted the Simplified Promotion Act in 1977,which basis of absorbing the Stuttgart model. This law achieved a centralized trial of German civil cases by establishing the main date and strengthening the parties' litigation promotion obligations.China's new civil law and new judicial interpretation began to

---

　*　本文系广东高校科研青年创新人才类项目"高素质法律职业共同体养成路径研究"(2018WQNCX045)的阶段性成果。

　**　丁朋超:广东财经大学法治与经济发展研究所研究人员,硕士生导师,法学博士后,研究方向为诉讼法学、司法制度。

shift to a new and modern centralized trial system, which In order to solve the problems of delaying litigation and falsification of speech debates. However, due to the limitation of the system concept and the rudeness of the legislation, the effect of centralized trial not ideal. China should learn from the advanced experience of centralized trial in the civil law countries represented by Germany, and start to reshape our centralized trial from the perspectives of adding procedural guarantees for constitutional rights, perfecting dispute issues procedures and methods, and clarifying and strengthening judges' obligation to clarify.

**Key Words**: Centralized Trial in Germany; Issues of Civil Procedure; Booklet first; Stuttgart Model

为克服实务上占主导地位的分割审理主义所带来的诉讼迟延化以及言词辩论虚置化等问题,德国依据自 1955 年至 1976 年共计 22 年间的辩论研究成果,于 1977 年颁布《审判程序简化促进法案》(Das Gesetz zur Vereinfachung und Beschleunigung gerichtlicher Verfahren, BGBI 1976 I 3281,以下简称《简化促进法》),由此确立了体现集中审理主义的庭审方式,进而导致德国民事诉讼的观念、理论及结构等发生了根本性变革[1]。由于 1977 年刚好是德国民事诉讼法典制定一百周年,德国慕尼黑大学法学院名誉教授 Hans Putzo 将《简化促进法》称为"世纪之法律"。[2] 这次在 20 世纪最后几十年发生的重大改革,不仅在德国产生了重要影响,也对受德国法影响颇深的日本、台湾地区理论界和实务界产生了强烈震荡,[3] 集中审理制度被大陆法系部分国家或地区效仿。[4] 同时,德国的本次改革也引起了作为集中审理起源地的英美法系国家的理论界和实务界的广泛关注,并一定程度上影响了英美法系国家集中审理制度的进展。[5] 当前,我国民事诉讼面临着与德国修法之前相同的境况,从 2012 年颁布的《民事诉讼法》(以下简称"新民诉法")及 2015 年《关于适用〈中华人民共和国民事诉讼法〉的解释》(以下简称"新司法解释")的相关规定观察,[6]

---

　　[1]　观念上的变化体现在,民事诉讼中古典的辩论主义逐渐被协同主义替代;结构上的变化体现在,将旧法规定的言词辩论准备和言词辩论主期日两个阶段合并为一次言词辩论(主期日);理论上的变化体现在,突袭性裁判防止引领的现代庭审理论代替旧有之庭审理论。

　　[2]　Putzo, Die Vereinfachungsnovelle, NJW (1977), S. 1.

　　[3]　Grunsky, Die Straffung des Verfahrens durch die Vereinfachungsnovelle, JZ (1997), S. 201.

　　[4]　受德国法之影响,20 世纪末日本、韩国及我国台湾地区纷纷通过修改立法确立了以争点整理引领的集中审理制度。

　　[5]　John H. Langbein, *The German Advantage in Civil Procedure*, 52 U. Chi. L. Rev. 823 (1985).

　　[6]　具体包括新《民诉法》第 133 条第 4 项之规定,新司法解释第 225—226、228—230 条之规定。

我国立法开始摆脱无焦点审理的老路,改采以争点整理引领的新的且是现代化的审理方式。但令人遗憾的是,由于相关立法理念的落后及制度的欠缺,集中审理制度在我国仍未得到完全确立,诉讼延滞和言词辩论虚置化等问题依然非常突出。[7]作为德国民事诉讼也曾经面临的类似问题,德国究竟采用何种方式克服诉讼迟延化以及言词辩论虚置化问题? 抑或在德国长达 22 年的辩论及讨论的成果是否有将旧有的思考转化为新诉讼理论的表象? 则有必要对德国《简化促进法》进行较为全面的考察,以兹为我国的集中审理制度的完善提供域外经验。

## 一、德国集中审理改革之简要脉络

　　《审判程序简化促进法案》是德国努力追求实现审判程序简速化过程中的一部重要法律,其拟定费时之久,在立法史上颇为罕见。1955 年秋天为检讨民事裁判制度的根本改革目的,德国设置了民事裁判制度改正委员会。该委员会花了五年的时间就民事裁判制度进行了全面的检讨和审议,并于 1964 年年末提出了考察报告。德国联邦司法大臣于 1964 年召集民事诉讼法委员会委托该委员会以改正准备委员会的报告为基础提出修法草案。[8] 该委员会于 1967 年发表民事诉讼程序之集中化及迅速化之部分草案,但该草案内容过度强调失权制度,由此可能给当事人一方施加过度的程序不利益,故而因遭受律师公会的强烈反对而作罢。[9] 后来,联邦司法部将该委员会草案加以修正,将该案称为"促进法案"并作为政府的草案提交联邦众议院审议。但是,该法案由于国会会期届满而无法审查予以通过。1974 年,联邦政府再次对促进法案进行了修订,更名为"程序简化促进法案"并重新提交众议院审议。在《审判程序简化促进法案》中就以下内容进行了规定:(1) 第一审与第二审的程序集中化;(2) 独任法官判决的权限扩张问题;(3) 判决;(4) 未确定判决的强制执行问题;(5) 缺席程序;(6) 督促程序;(7) 审判笔录的制作问题等。

　　但是,由于德国货币贬值,诉讼标的价额上升,法院案件系属由区法院转移至地方法院的比重不断加大,导致地方法院工作负担大量增加,立法者被迫拿出应对该问题的对策。在联邦众议院的授意下,修正草案将诉讼标的金额提高,并引入独任法官判决制度,修订制作笔录的规定,于 1974 年 12 月 20 日通过减轻地方法院负担

---

　　〔7〕 章武生:《我国民事案件开庭审理程序与方式之检讨与重塑》,载《中国法学》2015 年第 2 期。

　　〔8〕 同前注 2,Putzo,S.2.

　　〔9〕 Der Ausschuss, "Justizreform" des deutschen Anwaltsvereins, Stellung-nahme des deutschen Anwaltsvereins zu dem Referentenentwurf eines Gesetzes zur Reform des Zivilprozesses (11.03.2000), S. 20.

及简化裁判笔录有关的法律,并于次年 1 月 1 日起实施。[10] 此一修订法律系将前述程序简化促进法案中的(2)(7)项对策移过来加以实施。此后,草案残余项目[前述(1)(3)(4)(5)(6)项]经重重修订后,于 1976 年国会夏季休会以前在众议院第三读会上通过,并于 1976 年 12 月 3 日公布。

从《简化促进法》总体上观察可知,德国《审判程序简化促进法案》修正对象范围比较广泛,尤其是对作为民事诉讼法重心的第 261 条至第 283 条几乎作了全面修改。此外,意图减轻法官负担的《司法辅助人法》的施行,废止了以前的以准备辩论为目的而设立的准备独任法官制度,同时引进了有判决权限的独任法官制度。[11] 立法规定自新法施行以后,地方法院第一审判决程序的案件,分为独任法官的裁判和合议庭裁判两种。同时,立法引进"主要期日"的概念,希望将民事诉讼程序予以集中化。即系属于法院的案件,无论归属独任制法官审理还是合议庭审理,原则上必须设法在第一次言词辩论期日(即主要期日)将辩论终结(第 272 条第 1 款)。换言之,原则上今后进行言词辩论必须在一次言词辩论期日充分而且以概括的准备方法进行。此种主要期日的做法主要来自德国刑事诉讼法的启发,[12] 即利用言词辩论的集中化、合理化、迅速化、充实化改良言词辩论制度。此外还规定了当事人失权制度,将程序加以紧迫化,以此来促进案件的迅速审理。值得注意的是,为上述修改立基的就是 1967 年 Stuttgart 地方法院所编写的 Stuttgart 程序之"书面先行程序"。[13]

## 二、德国的集中审理路径:主要期日的确立
## 与当事人诉讼促进义务的强化

为贯彻集中审理的理念并达成审理集中化的目标,德国立法采行 Stuttgart 模式,规定早期第一次期日程序与书状先行程序,作为充实言词辩论准备的程序制度,并配合将自由顺序主义改为适时提出主义,对于逾时才提出攻击或防御方法的予以失权效果的制裁,使得言词辩论得以在主要期日一次终结。可见,德国立法通过确立主要期日制度并强化当事人之诉讼促进义务,实现了对当事人随时提出事证主张的限制,从而实现了民事案件审理的集中化。

---

[10]　徐宏志:《民事集中审理之研究》,台湾地区"司法院"刊印 1999 年版,第 23 页。

[11]　[日]木川统一郎:《民事诉讼法重要问题讲义(下)》,成文堂 2019 年版,第 119 页。

[12]　同前注 5,John H.Langbein 文,第 824 页。

[13]　同前注 2,Putzo 文,第 7 页。需要说明的是,也有学者将其翻译为书状先行程序。由于在该程序之要求下,当事人需要通过书面方式进行事证资料的交换以限缩争点,所以称其为"书面先行程序"更能体现该程序的特性。

### (一)主要期日的确立及制度安排

#### 1. 主要期日的内涵及功能

为实现诉讼的简化与促进之目的,立法者意图通过《简化促进法》实现民事案件在尽可能少的言词辩论期日内审结,并将审理经一次期日开庭即告终结作为其终极目标。虽然德国旧《民事诉讼法》第 272 条也有类似规定,[14] 但司法实务现状与立法初衷相距甚远。在德国司法实务中,言词辩论期日通常分为多次进行,由于事实关系无法尽快明确并予以确定,必须经过多次期日开庭后才能慢慢明确。甚至有可能当事人在程序结束的前阶段又提出修正全部诉讼内容的事证资料,这又导致庭审必须再走一遍证据调查程序,从而导致庭审效率的低下。这种情况明显与立法者的初衷不符,同时也导致当事人对司法丧失信赖。[15] 因此,修正法案将程序集中在必要的次数范围内进行言词辩论。故《简化促进法》第 272 条第 1 款规定:原则上,案件应在概括性的一次言词辩论期日审理终结。

修正法案引进了两种程序作为实现此一期日准备的具体方法,供法官酌情予以选择适用。这两种程序方法为早期第一次期日和书面先行程序。前者适用于必须早期进行言词释明与讨论的疑难复杂案件,且该制度已经存在于之前的并行审理制度中,新法在继受旧有做法的基础上又做了进一步的制度优化(具体规定详见下文论述,此处不赘)。而书面先行程序则是 1967 年实务中创设的 Stuttgart 程序基础上加以法定化的产物。依此一程序的做法,主要系不开庭而利用当事人之间不断交换证据书状进行彻底释明,于争点集中的前阶段传唤当事人,一举利用一次集中调查证据为目标,利用一次调查证据及言词辩论一举终结诉讼。

主要期日的功能也是明显的。首先,通过将言词辩论和证据调查合并进行之方法,能够充分发挥言词辩论主义与直接审理主义的功能,并能够有效减轻在旧法框架下法官既要准备指挥言词辩论又要进行证据调查并促使当事人进行辩论的双重负担。其次,在主要期日听取当事人本人的陈述(Parteianhorung)有助于法官对案件真相的查明,因为当事人本人最接近案件所发生的时间节点,其能够提供有助于法官心证形成的相关事证资料。另外,这使得试行和解也变得非常便捷,因为诉讼结果最终会由当事人来承受,当事人对是否接受裁判、接受到何种程度以及是否要上诉都有最终的决定权。

#### 2. 主要期日的程序内容

根据修正法案第 272 条第一款的规定,民事案件原则上应在概括性的一次言词

---

〔14〕 德国旧民事诉讼法第 272 条规定,法官应尽可能地致使当事人为各种主张及提出证据,使诉讼能在一次言词辩论后终结。

〔15〕 BT Drucksache 7/2729, S. 34.

辩论期日审理终结,此处的"一次言词辩论期日"就是主要期日(Haupttermin),通过此课以法院将程序集中化于主要期日的义务,确立了集中审理的基本原则。德国旧民事诉讼法仅规定了本案应当尽可能地在一庭终结,而审判实务往往就同一时间进行多次言词辩论,不能使诉讼关系在诉讼的较早阶段明确,故在实务中法官往往在尚未整理且把握好该案件法律要件之前就进入证据调查阶段。在证据调查过程中,又回过头来就诉讼标的或主要事实等进行整理或补充,这显然对纠纷的快速解决极为不利。正是瞄准解决上述现实弊端之目标,修正法增加了概括性的准备辩论期日规定,法官及当事人在概括性的准备辩论期日中的诉讼活动大致包括如下内容:(1)法院就事实及诉讼关系的理解、把握进行概括性的准备之后,应在主要期日就法院所把握的要点向当事人作概略的说明;(2)要听取当事人本人的意见(德国虽然采律师强制主义,但仍然要求法院听取当事人本人的陈述);(3)由当事人互相间进行综合辩论;(4)进行证据调查。

如果在某一言词辩论期日未包含上述程序的内容,则该程序就不能说是集中审理的主要期日,虽然该程序也被称为言词辩论期日。在立法的要求下,在主要期日过程中,通常法官应当做相当充分的概括性准备,所以往往可由法院就系争事件的全部或一部分先试行和解。如果和解不成立,或法院认为没有必要试行和解,则由当事人提交准备书状后再开始进行主要期日(第137条)的审理。而后,由法院就诉讼关系为综合的争点说明,然后听取当事人本人的陈述,并让当事人辩论,再进行证据调查。总之,调查证据的结果是法院和当事人协同处理之结果。[16]

需要说明的是,法官在与当事人进行案件讨论的过程中,还应表明其在法律上的见解,甚至于公开暂定性的心证。如果讨论的结果是认为有更进一步审查证据的必要,则只能再次调查证据。[17] 显然,如果案件审理进行到此种地步,就表示主要期日的准备不够充分,该制度的目的也就无法达到。为避免因准备不足致使案件无法在主要期日一次辩论终结,法院应依据相关规定(第139条、第273条、第358条a)先召集当事人进行言词辩论期日的准备,在此过程中,进行法官释明、辩论准备的处置以及期日前的证据裁定等。

3. 实现主要日期的准备程序

为了达成主要期日使案件纠纷能够在一庭审理终结的目标,期冀于充分的期日准备以掌握并整理争点,成为德国修正法颁行后非常重要的程序性事项。主要期日之准备的目的主要在于搜集并整理对法官裁判起重要作用的事证资料。为此,修正法规定了早期第一次期日程序和书面先行程序两种程序作为充分准备的方法,这两种方法通用于第一、第二审程序。至于究竟采取何种准备方法,则由受诉法院根据

---

〔16〕 李国增:《民事诉讼审理集中化之研究》,台湾地区"司法院"刊印1998年版,第12页。

〔17〕 Schwab / Gottwald, Verfassung und Zivilprozess,1984,S. 46.

该类纠纷的性质、种类以及复杂程度酌情予以裁量适用。此外,这两种审理方法间并没有原则与例外的区分,法院通常情况下在选择适用时,主要还是考量本案的具体情况,即选用哪一种程序或方法更能迅速地达到裁判的目的。

（1）早期第一次期日程序

早期第一次期日程序（Das Verfahren mit dem fruehen ersten Termin）这一审理方式由民事审判制度修正准备委员会在1961年提出。该程序的主要功能在于：其一,可以借由这种方式预先将当事人间没有争执的事项（例如缺席判决、认诺或舍弃判决的事实）予以排除；其二,可以就诉讼资料、诉讼的关系与当事人进行详细的讨论,以明了当事人间存在何种争点以及如何进行以后的程序；其三,法官可借以行使阐明权来发挥指挥程序的作用（当然包括引导当事人如何提出证据、提出何种证据以及选择程序等）；其四,可就双方当事人间成立和解的可能性交换意见,如果复杂案件能够在当事人之间成立和解,则可以大大节省司法资源；最后,可以决定以后应如何处理该案件以及如何调查证据,或者估计调查所需要的期间并作出证据交换的裁定等。

修正法案第275条规定,审判长选择早期第一次期日程序进行审理时,应由审判长或其指定的法官向被告指定期间并命其提出答辩状或无延迟的提出防御方法。如果被告在第一次期日仍然未提出答辩状且法院也未曾定答辩状提出期间的,法院应于该第一次期日确定提出答辩状的期间。法院一方面应以上述方法推进审理,另一方面还应尽可能在进行辩论期日前行使阐明权,并且在该第一次期日阐明或整理双方当事人的争点。德国实务界一般认为,这种审理方法比较适合于处理较为复杂的纠纷。德国采用这种审理方式,被认为是继承了旧法的合并审理主义,因为在这个过程中,法官和当事人（或律师）都会存在进行多次的期日准备的心理预期。但是,纵然采取这种审判方式,法院依然负有相关的义务,设法努力追求这种准备的进行,从而尽可能地促成纠纷在一庭（主要期日）内终结。[18]

（2）书面先行程序

第二种程序为书面先行程序（亦有学者称之为书状先行程序,德文为：Das Verfahren mit schriftlichen Vorverfahren）,该程序最先由法官Bender于1967年在Stuttgart地方法院发明创设,由此该模式亦被称为Stuttgart模式,而书面先行程序则是将Stuttgart模式予以法定化的结果,该程序被普遍认为是本次修法的重点所在。

书面先行程序具有如下功能：其一,该程序系为使主要期日的辩论能够彻底集中进行而采取的方法,因此,该方法有助于言词审理主义、集中审理主义以及直接审理主义功能的有效发挥。同时,对健全自由心证主义的运作方面也大有裨益。其

---

[18]　Prütting, Gegenwartsprobleme der Beweislast, 1996, S. 137.

二,书面先行程序又可以发挥排除无争执事项的功能。从该程序的设计可以看出,在该程序的运作中,实际上糅合了书状审理主义与言辞审理主义,也即书面先行程序是两种主义有效结合的产物,其目的都是为了快速解决纠纷。

该程序的大致内容是,如果审判长裁定本案适用书面先行程序,则其可暂时不指定期日。在将诉状资料送达当事人的同时,对被告做出如下两种期间的裁定:其一,如果被告对原告的起诉有防御的意思,那么,被告应当在收到起诉状后的两个星期(此为不变期间)内,以书状的方式向法院表示其意旨。这一程序设置的目的在于,在未进行言词辩论期日前,先审查并探知有无争执的事实,以方便将没有争执的事实予以排除,以防止诉讼的不当拖延而影响到其他案件的审理。如果在该裁定期间届满之后,被告没有做出任何意思表示,法院就可以依据原告的声请,不经过言词辩论而直接以书面程序作出缺席判决(331c)或者在承认原告请求时以书面先行程序作出认诺判决(207b)。上述两种判决的价值追求都在于迅速地将无争执的事项予以排除。再者,如果被告并未在期间内作出防御的意思表示,原告也未声请法院为缺席判决,则法院应当迅速指定言词辩论期日,以审查声请是否合法以及有无理由。[19]

其二,在上述所裁定的期间之后,紧接着上次的期间,被告会被给予两个星期以上的期间以提出答辩状。此期间的裁定将会在诉状送达时一并告知被告。假如被告在上述期间内提出了防御的意思表示,则应在答辩状提出期间内提出答辩状。倘若被告不在指定期间提交答辩状或根本不提交答辩状,法官即会通过指定言词辩论期日的方式终结准备程序。关于上述制定内容及方式,法官可依据修正法案第273条的规定予以阐明。如果被告在上述答辩状期间内或在指定期日以前提出答辩状,则审判长应指定期间命令原告针对被告的答辩状提出反驳书状,或尽快指定辩论期日。

当然,在德国实务界的做法是否如修法规定的内容那般泾渭分明存在疑问。在德国司法实践运行过程当中,更多地体现出采用混合形态的审理方式,也即同时采用早期第一次期日程序和书面先行程序两种混合的方式处理案件。[20] 不过,除了上述形态以外,实际上还有其他的集中审理方式,只是未被本次修法采纳而已。[21]其他程序的运作其实更多包含着对英美法系国家审前程序的借鉴,由此可以认为,德国的集中审理制度直接体现了大陆法系和英美法系的融合趋势。

---

〔19〕　有学者根据不同当事人应满足不同诉讼要件的差异性,将德国审查声明有无理由区分为原告的"一贯性"(Schlüßigkeit)审查和被告的"重要性"(Erheblichkeitsprüfung)审查。沈冠伶:《诉讼标的之阐明与纠纷一次解决(上)》,载《月旦法学杂志》2017 年第 2 期。

〔20〕　BGH, ZZP 104, S. 203ff; Arens, Zur Aufklärungspflicht der nicht beweisbelasteten Partei im Zivilprozess, ZZP 96(1983), S. 1ff.

〔21〕　Stürner, Die richterliche Aufklärung im Zivilprozess,1982, S. 46.

### (二)随时提出主义的限制:诉讼促进义务的强化[22]

从修正法案的立法内容可以看出,立法者实质上已经否定了在德国已经实施一百年的随时提出主义,或者说立法者对随时提出主义采取了极端限制的态度。修正法案对随时提出主义进行限制的方法即是通过强化当事人的诉讼促进义务予以实现。关于该促进义务,我们可以将其分为一般的诉讼促进义务(第 282 条 a)以及个别的诉讼促进义务(第 296 条 a)。

所谓一般的诉讼促进义务,是指从诉讼促进的角度而言,将攻击防御方法的提出作为当事人的一项义务加以对待,而不是如我国台湾地区"民事诉讼法"第 196 条规定的那样,仅在一定条件下法院可以将逾时提出的内容予以驳回。此外,在被告提出答辩状以及原告提出反驳诉状的情形,也承认一般促进义务的适用(第 227 条 a、第 340 条 c、第 520 条 b)。当事人违反一般诉讼促进义务的直接法律后果是予以驳回(第 276 条 b)。一般认为,这种法律后果实际上仍然属于法官裁量的范围,并非法律的强制性规定。也因此,有德国学者对该制度的功能和价值抱持较为怀疑的态度。[23]

所谓个别的诉讼促进义务,则是指那些对于诉讼之促进有特别重要的事证资料,可由法官根据案件的具体情况指定提交该事证资料的最后时间节点。换言之,法律设置各种裁定的期间,将程序分成不同的阶段(阶段化),例如:关于答辩状提出期间的裁定(第 276 条 a、第 277 条 c);关于反驳书状提出期间的裁定(第 275 条 d、第 276 条 c);就特定事项提出期间的裁定(第 273 条 b)等。一般认为,这种规定与法院表明暂定的法律见解的措施相配套而发挥着作用。

切实保障当事人履行诉讼促进义务的方法即是失权制度的落实。修正法案对失权采取了较为严格的态度,体现出对当事人失权制度的强化。一般认为,修正法

---

[22] 　需要说明的是,随时提出主义固然与言词辩论一体性原则互为表里,但由于随时提出主义承认辩论一体性包含第二审(法律审)程序,这也就扩大了随时提出的适用范围和场域,这反而容易鼓励当事人延迟提出攻击防御的不正风气。同时也可能导致庭审重心转移至第二审,引发第一审程序实质上被第二审程序架空的危险。并且无限制的随时提出,更可能引发一方当事人对对方当事人事证资料之突袭的大量发生。因此,如何抹平随时提出主义带来的弊端,是民诉法理论研究的重要内容之一。可参见[日]三月章:《民事诉讼法》,有斐阁 1979 年版,第 386 页。从案件发生时空而言,第一审应当是时空上距离案件事实最近的审级,因此其也最有可能搜集有利于法官心证形成的事证资料(比如证人对案件的新鲜记忆、事证搜集的难易程度等)。就发现真实并迅速、具体的适用实体规范而言,第一审具有明显优于上级审的优点。

[23] 　Lüke, Der Informationsanspruch im Zivilrecht, JuS (1986), S. 1.

案设立关于失权制度的强化规定主要是为了和诉讼促进义务相呼应。[24] 修正法案不像之前旧法那样,针对逾时提出的内容,依照一般的共同要件加以驳回。而是对逾时提出的内容区分不同情况予以不同对待(296条),区分方法如下:

其一,逾越各种裁定期间而引发的当然失权的后果。但如果法官依据自由心证认为该行为不至于引发诉讼延迟,也可不予以驳回。不过,这种情况实际上还是要根据主审法官的自由心证,也即,如果法官过分注重实体的正义,则可能对当事人的失权抱持宽松的态度,认为只要不延滞诉讼就可以不为失权的处分,反之,则应当给予失权的制裁。

其二,对违反一般诉讼促进义务的处理。如果当事人违反一般的诉讼促进义务,没有将案件的事证资料提出来,那么,这种情况也应依据法官的自由裁量所形成的心证,裁定当事人是否应承担失权的后果。

其三,被告逾越法律赋予的对声明的合法性责问期限的情形。如果被告没有在法律规定的责问期限内回复(例如,在两个星期的不变期间内未提出答辩状),则被告的责问构成失权(也即,承受缺席判决、认诺判决等带来的可能不利后果)。当然,如果被告能够就延滞的原因予以说明,则法官可裁量不予驳回。

其四,第二审的失权制裁情形。修正法案第 528 条规定,如果当事人在第一审因违反上述的诉讼促进义务而没有提出与诉讼相关的事证资料,那么,在第二审时将不再允许提出。这显然是为了加强对第二审提出新的事证资料的限制。

为更直观地呈现德国《简化促进法》对当事人诉讼促进义务的具体修正内容以及违反后的法律效果,笔者拟通过表格进行归纳,具体如下:

表 1　一般诉讼促进义务与个别诉讼促进义务

| 义务类别 | 具体内容 | 法官处理方式 | 违反后的法律效果 |
|---|---|---|---|
| 一般诉讼促进义务(第 282 条 a) | ① 适时提出攻击防御方法(各种主张、否认、异议、抗辩、证据方法和证据抗辩);② 合法性责问 | 法官予以驳回(第 276 条 b) | 针对①,原则上以失权制裁,但未导致诉讼延迟的,法官可进行自由裁量;针对②,除非被告能够就延滞的原因予以说明,否则以失权对待。 |
| 个别诉讼促进义务(第 273 条 b、第 275 条 d、第 276 条 a/c、第 277 条 c) | ① 答辩状提出期间要求;② 反驳书状提出期间要求;③ 特定事项提出期间,等。 | 原则上,法官应予以驳回,但未引发延迟诉讼的后果则可不予驳回 | 是否予以失权制裁,由法官自由心证确定。 |

〔24〕 Frohn, Substantiierungspflicht der Parteien und richterliche Hinweispflicht nach § 139 ZPO, JuS (1996), S. 243.

### （三）集中审理的配套制度：法官阐明及心证公开

德国修正法案第 278 条第 3 款规定了法院应负表明其法律见解的义务。这一规定显然是受到判例法国家关于承认法官应表明法律见解等基本法理的影响。也就是说,法官对于当事人没有注意的或者是认为不重要而忽略的法律观点,应当给予其陈述意见的机会,而后再进行判决。这种制度设置的目的在于防范法官的突袭性裁判。"由于法官所公开的自己的法律见解,通常会包括对要件事实的实体法的解释以及适用的见解。一旦法官表明其法律见解,当事人定然会再度表示自己的意见并提出证据材料,这显然有利于充实第一、二审审理内容的广度和深度。"[25]因此,这一规定显然具有充实事实审判使当事人接受裁判,提升裁判信服度的功能。而根据这一充实事实审判的审理内容,亦可以期待当事人一方即使输掉诉讼也不会再提起上诉,也就不需要再为搜集、补正资料而花费相当的劳力、时间、费用。此种方式对法官也产生约束,由于法官应当表明相关的见解,所以也就迫使法官必须在案件审理之前充分阅读案卷材料、把握案情、确认争点。若法官未履行上述义务,则可认为存在程序瑕疵,而有引发本案第三审的危险。[26]

## 三、实现集中审理制度的要件归纳：宪法支持、 具体实现路径和配套制度

德国《简化促进法》颁行后,实务上开始全面改采集中审理主义的庭审方式,并在审理质效、突袭性裁判防止等方面成效显著,在世界上产生了巨大的影响,并被大陆法系许多国家或地区效仿。可以认为,集中审理制度因应各国的审理实践,并随着各国切合本地实际的制度发扬而呈现出极强的生命力,故笔者在下文关于实现集中审理制度的要件归纳中,将以德国集中审理制度为主线,并适当讨论代表性国家或地区集中审理制度的特殊规定,以期更完整地揭示集中审理的样态。

### （一）集中审理制度是宪法权利的具体化结果

诉讼促进义务与失权制度两者相伴相生,然诉讼促进义务与失权制度也并非孤立存在,其与原本立法目的和价值追求存在非常大的关联性。可以认为,在集中审理的立法视域下,集中审理的立法目的决定了当事人诉讼促进义务及失权制度力度的强弱。在德国,通说认为,程序加速之要求乃宪法位阶的"公正程序请求权"及"有

---

[25] Deubner, Aktuelles Zivilprozesrecht JUS (1990), S. 1004.

[26] Laumen, Das Rechtsgespräch im Zivilprozess, 1984, S. 1.

效性权利保护请求权"具体化的结果。[27] 也因此,德国在 Stuttgart 模式建构下的集中审理制度,其追求的主要目的是程序的加速进行。当然,该加速过程实际上是宪法位阶的功能予以外显化的结果。关于德国集中审理原则的架构,可用图 1 表示为:

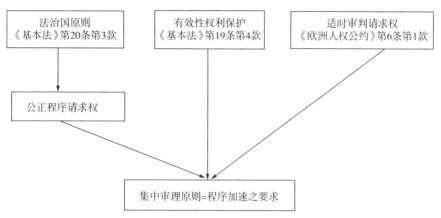

**图 1　德国集中审理与宪法位阶权利的关系**

在德国,由于集中审理原则可以等同于程序的加速要求,因此,1977 年的《简化程序法》在规定集中审理的同时,亦通过立法将当事人的失权以及诉讼促进予以制度规定,期待两者可以作为保障集中审理顺畅运行的"护航舰队"。将当事人的诉讼促进义务作为程序进行的导向性制度保障,辅之以失权制度的威慑,期待可以在当事人协力推动下,共同完成对案件的集中审理,从而加速案件审理的进行。也因此,在德国学界对集中审理和诉讼经济的考量上,认为"诉讼集中审理与程序加速只是一般所要求的诉讼经济的一部分"。[28]

## (二) 作为集中审理主要实现路径的争点整理:德日及台湾地区的共性和差异

从上文梳理可以看出,德国《简化促进法》为贯彻集中审理的理念并达成审理集中化之目标,规定早期第一次期日程序与书状先行程序,同时将自由顺序主义修正为适时提出主义,实现言词辩论在主要期日一次终结。由此不难看出,立法者将早期第一次期日程序与书状先行程序作为充实言词辩论准备的程序制度,其目的在于固定并简化本案之事实、证据和法律争点,实现本案之事证资料及主张的瘦身,同时

---

〔27〕　Leipold,Wege zur Konzentration von Zivilprozessen,1999,S. 6.

〔28〕　吴从周:《"集中审理原则"实施满五周年再考》,载《月旦法学杂志》2005 年第 8 期。

也符合"大陆法系国家的准备程序应承担部分庭审功能"的论断。[29] 故此,德国理论界将早期第一次期日程序与书状先行程序统称为争点整理程序,在实践中委由法官选择两者之一或全部进行本案之争点整理,借以达到集中审理的目的。[30]

需要说明的是,与德国民事诉讼实务相似,上世纪末日本和我国台湾地区在司法实践中亦面临着诉讼爆炸、案件积压严重等问题,亟须通过相关制度改革予以克服。德国集中审理制度改革的成功,在深受其影响的日本及我国台湾地区亦产生较大反响。日本和我国台湾地区分别于1996年、2000年修改本国或本地区的民事诉讼立法或有关规定借以加速案件之审理进程。但是,日本和台湾地区在构建集中审理制度过程时又创造性地进行了制度的增删,以体现本国或本地区的特色,从而与德国采用的集中审理路径存在较大差异。为更好地从微观层面透视德国集中审理制度之优劣,笔者在下文中增加日本及台湾地区集中审理的制度对比,以此扩展集中审理制度考察之纵深度。

日本在1996年修法时充分借鉴德国集中审理的相关规定,并在考虑本国实际的情况下主要从四个方面进行修正:其一,加速诉讼程序,大幅度修正准备程序以整理争点,进而集中调查证据;其二,为集中调查证据,扩大证据提出的义务,特别是增加对诉讼相对人与第三人的义务规制;其三,限制第三审上诉;其四,增设小额诉讼程序,对较小金额之争执加速审理与判决程序。[31] 而这其中,最引人瞩目的莫过于第一点的重新注重并激发准备程序功能。在日本立法中,较引人注目的是准备性言词辩论程序的确立,而所谓准备性言词辩论程序实际上就是通常意义的言词辩论程序,只是在日本修法时,将言词辩论这一传统程序有意地进行了区分。在制度设置上,立法规定整理案件争点的期日应在第一次言词辩论期日,这一期日即成为准备期日。如果当事人基于其他考虑没有在准备期日穷尽所有可能的攻防方法,法官并不会直接给予失权制裁,而是要求当事人就保留攻防方法的原因进行说明。在听取当事人的理由后,法官会通盘考虑该理由并作出区分裁定。如果该行为已经触发了失权的构成要件,当事人就要承受失权的后果[32]。

需要注意的是,日本新法并未对旧法关于失权的规定加以修改,而是采用了"旧

---

〔29〕 [英]乔罗威茨:《民事诉讼程序研究》,吴泽勇译,中国政法大学出版社2008年版,第126页。

〔30〕 Häsemeyer, Prozeßrechtliche Rahmenbedingungen für die Entwicklung des materiellen Privatrechts,AcP 188 (1988),S. 140.

〔31〕 Christopher Heath und Anja Petersen (Hrsg.), Das Japanische Zivilprozeßrecht, Zivilprozeßgesetz und Zivilprozeßverordnung nach der Reform von 1996,Mohr Siebeck,Tübingen,2002,S. 77.

〔32〕 [日]田中丰:《民事诉讼的基本原理与要件事实》,民事法研究会2013年版,第61页。

方法新对待"的立法技术。从日本法的修法规定可以看出,相比较于德国的规定,日本法继受了加强言词辩论准备的精神,并且将其重点全部放置在"整理争点与证据〔33〕。但是如果从立法目标与手段层面思考,日本法并未遵循德国法的"一次辩论期日即终结审理"目标,较德国法而言显得更为缓和,整个诉讼程序的进行所呈现的对诉讼终结的紧张度的追求上与德国尚有不小差距。〔34〕由于在整理争点后法官尚无法预见还需要经过多少次的期日才能终结诉讼,因此日本法对一次辩论终结的需求并不强烈。由于对"一次辩论期日终结诉讼"需求度的缺乏,日本法在方法手段上配置的是较为缓和的失权制度,显然符合目的与手段的比例原则。

"我国台湾地区的'立法'并不要求集中言词辩论于一次期日而终结诉讼,仅是要求将审理程序区分为争点整理与调查证据两阶段,以便将审理有计划地进行。此时,虽然无法一次辩论终结,但可减少开庭次数,故仍可称为审理集中化,亦可以称为调查证据集中化,而比较正确的说法其实是争点集中化审理主义。"〔35〕我国台湾地区关于"集中审理"的目标,只是"集中整理争点",以便有利接下来的证据调查而已。其在程序的紧张强度与目标高度上,与德国法坚持"集中一次言词辩论期日终结诉讼"的集中审理目标存在显著不同之处。或者说,台湾地区的目标高度与紧张强度均薄弱许多。可见,相较于德国集中审理原则的内涵,争点整理只是作为集中审理的准备阶段而已,而争点整理能力的强弱,其实涉及的主要不是程序法知识的多寡,更多是取决于法官对实体法认识和掌握的程度。〔36〕另外,我国台湾地区追求纠纷的一次性解决。就我国台湾地区的规定来看,"现行法为扩大诉讼制度,解决纷争之功能,避免当事人就同一诉讼资料另行起诉,浪费法院及当事人之劳力、时间及费用,于无害保障当事人之审级利益及对造防御权行使之前提下,放宽第一、二审之诉之变更、追加",〔37〕如果诉之变更或追加所依据的基础事实同一,那么,当事人可以在不经过对方当事人的同意下进行诉的增减或变更。〔38〕限于篇幅,笔者将我国台湾地区规定的集中审理制度通过以下图示予以说明。

---

〔33〕　同前注 28,吴从周文,第 43 页。

〔34〕　刘显鹏:《民事诉讼当事人失权制度研究》,武汉大学 2012 年博士学位论文。

〔35〕　刘明生:《民事诉讼法》,元照出版社 2018 年版,第 363 页。

〔36〕　或许是基于这个原因,据笔者与域外学者尤其是德国学者的交流经验,德国人均对日本以及我国台湾地区一再地在程序法的层面强调"争点整理"的方法与程序,感到非常奇怪。也因此,在德文文献中,可以看到德国人提到整理争点与诉讼资料,但不会进一步去谈论"如何"整理争点,或许就是因为他们认为这是一个法律人在养成教育的过程中,当然应该具备的处理案件的能力,而不是属于诉讼法学者应讨论的范畴。

〔37〕　李浩:《论适用举证期限的几个问题》,载《法律适用》2013 年第 10 期。

〔38〕　可参看我国台湾地区"民事诉讼法"第 255 条第 1 款第 2 项。

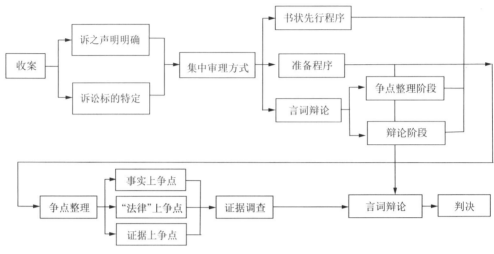

图 2　我国台湾地区集中审理制度

**（三）实现集中审理的配套制度**

1. 法官阐明与失权制度

（1）明确法官阐明以避免突袭性裁判

德国法因采集中审理主义(侧重于争点中心)的关系,要求法官在案件审理时应当对争点进行积极厘清。有鉴于此,德国学者多认为德国民事诉讼法要求法官在案件审理时扮演较为积极的角色。此种积极表现在:法官在案件审理时,应尽可能地督促当事人尽快提交事证资料、进行本案争点的限缩及简化,而不是严守中立之立场,完全消极地等待当事人提出本案攻击防御之方法。[39] 值得注意的是,依据日本新民事诉讼法第 167 条、174 条、178 条之规定,在现有三种争点整理程序(准备程序、书状准备程序和准备性言词辩论程序)终了之后,倘若当事人又提出新的抗辩主张,则该当事人负有说明延迟提出抗辩原因之义务,也即,其应当在对方当事人的要求下,说明之前未提出相关事证的具体理由。同时,日本新民事诉讼法第 163 条又增加了当事人照会制度,明确规定了任何当事人一方均有答复对方提出的问题或书面咨询,并向对方展示己方所要主张的事由及将要提出的事证资料的义务。显然,日本新民事诉讼法所规定的内容体现出的特点在于:其一,当事人间的说明或答复义务实际上变成了双方互相收集事证资料的方法或手段;其二,将诉讼义务合理分配给双方当事人,但又未课以失权的风险。从这个面向来看,日本新民事诉讼法在采行

---

〔39〕 Der Ausschuss,"Justizreform" des deutschen Anwaltsvereins,Stellung-nahme des deutschen Anwaltsvereins zu dem Referentenentwurf eines Gesetzes zur Reform des Zivilprozesses (11.03.2000),S.22.

集中审理的过程中，实际上是倚重于发挥当事人的自主能动性，倡导并营造当事人自主、自律形成争讼内容的内在机能。

相较于德日立法，我国台湾地区的相关民事诉讼规定则完全不同。我国台湾地区在完善证据保全及事证搜集制度，保证法院在上述制度运行中的主动性之外，又增加了第 268 条之二的规定，对当事人在争点整理阶段未提出攻击防御方法的情形予以规制。依据本条规定，若一方当事人在争点整理阶段未提出攻防方法，则其即被课以向法院说明的义务，法官在听取当事人相关说明后可对当事人是否失权加以自由裁量。可见，我国台湾地区的"法律"并未像日本那样崇尚当事人的自律性。从这个面向观之，我国台湾地区实际上是采协同主义，而日本更多采当事人主义。

同时民事诉讼法应避免裁判上突袭的发生，保障当事人实体法与程序法上的利益。要求法官公开心证的目的在于防止突袭性裁判的发生，同时法官公开心证也是其行使诉讼指挥权及阐明的职责所在。至于说，法官如何恰当地行使阐明权及将心证公开，如何更好地行使法律赋予的诉讼指挥权，不仅是适用失权效果的前提条件，也与集中审理促进诉讼有必然的关联性。倘若认为法官的阐明不包括心证公开或表明法律见解在内，则难以认为法官已经进行了妥当的阐明。因为，阐明的行使除了维持当事人间的平等外，还具备防止来自法院突袭性裁判的功能。即使在采取职权探知主义的情形下，依据台湾地区"民事诉讼法"第 575 条的规定，就当事人提出的事实在裁判前应让当事人有辩论的机会。因此，阐明的行使是根据宪法意义上的保障规定及尊重人的尊严的原则概括而来的，实际上已经是现代法治国家程序法上的真理。[40]

（2）失权制度的模式选择：从严格失权到失权缓和

"德国民事诉讼法上之集中审理是受到该国刑事诉讼程序之启发，要求集中审理的目标定位为将诉讼'集中于一次言词辩论期日而终结'"[41]。在这种目标的指引下，德国民事诉讼法逐渐加大并强化了法律对失权制裁的力度。并且在今后的多次修法当中，一再地磨利其制裁手段。为了实现"一次期日终结诉讼的目的"，德国法要求当事人必须负担促进诉讼的义务。当事人在诉讼程序中，应当积极地进行程序的准备，否则，其将被课以失权的制裁。可见，德国实际上是透过失权制裁这一威慑手段来达到敦促当事人做好诉讼的准备，失权被认为是时刻悬在当事人头上的"达摩克利斯之剑"。多数学者也认为，法律对失权的规定具有必要性，因为其确实

---

〔40〕　可参见邱联恭教授在"民事诉讼法"研究会第 39 次研讨会的发言，载《民事诉讼法之研讨（四）》，1998 年自版发行；沈冠伶：《家事非讼事件之程序保障》，载《台大法学论丛》2006 年 4 月刊。

〔41〕　吴从周：《民事法学与法学方法》，一品文化出版社 2008 年版，第 314 页。

可以透过"一次期日终结"达成加速程序进行的目标。[42]

需要留意的是，"相比较于德国法采行严格的失权制度（特别是德国民事诉讼法第 296 条第 1 款关于未遵守法定或裁定期间的失权），虽然日本新法设立三种言词辩论的准备方式，但均未增订任何相应的失权规定，立法仅要求逾时提出的当事人应当说明理由，如果当事人未说明理由，法院才审酌其行为是否符合旧法时代即已经存在的第 157 条的失权规定"。[43]"继受后的日本集中审理原则，有关失权的规定，较德国实际上缓和很多"。[44] 另外，日本新民事诉讼法转变证据的提出方式，由随时提出主义转变为适时提出主义，以配合争点整理制度的有效运行。

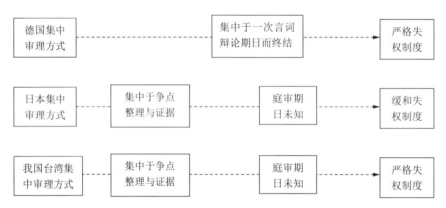

**图 3　德、日及我国台湾地区集中审理制度架构对比**

我国台湾地区相关民事诉讼规定在借鉴德、日关于集中审理的成功立法经验的基础上，制定出符合本地区民事诉讼发展规律的集中审理制度。因此，有学者称之为"集中审理原则在台湾地区的继受，是受到日本法域德国法的双重影响，可以称为是一种'双重继受'"。[45] 其一方面"引进日本法的'争点集中审理'，强调充实争点整理程序的重要性，并设置包括准备性言词辩论期日（相当于日本法的准备性言词辩论期日）、准备程序（相当于日本法的辩论准备期日）、准备书状先行程序（相当于日本法的书状先行程序）以及颇具本土特色的自律性争点整理程序等，多种可资运用的争点整理程序以供法官选择；[46] 另一方面引进德国法的严格失权规定，作为保

---

〔42〕　同前注 28，吴从周文，第 45 页。

〔43〕　［日］东京律师特别委员会：《判例的最新动向：民事诉讼代理人实务与争点整理（Ⅱ）》，青林书院 2011 年版，第 166—189 页。

〔44〕　许士宦：《逾时提出攻击防御方法之失权》，载《台湾本土法学杂志》2002 年第 11 期。

〔45〕　同前注 41，吴从周书，第 318 页。

〔46〕　邱联恭：《民事诉讼审理集中化之理论与实务》，载《民事法律专题研究（18）》，"司法院"编印 2000 年版，第 41 页。

障争点整理程序落实的手段",[47]包括所谓"民事诉讼法"第 196 条(相当于德国法的第 296 条第 2 款)、第 268 条之 2 第 2 款(相当于德国法的第 296 条第 1 款)、第 276 条(本条为台湾地区独创性内容,德国法没有对应条款)、第 444 条之一第 5 款(相当于德国法的第 530 条)等五个条文交错而成共同构成了台湾地区的失权网络。[48]可以认为,我国台湾地区的集中审理制度是杂糅了日本法和德国法的综合体。[49]

2. 集中审理制度与其他制度的衔接

"程序法在内部有着四个向度的张力,分别是交往向度张力、认知向度张力、空间向度张力和时间向度张力。这四个向度张力的存在,使得程序法各项制度的功能失灵,进而又减损了司法权威,导致司法解决纠纷的目的落空"。[50]而立法者在每一次修法时,都应当考虑到法律制度与制度间因制度变革或增减所带来的张力,并应当试图通过一些技术手段或方法予以克服或弥补,集中审理制度也不例外。通过对德、日及台湾地区关于集中审理的考察可以看出,立法者在将集中审理导入民事诉讼法时,对与周边制度的对接或者说是洽接问题,都给予了不少的关注。以我国台湾地区"民事诉讼法"为例,"新法之修正原则为便利当事人使用诉讼制度,预防纠纷之发生或扩大,扩大诉讼制度解决纷争之功能,促进诉讼妥适进行及纾解诉源。为贯彻此等原则,新采行证据法、集中审理促进方案及第三审律师强制代理制度。而在证据立法的修正中,与上述诸原则多有关联者是起诉前证据保全制度的变革"。[51]而台湾地区新"民事诉讼法"不但扩大容许声请证据保全之范围,方便当事人在起诉前就可以搜集相关事证资料,并借此等事证开示,从而方便当事人间能够就特定的主张进行争点整理,从而促成审理集中化目标的实现。同时,"亦允许两造在证据保全程序上,就诉讼标的、事实、证据或其他事项成立协议,经为一定给付之协议者并具有执行力"。[52]

另外,由于"判决书的内容取决于对诉讼标的、诉讼客体、诉讼目的的认识;裁判文书公开司法过程、结果和理由的程度和方式取决于司法性质、审判权独立及其制约机制等等"。[53]在集中审理模式下,庭审的进行都围绕争点进行展开,当事人的

---

〔47〕 [日]林道晴等:《争点整理之演练》,有斐阁 2014 年版,第 6 页。

〔48〕 姜世明:《民事诉讼法失权规定之基本要件及其举证责任分》,新学林出版社 2002 年版,第 405 页。

〔49〕 魏大晓:《民事集中审理访视报告》,台湾地区"高等法院"刊印 2005 年版,第 24 页。

〔50〕 段厚省:《程序法的内在张力》,载《北方法学》2017 年第 2 期。

〔51〕 许士宦:《起诉前之证据保全》,载《台大法学论丛》2003 年 6 月刊。

〔52〕 台湾地区"司法院":《民事诉讼法部分条文对照表暨总说明》,"司法院"编印 2000 年版,第 1 页。

〔53〕 傅郁林:《民事裁判文书的功能与风格》,载《中国社会科学》2000 年第 4 期。

攻击防御方法与争点整理形成一组组的程序拼图逐渐推进,最终形成整个诉讼的
"史诗叙述"。显然,裁判文书也应当与庭审推进的方式和特征交相呼应。因此,采
用集中审理的方式势必导致裁判文书风格的转变,这包括裁判文书的结构以及说理
方式肯定要有较为明显的改变,以摆脱历来形成的撰写风格窠臼。因此,德国修正
法案第 128 条规定了在一定条件下强化书状判决程序,以减轻法院负担;第 313 条、
第 313 条 a 规定了在一定情况下,不必写明事实要件及理由,以简化判决书;第 331
条 a 加强了缺席判决程序等。通过《简化促进法》的规定,目前德国裁判文书形成由
"争点整理—攻击防御(简化协议)—事实判断及法律适用"构成的特有风格。

### (四) 小结

从以上介绍可以看出,德国为了贯彻集中审理的理念并达成审理集中化的目
标,在吸收 Stuttgart 模式的基础上,设定早期第一次期日程序与书状先行程序以供
法官选择利用,从而实现为言词辩论做准备的制度期待。同时,德国采取适时提出
主义,对于当事人逾时提出攻击或防御方法这一违反一般促进义务的行为才予以失
权的制裁,但同时又赋予法官较大的自由裁量权限。不难发现,为实现一次言词辩
论终结之目标,德国法的集中审理构造注重准备程序之特有功能,并善用争点整理
的方法和手段,同时辅之以法官阐明及失权制度的有效运用。日本法虽然继受德国
的集中审理制度,但并非与德国保持完全一致,其又创造性地增加争点整理的特有
方法,并对失权制度保持异常缓和之态度,体现了日本的厌诉文化。我国台湾地区
的集中审理制度则是对德国和日本的双重继受,其一方面增加了更为丰富的争点整
理方法(扩展为四种),一方面又在明确法官阐明义务(见台湾地区所谓"民事诉讼
法"第 199 条之 1)的基础上坚持严格的失权制度。显然,在搭建集中审理制度上,德
日均以宪法保障为基础,并将争点整理程序、法官阐明、失权等制度进行勾连,以此
实现了案件审理的加速。虽然德日及我国台湾地区的集中审理制度在具体制度层
面存在差异,但均是立基于本国或本地区的司法水平和法文化,所达至的效果也殊
途同归。

## 四、我国借鉴德国集中审理制度的必要性和可行性

集中审理以注重争点整理程序为具体实现路径,并在域外的实践中发挥了重要
作用,我国是否能够借鉴该制度提升案件审理质效,并防免突袭性裁判之发生? 笔
者认为,面对我国日益突出的"案多人少"、审理质效底下等问题,借鉴集中审理制度
既是必要的,又是可行的。

**（一）我国借鉴集中审理制度的必要性**

1. 粗疏的准备程序未体现承担部分庭审功能的理念。

我国新民诉法在第十二章第二节采用 9 个条文（第 125 条至第 133 条），分别从答辩状、权利义务告知、合议庭组成、审核取证、法院调查程序、委托调查、当事人追加、管辖权异议及应诉管辖和开庭准备程序等 9 个方面规定了民事审理前准备的相关制度，大致勾画出我国的民事准备程序。但通过检视既有条文可以发现，我国的准备程序无论在条文数量、制度理念还是制度设计上均存在缺陷。首先，准备程序的规定相对粗疏。我国新民诉法法条共计 284 条，冠以准备程序的法条为 9 条，占比约为 3%，单从准备程序的条文数量所占民诉法条之比重就可发现我国准备程序条文的单薄性。与之形成鲜明对比的是，德国民诉法典第 253 条至第 299 条之 1 规定了准备程序，共计 48 条，占比约为 7%（条文总数已除去德国民事诉讼法典第八编至第十一编的条文）；日本民诉法典从第 147 条之 2 至第 178 条规定了准备程序，共计 31 条，占比约为 7.7%。其次，新民诉法多数冠以"准备程序"之名的法条规定的并非真正的准备程序内容。例如，第 125 条关于答辩状提出的规定应属于起诉和受理的内容，第 129 条关于审核证据的规定应属于庭审阶段的内容，第 132 条当事人追加的规定应属于诉的组成部分而非准备程序的组成部分。倘若刨除上述内容，真正属于准备程序的规定仅有权利义务告知、管辖权异议、告知合议庭组成、委托调查及开庭准备程序等 5 个条文，并且与开庭审理密切相关的仅有一条（第 133 条）。与之形成鲜明对照的是，德国在准备程序的制度安排上区分应诉答辩、争点整理、书面准备程序、辩论和解、认诺或舍弃判决等制度内容，日本则是从口头辩论及准备入手规定了准备的口头辩论、辩论准备程序、书面准备程序、拟制陈述和拟制自认等制度。最后，准备程序未体现承担部分庭审功能的理念。经笔者考证，德日等国的民事诉讼法根本不存在如同英美法系国家那样的审前程序，所谓德日国家的审前程序，实际上是由不同制度组合而成的碎片化的审前规则。同时，大陆法系国家审前程序的功能设计与庭审存在重叠，大陆法系国家所依遵的准备程序实际上是庭审程序的反向延伸，准备程序过程中对"一贯性"和"重要性"的审查以及争点的固定和纯化均体现了对庭审内容的分担，这与英美法系国家将审前程序视为"为庭审做准备"的立法理念完全不同。[54] 反观我国准备程序的设计理念，一方面，其认为凡是审理程序之前的内容都应属于准备程序的内容，似与英美法系为"庭审做准备"的理念相近。但英美法系准备程序由于精细的制度设计，在实践中发挥着巨大的过滤功能，以美国为

---

[54] 丁朋超：《试论我国民事审前证据交换制度例外规则的完善》，载《证据科学》2017 年第 2 期。

例，在美国的民事诉讼中，真正进入开庭审理的案件仅占到所有起诉案件的 3%—4%，我国准备程序无论在精细度还是制度的实际功能上似与英美法系存在不小的差距。另一方面，也不存在固定并简化争点、当事人自认、舍弃和认诺判决内容等在内的制度设计，与大陆法系国家将准备程序作为庭审程序的延伸，并促使准备程序承担部分庭审功能的制度理念也相距甚远。由于我国这种粗疏的且未体现部分庭审功能的准备程序制度，致使在司法实践中，准备程序不存在应然层面上的繁简分流、纾解诉源以及固定并协议简化争点等重要价值，准备程序在我国司法实践中实际上处于休眠的状态。

2. 庭审散漫化问题导致庭审质效低下。

我国庭审法官在开庭时，往往会问："请原告诉讼代理人说明你们的诉之声明是什么？"原告或者诉讼代理人一般回答："原告诉之声明及事实理由如起诉书所记载内容。"法官随即又问："被告有什么需要答辩的？"被告的陈述一般为："请求驳回原告的诉讼请求，事实及理由如本方提出的答辩状内容。"由于我国《民事诉讼法》第 125 条规定"对方当事人不提出答辩状的，不影响人民法院审理"，在庭审之前，原告一般无从知晓被告的答辩意见及其内容是什么。当被告当庭提出答辩状之后，原告一般会向法官要求细致阅读被告的答辩意见。在这种情况下，有些法官会给原告一定的阅读时间（受限于庭审排期等固有影响，这种阅读时间显然是无法保证原告能够细致阅读和分析对方当庭提交的答辩状内容），有些法官则会要求原告直接依据被告的答辩意见发表辩论意见。但无论采取上述哪种处理方式，都会引发如下问题：其一，由于无法判断被告的答辩方向，原告在答辩时多依照之前的准备内容进行辩论，这就可能引发辩论内容与被告的答辩内容完全"南辕北辙"；其二，这种答辩方式会导致任何不一致的辩论对象都可能成为争议焦点，庭审看起来辩论得很热闹很充分，但开完庭之后留给法官的印象却仍然是"一团乱麻"；其三，这种答辩方式让当事人丧失了对争点等进行协议简化的可能，致使庭审及案件的效率均较为低下。

3. 庭审两阶段划分的弊端导致法庭辩论时间被大幅压缩。

由于每位法官审理的案件数量比较多，但法庭的数量和空间均非常有限，因此，每个案件在开庭审理时所分配的时间实际上是非常少的。通常是一个案件还没有审理结束，法官就会被告知审要尽快结束，接下来的庭审就要开始。同时，由于我国《民事诉讼法》将庭审划分为法庭调查和法庭辩论，而证据调查又要花费非常长的时间，"致使大量宝贵的庭审时间被挤占，法庭辩论的时间被进一步压缩"。[55] 我国学者对法庭调查和法庭辩论的关系亦有相当精彩的描述，"从笔者对本科生、研究

---

〔55〕 丁朋超：《中国大陆互联网法院庭审制度之理念选择与制度完善》，载《月旦法学杂志》2020 年第 7 期。

生、法官和律师四类'法律人'通过举手回答的方式了解法庭调查与辩论关系的结果来看,若举手回答只有法庭调查'是'或'不是'辩论两个选项,多数人会做出法庭调查不是辩论的选择。若在上述基础上再增加一个法庭调查存在局部的小范围的辩论这一选项,即将选项由两项增加到三项,增加的这一选项举手的人最多,超过 1/3,选择其他两项的人则分别不足 1/3。上述调查的结果,基本上反映了现阶段我国'法律人'对法庭调查与法庭辩论关系的认识。此外,从随机抽查某直辖市基层法院 30个商事案件的庭审笔录和同步录像的统计结果看,法庭辩论阶段在整个复杂案件的庭审中所占的时间比重较小,通常不到整个庭审时间的 1/10。笔者甚至还遇到过法庭辩论不足整个庭审时间 1/20 的案件"[56]。经过进一步的考察,我们奉为经典的法庭调查和法庭辩论两阶段的划分方式在其他两大法系国家根本没有先例,"是断章取义抄自苏联,但从未搜索到我们与苏联庭审程序联系方面的研究资料,这么重要的一项制度来自何方都不清楚,被我们糊里糊涂运用了几十年"[57]。可见,法庭调查和法庭辩论的划分使得庭审被人为地分裂成两半,徒增了不少麻烦,浪费了不少劳力、时间。而这种制度设计导致的直接后果就是书面审理主义的侵入:双方当事人唯恐因自己没有提供证据而导致败诉后果,因此不管与案件有无关系,都会向法官提交大量的证据材料。这反而造成了法官阅卷负荷的加重。同时,由于法官案件数量繁多,不可能花费大量的时间阅读案件材料,因此,法官也只能在模糊的情况下对案件进行判决。而这又极有可能造成法官判决的不自信。所以,一方面,法官怕被上级法院发回或改判,因此,向上级法院汇报盛行;另一方面,由于是在模糊的状态下对案件进行判决,案件判决与事实之间肯定存在差异,这就导致了案件判决的质量不佳,当事人对裁判的可接受度极差,这也就解释了为什么我国上诉以及申述上访比例颇高的原因。

**(二)我国借鉴集中审理制度的可行性**

1. 我国已具备争点整理程序的雏形。

1982 年颁布的《民事诉讼法(试行)》结束了我国没有民事诉讼法典的状态,使我国民事诉讼法的发展进入"快车道",但该法典并没有出现"争点"或"争点整理"这些字眼。经过检索,笔者发现,最早出现"争点"(我国立法上的表述是"争议焦点")表述的是 1993 年最高院颁行的《关于第一审经济纠纷案件适用普通程序开庭审理的若干规定》。该规则第 2 条规定,合议庭成员通过审核相关证据材料,掌握争议的焦点。自此,"争议焦点"才开始进入到我国相关司法文件当中。随后,最高院于 1998 年颁

---

〔56〕 同前注 7,章武生文,第 68 页。
〔57〕 同前注 7,章武生文,第 69 页。

行的《关于民事经济审判方式改革问题的若干规定》在第 5 条、第 8 条和第 17 条就法官引导进行争点焦点归纳等制度作了粗略的规定。但从内容上看,这种规定更多表现出法官的职权主义特色。最高院在 2001 年颁行的《证据规定》则将我国关于争点整理的规定带入新的发展阶段。从第 37 条和第 39 条的规定观察,法官可以通过组织当事人证据交换的方式明确案件的争点。该规定实际上为争点整理开辟了新的路径并指明了新的方向,但由于争点整理的方法过于单调,该方法在实践中的实施效果并不乐观。

随着 2012 年我国对民事诉讼法典的大幅度修改,"争点"或"争点整理"的表述第一次进入我国民诉法典之中。新民诉法第 125 条要求被告在提交答辩状时应明确案件的争议焦点所在。第 133 条则规定了开庭审理需要围绕争点进行。虽然民诉法仅在两处进行了规定,且立法条文和立法表述均呈比较简陋,但不可否认的是,结合之前其他法律文件及司法解释的相关规定,我国民事诉讼法已经初步具备了民事争点整理程序的"底色",但还远称不上制度健全。

2015 年颁行的新司法解释则将争点整理程序往前推进了一大步。新司法解释在第 225 至第 226 条、第 228 至第 230 条针对争点整理的定位、当事人在争点整理中的作用以及争点整理的效果做了相对概括式的规定。具体而言,第 225 条将争点整理作为庭前会议的重要内容进行了明确,从而在制度层面明确了争点整理的基本定位。第 226 条则规定了法院可通过诉讼文书以及证据交换等内容归纳争议焦点,实现争点整理的路径得以明确。同时还规定当事人对整理的争点有发表意见的权利。第 228 条则是将庭审内容框定在争议焦点的范畴内,从而指明了今后庭审内容的方向,这也间接地保证了庭前制度功能的发挥。第 229 条明确了在庭前会议过程中整理的本案争点具有相应的法律效力,倘若一方当事人否认该争点的有效性,其应当说明理由,法院在考量该争点效力时,需要将当事人能力、案件情况等一并予以考虑。该规定的意图显然在于尽量摆脱争点效力认定僵化之问题。

从上述梳理不难看出,争点整理程序在我国经历了从无到有再到不断完善的发展过程。争点整理的出现是总结司法实践经验和参考域外经验的结果,对今后我国民商事审判方法的改革具有重要意义。但我们也应看到,虽然争点整理程序的理念已在我国生根发芽,但我国对争点整理程序的规定仍然不完善,从当前立法规定并不能直接得出我国已构建出完整的争点整理程序。同时,当前的法律规定仍然存在诸多问题,例如,在争点整理程序中,对当事人的定位并不准确,争点整理的技术和方法仍然面临其他制度的考验,争点整理的配套制度缺失等。

2. 适时提出和失权制度在我国已初步确立。

适时提出和失权制度是集中审理的重要制度保障,从新民诉法和有关司法解释来看,适时提出和失权的规定主要有以下特点:(1) 明确了当事人的证据适时提出义务。从《民事诉讼法》第 65 条规定来看，当事人对自己提出的主张应当及时提供证据，这是关于适时提出证据的一般性规定。（2）一定程度上规定了法官的阐明义务和促进诉讼义务。《民事诉讼法》第 65 条规定，法官应根据当事人的主张和案件审理情况，确定当事人提供的证据及其期限。也就是说不仅当事人负有促进诉讼进行的义务，法官也负有适时向当事人告知其应当提供的证据，并指定提供证据的期限，以促进诉讼的适正进行的义务。（3）规定了答辩制度。这主要体现在《民事诉讼法》第 125 条，即被告应当在收到起诉状之日起 15 日内提出答辩状；不提出答辩状的，不影响案件的审理。（4）确立举证期限制度。根据《民诉法解释》第 99 条的规定，法院当事人的举证期限，一审普通程序案件不少于 15 日（再加上被告答辩期 15 日，实际上一审案件的开庭时间至少在立案受理后 30 日之后）、一审简易程序不多于 15 日；当事人如果认为举证期限不够，可以申请延长，并在举证期限届满前提出书面申请。（5）确立了相对缓和的证据失权制度。《民事诉讼法》第 65 条规定，当事人超过举证期限提供证据的，并不是一概失权，此时当事人负有说明理由的义务，如拒不说明或者说明的理由不成立的，法官可以根据不同情形采取三种处理措施：一是采纳该证据但予以罚款，二是采纳该证据但予以训诫，三是不采纳该证据即证据失权。此外，根据《民诉法解释》第 101 条的规定，如果当事人是因客观的原因逾期提供证据，或者对方当事人没有提出异议的，不能认为当事人逾期提供证据；第 102 条规定，如果当事人是主观原因，如故意或者重大过失逾期提供证据的，原则上不予采纳，但如果该证据与案件的基本事实有关，还是应当采纳，同时可以训诫或罚款；如果当事人是因一般过失逾期提供证据的，则应当采纳该证据，但应对当事人予以训诫。此外，《证据规定》也规定有失权的内容。

从新民诉法及新司法解释精神来看，与之前的《证据规定》相比，当前我们确立的是一种比较柔性、弹性、缓和的证据失权制度。证据失权制度的确立，必然会对我国民事案件的审理结构和方式产生重要影响，会带来连锁的制度反应和实践反应，比如，要求当事人负有促进诉讼的义务并适时提出证据、要求法官善尽其阐明义务和案件管理责任等，这些无疑对于推动案件的集中审理具有重要程序保障意义。

3. 法官阐明义务已得到立法重视。

虽然法官阐明或者释明在司法实践中是经常使用的一个法律用语，但在目前的《民事诉讼法》和司法解释中，并没有直接出现"阐明"或者"释明"的字眼，大多使用了"告知""说明"等用语。当前我国关于法官阐明的规定呈现以下特点：（1）阐明的内容既包括程序性事项也包括实体性事项，但以程序性事项为主。在程序性事项方面，如《民事诉讼法》第 124 条规定了法官对当事人的起诉区分情形，可以进行法院主管、管辖权、立案材料、诉讼风险等的告知和说明。在实体性事项方面，如新《证据规定》第 53 条规定当事人主张的法律关系性质或者民事行为效力与法官的认定（其实是心证)不一致的,法官应当告知当事人可以变更诉讼请求。《民诉法解释》第268条规定,(适用简易程序的案件中)对没有委托律师、基层法律服务工作者代理诉讼的当事人,法官在庭审过程中可以对自认、举证证明责任等向其作必要的解释或者说明。(2)没有限定阐明的阶段,也就是说,法官视案件需要,可以在诉讼进行中的立案、送达、证据交换、调解、开庭、庭后等阶段适时进行阐明。(3)没有限定阐明的主体,只是笼统使用"人民法院"的表述。

## 五、德国集中审理制度的借鉴

正如上文所言,随着新民诉法及司法解释的颁行,我国立法已基本确立了争点整理程序、适时提出与失权制度以及法官释明义务等制度形态,换言之我国已具备集中审理的基本要求,下一步即德国集中审理的哪些制度可以借鉴以及如何借鉴。

### (一)增设程序保障之宪法权利

通过考察德国的集中审理制度我们不难发现,程序加速之要求乃宪法位阶的"公正程序请求权"及"有效性权利保护请求权"具体化的结果。倘若不存在宪法层面的制度表象,显然集中审理制度的推行将面临"于法无据"的窘境。十八届四中全会为我国依法治国的全面推进提供了有力保障,在司法改革和法治建设的宏观目标下,在世界各国宪法纷纷引入"合法听审权"这一国际背景下,在我国宪法中确立公民能够公正且有效率地获得司法救济的权利,尤其是在程序上的合法听审权,是符合我国现实发展的。这对于我国司法审判与程序权利保障,将会有里程碑式的意义。需要说明的是,任何一个法治国家修改宪法都是非常郑重的事情,我国也不例外。故在我国,宪法修改需要由全国人民代表大会常务委员会或者1/5以上全国人民代表大会代表提议,并由全国人民代表大会以全体代表的2/3以上的多数通过。同时,宪法作为法律之母法,任何下位法均应具备合宪性,并且在具体条文拟定上须遵循"宜粗不宜细"的立法技术。但也应看到,受制于本国经济发展水平、公众权利需求及权利观念的变迁等影响,宪法同样面临滞后性、僵硬性等问题。虽然集中审理制度属于民事诉讼法规制的内容,但从域外发达法治国之经验观察,其不仅具有程序法属性,还与宪法权利、实体法等内容密切相关,换言之,集中审理制度实际上已经超越程序法的固有框架,一定程度上引领了宪法制度之增设以及实体法权利义务内容之重构,这也符合德日等法制发达国家的做法并被域外立法经验所检验,这也是笔者在原文中主张增设程序保障之宪法权利的原因所在。

笔者认为,为践行集中审理制度,我国可考虑在宪法修改时,将"听审请求权"以及"公平审判权"纳入宪法之规定中。从我国《宪法》第三十七条的规定观察,该条仅是涉及了刑事诉讼的人身自由之保障,尚缺乏对其他诉讼中的公民权利义务保障的重视。我国经济和社会发展迅速,人民对自由的要求绝对不再仅仅局限在最基本的人身自由之中。经济发展权、财产权以及其他人身权等也是具有根本意义的,这对个体的重要性并不亚于人身自由。因为诉讼借助国家权力重新分配个体的权利义务,它可能涉及财产权利的再分配,可能涉及对人身尊严的维护,因而只有一个公正公平的程序才能保证这些法律权利得到真正的维护。

为此,我们必须在宪法的层面上建构以"听审请求权"为基础的有关诉讼基本权利。未来具体的改革大致方向为:(1)构建基本的诉讼请求权。提起诉讼的权利应当作为一项基本的宪法权利,被我国宪法吸收。建设法治国,必须维护"司法最终"原则。应当在宪法上赋予公民向人民法院提起诉求、请求司法机关保护的权利。(2)充实听审权利,确保所有程序的进行能够符合基本的程序要求。在参照比较法以及国际公约之后,我们应当至少明确,合法听审的基本权利是以程序保障的精神为核心,其主要内容包括通知权、陈述权、法院的审酌义务以及突袭性裁判禁止等内容。[58]这就要求保证在诉讼当事人参与诉讼过程中程序尽可能地落实知情权和辩论权。(3)确立公证程序权,弘扬程序保障。在保证基本诉讼权和听审权的前提下,应当进一步对进入诉讼程序的公民进行基本的程序保障。这意味着宪法应当保障程序的公正性、公平性,而非仅仅要求形式上的落实。审判机关必须尊重主体的程序权利,避免来自法院的突袭;民事诉讼当事人应当可以期待诉讼审判的结果,不得从自己或可归责于自己之瑕疵或者延滞导出程序上之不利益,防止导致当事人丧失法律上的救济手段,并应致力调整诉讼当事人之间力量关系的均衡。[59]本项要求为程序保障之充实,它其实直面了一个问题,那就是当法官自身利益与当事人利益不一致时,法官的裁判行为有可能会导致当事人的不利益,此时应当以保障当事人权利为优先。这实质上对于程序公平提出了更高的要求,即不仅仅只是在形式上保证基本的通知权、辩论权,更应当在实质上要求当事人对于裁判具有合理的期待性,程序的进程是合理地导致程序结果的发生,强化程序对于裁判的约束意义。

**(二)划定争点整理方法及重塑庭前准备制度**

随着新民诉法及新司法解释的修正,目前我国立法已基本具备了争点整理的制度雏形。从修法内容可以发现,我国立法者其实已经意识到争点整理程序缺失给司

---

[58] 姜世明:《论合法听审权——以民事程序法之实践为中心》,载《法学丛刊》2002 年 10 月刊。

[59] 许士宦:《民事诉讼上之公证程序请求权》,载《现代国家与宪法》,元照出版社 1997 年版,第 1592 页。

法实践带来的弊端,意图通过导入争点整理"因子"实现无争点审理方式的扭转,以此克服庭审时间过长、庭审过程散漫化等问题。可以认为,新民事诉讼法及司法解释带来的立法转向为构建我国的争点整理程序奠定了一定的基础。当然,我们还不能得出我国已经建立了争点整理程序的结论,因为仅仅依靠民事诉讼法及司法解释只言片语的规定并不足以保证争点整理的有效运行,并且当前我国的争点整理制度依然存在规定模糊、操作性不强以及配套制度缺失等现实问题。这就需要法官在实践中的不断应用、学者在理论层面的不断挖掘,以探索出真正符合我国实际的争点整理程序。限于本文篇幅,笔者在本部分仅讨论争点整理的具体方法。

从前文德日及我国台湾地区的争点整理的基本过程可知,争点整理的前提是当事人已经提出了明确的诉讼请求(诉之声明＋事实理由),从而确定本案的诉讼标的。然而在追求胜诉的目的下,当事人在向法院提出诉讼请求的同时,一定会辅以其认为获得胜诉判决所需的事证资料,但这些事证资料并非全部与本案有关,因此应通过争点协议简化过程实现事证资料之纯化,尽可能使得本案的审理及攻击防御集中于某几个重要的焦点。由此可见,民事案件的审理在遵循辩论主义第一命题(法官应在当事人诉讼请求之范围内进行审理)的基础上,确定当事人提起本次诉讼的请求权基础,同时审查当事人的诉讼请求所依据的事证资料是否充实和完整,进而再固定本案的事实及证据,为本案开庭审理做准备。由上,在笔者看来,我国的争点整理方法应按照"固定诉讼请求—确定请求权、请求权基础和抗辩权——贯性和重要性审查—固定事实及证据"的逻辑展开,具体内容如下:

第一,固定诉讼请求。我国民诉法上并没有统一的诉讼标的的概念[60],那么对应我国民事诉讼法中存在的概念,第一步为固定诉讼请求。如果原告的诉讼请求不清楚的或者存在矛盾(即是否符合一贯性要求,具体见后文),法官应当要求原告进行说明。如果认为需要变更诉讼请求的,法官必须告知当事人,如果不愿意变更诉讼请求,则应当判决驳回。一旦本案进入庭审阶段,出于诉讼效率的考量,法官即应不允许当事人变更诉讼请求。

第二,确定请求权、请求权基础和抗辩权。在确定诉讼请求之后,法官应当指挥当事人明确该诉讼请求所基于的请求权和请求权基础为何。比如,该案究竟是合同法律关系还是侵权法律关系。确定请求权基础,就是将抽象的法律规范,适用于具

---

〔60〕 我国民诉法及司法解释虽有诉讼标的的表述,但分析具体条文发现,立法者在指涉诉讼标的物和实体法律关系时,均使用诉讼标的这一表述,由此可见我国民诉法并没有确立统一的诉讼标的的概念。陈杭平:《诉讼标的理论的新范式——"相对化"与我国民事审判实务》,载《法学研究》2016 年第 4 期。

体案件,以确定当事人之间的权利义务关系。[61]基于不同的请求权基础,也会产生不同的请求权基础体系和相关的要件。当然,在我国现有的法律语境下,要求当事人指明具体的法条确实会存在一定的难度,同时还可能牵涉一系列的配套制度,但受限于行文逻辑,笔者在此无法就该问题进行进一步展开,拟今后单独撰文予以讨论,此处不赘。

第三,法官应当根据确定的基础构成要件出发,对原告和被告的主张进行审查,确定诉状中所记载的原因事实与主张的法律基础规范具有一贯性(或者是诉的"有理性",德文为 Schlüssigkeit),即原因事实是支持规范各个要件的。在参考台湾地区"民事诉讼法"第 244 条的规定的基础上,司法实践中法官应当要求当事人在起诉状中明确诉讼请求、请求权基础和原因事实。法官必须根据起诉状中所陈述的事实来决定当事人所主张的请求是否正确;诉讼开展以后,随着更多事实的发现,法官也必须根据经验,对原因事实和请求权基础保持一致性的判断。假如,法官认为当事人所主张的请求权基础与原因事实没有通过一贯性审查(例如请求侵权损害赔偿,而提交的原因事实更多指向合同违约),由此可能出现当事人所选择的请求权基础与法官基于本案事实进行裁判的请求权基础不相符。那么,为避免突袭性裁判的发生,此时法官应就请求权基础的选择问题予以进一步释明,从而避免因当事人在攻击防御时忽略相应的法律观点而招致不利的事实后果。

第四,固定事实争点。确定了诉讼请求和请求权基础,法官和当事人则应当进行要件式的展开,从"要件事实(主要事实)—间接事实—辅助事实—证据"一步一步进行确定,由此最终确定各项待证事实和证据,厘清其中的争议部分[62]。对于当事人在起诉状中主张的事实,如果被告在答辩中认同的即为承认;如果不认同则构成争点。但由于现实情况中案件比较复杂,一次书状和答辩状的交互可能无法真正将所有的事实争点确定,更有可能引发新的争点,所以应当让当事人进行多次的书状交换,逐一确定要件事实中的争议焦点。

第五,确定证据争点,进行举证责任的分配。事实争点是交换证据的前提,人民法院应当首先明确当事人之间存在争议的事实主张,然后就该争点组织当事人交换证据。[63]当争议焦点确定后,对应的举证责任才可以分配,证据的收集工作才开始,包括鉴定、勘查等证据调查等。例如,被告主张部分履行时,就应当由被告举证已经履行了还款义务。在就争议的事实争点提出证据,就证据的相关性、合法性和真实

---

〔61〕 王泽鉴:《民法思维:请求权基础理论体系》,北京大学出版社 2009 年版,第 26 页。

〔62〕 丁朋超:《论争点整理程序对司法裁判的影响》,载《法律方法》2020 年第 1 期。

〔63〕 奚晓明,张卫平主编:《民事诉讼法新制度讲义》,人民法院出版社 2012 年版,第 213—214 页。

性等进行质证时,如果存有争议的,也可列为证据争点。

为此,经过重塑的庭前准备制度应当按照"争点确定—举证责任分配—举证"的顺序展开。具体而言,法官可按照以下基本顺序召开庭前会议:(1)明确诉讼请求和答辩意见。当事人交换诉状和答辩状,并且可以申请变更诉讼请求、增加诉讼请求,被告可以提出反诉,第三人与本案有关的诉讼请求也可以提出。经审理后,应当确定请求权、特定化的原因事实以及请求权基础。(2)根据请求权基础分解法律要件,并划定主张责任。双方当事人根据要件提出事实主张,在此过程中整理出争议事项和不争议事项。此时法官可根据情况先进行一次调解。(3)争点确定后,负有举证责任的当事人应当收集和准备与争点有关的关键性证据,并向法院申请提交。此时,法院须注意平衡当事人的诉讼能力差异,鼓励和保障当事人进行自主的证据交换;必要时,也可由法院组织证据交换。当事人亦有权向法院申请证据的职权调查或者文书提出命令,有权委托鉴定或勘验。(4)证据准备完毕之后,庭前会议进入尾声,法官依照具体案件情况再一次组织调解。庭前会议结束前,法官与当事人一同协商安排开庭期日。庭前会议可进行多次。如果开庭之后发现庭前准备不足的或需另行准备的,法官可裁量返回庭前阶段,再次召开庭前会议。

**(三)明确并强化法官的释明义务**

通过立法增强我国法官的释明义务,是我国民事诉讼必须发展的方向。在诉讼的过程中,我国法官目前并不是过度地进行职权指挥,而是过于消极。[64]不少法官也表示,释明在立法上也没有明确,所以实践中法官"多一事不如少一事"[65]。可见,在民诉法及司法解释中确立相关规则对推动我国民事集中审理制度,促进我国庭审的有序开展是极为有益的。笔者认为,明确并强化法官的释明义务应从如下几个方面入手。

第一,应当在民诉法中规定释明义务,明确法官的法律释明义务和事实释明义务。从德国法的司法经验观察,统一地设置释明义务,能让法官明确审判中的职责,并且也为未来的审判活动提供指引,我国民诉法可借鉴该做法,修法以明确法官负有对当事人释明的义务。法官在必要时应与当事人共对事实关系和法律关系进行释明并且提问。如果当事人一方忽略了对某一法律观点,或认为于案件判决

---

[64] 法官不善用释明的重要原因是失权制度在实践中的衰落,据吴泽勇教授考证,在我国司法实践中,失权制度基本处于休眠状态。由于失权制度的衰落,法官释明也就失去其特有的意义和价值。吴泽勇:《民事诉讼证据失权制度的衰落与重建》,载《中国法学》2020 年第 3 期。由于失权制度的衰落,故本文再过多着墨于该制度在集中审理制度的构建已失去意义,故本文将失权制度的落实嵌入法官释明制度优化的必然逻辑之中进行考量,不再单独阐述。

[65] 任重:《我国民事诉讼释明边界问题研究》,载《中国法学》2018 年第 6 期。

是无关紧要的,法院应就该法律或者事实进行释明,并提供机会对该事实发表意见,否则不得以该法律观点或者事实为基础作出裁判。[66] 我们应当意识到当事人受制于能力所限,可能表述有所模糊、矛盾。现实中因为没有固定主张与陈述而在诉讼后期改变请求和主张的情形十分常见,导致诉讼不断推倒重来。为了避免这一情况的反复发生,法官应有权要求当事人亲自出庭,并要求其及时为澄清、补充或者修正之陈述,完整提出相关诉讼资料,以便在庭前会议早期确定基本的请求和诉讼主张。

第二,结合争点整理程序,根据案件诉讼进行的不同情况,强化法官的释明义务,并且设置相应的救济。

1. 以固定诉讼标的为目的,明确当事人的诉讼请求、请求权基础以及原因事实。由于当事人并不是专业的法律职业人员,加之律师的业务水平也参差不齐,所以当事人所提出的诉讼请求有可能是不清晰、不完整的。为了保证诉讼能够顺利地进行,倘若法官发现当事人的诉讼请求不清晰或者需要补充时,应当向当事人发问并要求其明确诉讼请求。同样地,对于请求权所基于的法律规范如存在不清楚或者不正确的地方,法官则应通过释明的方式告知当事人其所认为的法律基础规范到底为何,引导当事人修正错误并围绕正确的法律基础规范进行辩论。如果存在请求权竞合的情况,应当要求当事人在不同请求权中作出选择。若释明之后当事人仍然不愿意变更诉讼请求,那么应当及时驳回起诉。

2. 以固定事实争点为目标,明确当事人所争议和不争议的事项。随着诉讼进一步地展开,法官应当对原告所主张的要件事实、被告所主张的抗辩事实进行逐一的梳理,明确其中存在的自认、否认和抗辩的情况。在通过书状先行程序之后仍然无法确定当事人具体的主张意见的,法官应当逐一对这些要件事实以及在案件中衍生出来的间接事实进行梳理,向当事人提问,要求当事人明确对该事实是承认还是否认。当事人作出明确承认或者否认的,或者发生适用拟制自认的情形,法官应当指导书记员记入笔录,对不争议的事项记载,并在未来发生程序上的约束作用。在此过程中,如果当事人对相关的事实的法律效果不清楚的,在不违反公平原则的情况下可向当事人解释和说明。

3. 以明确证明要求和证明方法为目的,对证明行为进行释明。[67] 在完成了事实争点的整理之后,法官应当对于具体的事实哪一方负有举证责任进行释明。在大部

---

[66] 任重:《释明变更诉讼请求的标准——兼论"证据规定"第 35 条第 1 款的规范目的》,载《法学研究》2019 年第 4 期。

[67] 邹碧华、王建平、陈婷婷:《"要件事实"框架内法官释明路径之建构》,人民法院出版社 2011 年版,第 658 页。

分情况下,法官根据一般的举证责任分配理论是可以确定举证责任,因而法官应当特别注意对于存在特殊举证责任分配,以及在举证责任不明确的情况下,应当注意说明哪一方负有证明某一事实的义务,并且如果没有完成证明责任,将会发生何种后果。不仅如此,更重要的是,在完成了基本的举证之后,法官应当综合考量所有证据,适时公开心证,表明目前的证据是否已经足够证明某一事实的存在,并保证当事人仍有补充证明的机会。

第三,通过出台指导案例细化对其他情形的释明。比如,对诉讼时效的抗辩是否需要进行释明,对举证责任的释明,对经验法则的释明,对法律性质关系的认定的释明等,均可以通过出台指导案例、典型案例或者公报案例的办法进行明确。同时,各省市高级人民法院也应当根据本省的审判具体情况,制定相应的释明规则,尤其应就不同案件中的情形作出规定,指导本院和下级法院法官增强案件中的释明。同时,应当注意释明主要是配合争点整理程序的适用,要求当事人对诉讼中不充分、不清晰、有矛盾、有错误的表达进行补充、更正等。

第四,完善严重违反程序的救济措施。我国目前突袭情况普遍存在,但最为严重的情况是对处分权的违背。虽然现有的《证据规定》第 53 条规定了变更诉讼请求法官必须释明的义务,并根据民诉法解释,法官应在庭前会议明确原告的诉讼请求和被告的答辩意见,并审查处理当事人增加、变更诉讼请求的申请和提出的反诉以及第三人提出的与本案有关的诉讼请求。但显然,以上最高人民法院案件也已经向我们表明,变更诉讼请求过程中法官没有进行释明,似乎也没有提供相应的程序救济。应当说这十分不利于释明义务的整体建立以及司法政策的整体引导。理想的做法应当是允许当事人以"程序违法"作为上诉和再审的理由进行程序上的救济。因而需要进一步修改《证据规定》第 53 条或者修改民诉法解释,扩充上诉和再审中程序违法的范围,明确倘若法官应向当事人释明变更诉讼请求而没有释明的、且径行根据其他诉讼请求进行判决的,则应当认为是程序严重违法。以此明确法官的程序义务和程序后果,即如果法官不当行使释明义务,导致突袭裁判,当事人有权上诉,案件应当重审。

## 六、结语

德国在充分吸收 Stuttgart 模式的基础上颁行的《简化促进法》至今已运行逾四十载,从实践效果观察,该法已促使德国民事诉讼庭审方式实现了从分割审理模式到集中审理模式的转变,这一实践效果也进一步印证了 Stuttgart 模式"学术界之父"(Wissenschaftlicher Vater)Fritz Baur 教授在 1967 年出版的《通往诉讼之言词辩论集中审理之路》(Wege Zu einer Konzentration der mündlichen Verhandlung im

Prozess)一书中关于德国如何走向集中审理的重要论点及建议的可行性〔68〕。当前，我国民事审判实践面临着突袭性裁判频发、分割审理主义严重阻滞案件审理质效等一系列问题，而德国关于实现集中审理制度的成功探索经验为我们提供了可行的参考样本。需要指出的是，德国集中审理制度的通畅运行离不开宪法对听审请求权的保障，也与强制律师代理制度、高超的法官审理水平密切相关，我国面临着宪法并未规定听审请求权、不存在强制律师代理制度以及部分法官审理水平堪忧等实际困难，如何在更细致的层面设计出我国的集中审理制度是笔者今后进一步关注的重点。

---

〔68〕 目前已有学者从互联网法院异步审理模式角度论证了集中审理在新型庭审模式中的价值，指出"1976 年德国法学家韦因可夫和波埃分别发表了《为什么以及如何进行司法改革》和《走向言词辩论的集中》两篇论文，为德国斯图加特地区法院探索民事案件集中审理提供了重要理论依据"。参见肖建国、丁金钰：《论我国在线"斯图加特模式"的建构——以互联网法院异步审理模式为对象的研究》，载《法律适用》2020 年第 15 期。实际上，在 Bender 的论著中有明确的表述，"1967年 1 月 1 日，斯图加特地方法院增设一个新的第二十庭，除了减轻其他庭的负担外，新的第二十庭一开始就有意尝试善用民事诉讼之民事程序，尽可能地集中审理，借以加速程序。对此，该庭利用 Baur 于本年度所写的一本小书——《通往诉讼之言词辩论集中审理之路》作为理论基础"，参见 Rolf Bender, Die "Hauptverhandlung" in Zivilsachen, DRiZ (1968)，S. 163.由此可见，《论我国在线"斯图加特模式"的建构》一文对作为德国集中审理制度理论基础的文献年份的考证似有错误。

中德法学论坛

第 17 辑·下卷,第 96~116 页

# 中德网络犯罪立法的分歧与趋合<sup>*</sup>

王肃之<sup>**</sup>

**摘　要**:我国与德国网络犯罪立法存在不同的基点,即立法依据公约化与本土化的差异、立法重心个人化与公共化的差异、立法模式二重化与定性化的差异。由此,二者在对象层面分别选择了数据模式与信息模式,在法益层面分别强调个体本位与集体本位,在行为层面分别注重形式评价与实质评价。晚近以来,二者呈现部分趋合的态势,具体表现在特定立场、现实问题与修正方向的一致化。在异同交融的背景下,我国网络犯罪立法既需要以开放性的视角借鉴德国的经验,也需要以主体性的视角探索自身规范模式的发展与完善。

**关键词**:中国;德国;网络犯罪;立法分歧;立法趋合

## Differences and Convergences in the Cybercrime Legislation between China and Germany

**Abstract**:There are different basic points in the legislation of cybercrime between China and Germany,that is,the differences between localization and convention as legislative basis,between individualization and publicization as legislative focus,between dualization and determination as legislative model. Therefore,the two have respectively selected data and information modes at object level,emphasized individual and collective standards at legal benefit level,and emphasized formal and substantive evaluations at behavior level. Recently,the two have shown

---

\* 本文系国家社科基金青年项目"全球网络犯罪法律规则制定和中国方案研究"(项目编号:20CGJ013)、中国法学会部级研究课题青年调研项目"'深度伪造'问题的刑事规制与限度"[项目编号:CLS(2019)Y04]的阶段性研究成果。

\*\* 王肃之:最高人民法院第二巡回法庭法官助理,法学博士。

a tendency of partial convergence, which is manifested in the unification of specific positions, practical problems, and amendments. In the context of similarities and differences, China's cybercrime legislation needs to draw on the German experience from an open perspective and explore the development and improvement of its own normative model from a subjective perspective.

**Key words**: China; Germany; Cybercrime; Legislative Differences; Legislative Convergence

网络犯罪的刑法规制是一项世界性命题,各个国家的刑事立法都不免修改调整,以打击互联网中的犯罪行为。在这一过程中,不同国家的刑事立法既由于不同的立场与基点可能走向分歧,又因为共同的刑法命题而可能走向趋合。德国刑事立法作为大陆法系的经典范式,学者一直以来强调对其进行学习和借鉴,然而在回应网络犯罪的过程中,德国与我国刑事立法却在对象、法益、行为的分歧中部分走向趋合,这为我国网络犯罪立法的完善提供了新的视角与维度,揭开了别开生面的立法向度。

## 一、中德网络犯罪立法的不同基点

随着网络社会的发展,如何有效应对网络犯罪的演变已经成为各国立法不可回避的重要刑法命题。德国早在2007年即对刑事立法进行相应修改,根据德国联邦议会决议通过"为打击计算机犯罪的刑法第41修正案"对于《德国刑法典》第202条a探知数据罪、第303条b破坏计算机罪进行修改,并且增加了第202条b拦截数据罪、第202条c预备探知和拦截数据罪以及第303条a变更数据罪。2015年又于《德国刑法典》增加了第202条d窝藏数据罪(数据赃物罪)。此外,德国早就于1977年通过了《联邦数据保护法》(Bundesdatenschutzgesetz),确立了侵犯个人数据犯罪的刑事责任,该法于2017年修改后,刑事责任条款规定于第42条。

我国也对于《中华人民共和国刑法》(以下简称《刑法》)进行过多次修改完善,大体可以分为三个阶段:第一,1997年现行《刑法》颁布时,网络犯罪立法限于计算机犯罪范畴,即在《刑法》第285条设置非法侵入计算机信息系统罪,第286条设置破坏计算机信息系统罪,并在第287条就利用计算机实施金融诈骗、盗窃、贪污、挪用公款、窃取国家秘密或者其他犯罪的情形作出指引性规定,从而将计算机犯罪作为网络犯罪的基本范畴。第二,2009年通过的《刑法修正案(七)》根据网络犯罪的发展进行了大幅度的修改,于第285条第2款设置了非法获取计算机信息系统数据、非法控制计算机信息系统罪,第3款设置了提供侵入、非法控制计算机信息系统程序、工具罪;此外,还首次将侵犯个人信息犯罪独立纳入《刑法》,于第253条之1设置了出售、非法提供公民个人信息罪以及非法获取公民个人信息罪。第三,2015 年通过的《刑法修正案(九)》则全面推动了网络犯罪超越计算机犯罪的范畴,走向立法的一般化,第286 条之 1 增设拒不履行信息网络安全管理义务罪,第 287 条之 1 增设非法利用信息网络罪,第 287 条之 2 增设帮助信息网络犯罪活动罪,并且调整第 253 条之 1 为侵犯公民个人信息罪。

对比德国和我国网络犯罪立法的内容可以看出,虽然二者对于不同的网络犯罪均进行了必要的回应,但是在术语体系、规范模式等方面有实质性的区别,比如,德国刑事立法以"数据"为核心构建了整个规范体系,而我国刑事立法在各类犯罪中则是以"信息"为核心设定各个具体规范。在犯罪行为类型和关联法益上,德国和我国也具有结构上的差异。研究这些差异的具体内容,必须首先对于德国和我国网络犯罪立法基点的不同进行分析,否则便无法揭示差异的实质。

第一,立法依据公约化与本土化的差异。德国网络犯罪刑事立法的变迁与其影响、参加的公约等国际立法密切相关,特别是欧洲层面的各项国际立法。《德国刑法典》2007 年的各项修正与德国参加《网络犯罪公约》密不可分。《网络犯罪公约》(Convention on Cybercrime)也称《布达佩斯公约》,由欧洲委员会的 26 个欧盟成员国以及美国、加拿大、日本和南非等 30 个国家于 2001 年 11 月在布达佩斯签署。之后,2003 年 1 月又于斯特拉斯堡通过了《网络犯罪公约补充协定:关于通过计算机系统实施的种族主义和排外性行为的犯罪化》(Additional Protocol to the Convention on Cybercrime, Concerning the Criminalisation of Acts of a Racist and Xenophobic Nature Committed through Computer Systems)。《网络犯罪公约》共 4 章,第 1 章"术语的使用"(第 1 条),第 2 章"国家层面的措施"(第 2 条至第 22 条),第 3 章"国际合作"(第 23 条至第 35 条),第 4 章"最后条款"(第 36 条至第 48 条)。特别是第 2 章第 1 节"刑事实体法"规定了各类具体的网络犯罪类型,直接推动了作为缔约国的德国修改刑事立法。此外,《网络犯罪公约》第 1 条对于"数据"等概念的界定也产生了一定的影响。

虽然在一些具体规定的范围、条款上有所发展,但是《德国刑法典》基本沿袭了《网络犯罪公约》刑事实体条款的结构与内容:第一,对第 202 条 a 探知数据罪依照《网络犯罪公约》第 2 条"非法访问"(Illegal access)予以修改。该条中"数据"的范围还在《网络犯罪公约》要求的基础上进行扩展,即不限于计算机系统中的数据。第二,依照《网络犯罪公约》第 3 条"非法拦截"(Illegal interception)新设第 202 条 b 拦截数据罪。第三,依照《网络犯罪公约》第 6 条"滥用设备"(Misuse of devices)新设第 202 条 c 预备探知和拦截数据罪,并且在规制范围上较《网络犯罪公约》第 6 条更为扩展。第四,依照《网络犯罪公约》第 4 条"干扰数据"(Data interference)新设第 303 条 a 变更数据罪,并且增加了与第 202 条 c 衔接的内容。第五,依照《网络犯罪公约》第 5 条"干扰系统"(System interference)对第 303 条 b 破坏计算机罪进行修改。

德国《联邦数据保护法》2017 年修改(含刑事条款的修改)也与欧盟 2016 年发布的《基本数据保护条例》(General Data Protection Regulation, Regulation (EU) 2016/679)〔1〕。修改后的《联邦数据保护法》不仅条文数量大为增加,其刑事条款也发生了变化。修改前,原第 44 条规定的刑事处罚中所规制的行为,除了要求故意实施原第 43 条(2)(行政违法)中规定的行为外,还要求具有特定目的。修改后的第 42 条规定刑事处罚不再依托行政违法条款进行评价,而且未将特定目的作为所有刑事处罚的一般要件。

我国《刑法》网络犯罪条款的修改、增补是基于本国国情作出的,而非依托公约等国际立法。以第 253 条之 1 侵犯公民个人信息罪为例,《刑法修正案(七)》增设时为两个罪名,即出售、非法提供公民个人信息罪以及非法获取公民个人信息罪。关于增设的原因,《关于〈华人民共和国刑法修正案(七)(草案)〉的说明》指出:"一些全国人大代表和有些部门提出,近年来,一些国家机关和电信、金融等单位在履行公务或提供服务活动中获得的公民个人信息被非法泄露的情况时有发生,对公民的人身、财产安全和个人隐私构成严重威胁。对这类侵害公民权益情节严重的行为,应当追究刑事责任。"其后,《刑法修正案(九)》作出大幅修改,并且罪名统一为侵犯公民个人信息罪。就修改的必要性,《关于〈中华人民共和国刑法修正案(九)(草案)〉的说明》指出:"为进一步加强对公民个人信息的保护,修改出售、非法提供因履行职责或者提供服务而获得的公民个人信息犯罪的规定,扩大犯罪主体的范围,同时,增加规定出售或者非法提供公民个人信息的犯罪。"

此外,我国在国际上对于《网络犯罪公约》一直持保留态度。如中国代表在联合国相关机构的发言中即指出,《网络犯罪公约》公约在打击网络犯罪方面有着非常重要的作用,但是并不意味着公约作为一个整体就能或应该被各国毫无保留地接受。对于那些当年没有受到邀请参加公约起草谈判,同时其国内法和公约一些规定并不完全一致,或者他们在国际合作方面的优先需求和公约的规定并不完全一致,但又无法建议修改公约的国家来说,他们对该公约能否作为全球范围内国际合作的标准持谨慎态度是完全合理的。〔2〕

第二,立法重心个人化与公共化的差异。《德国刑法典》强调对个人法益的保

〔1〕　Regulation (EU) 2016/679 of the European Parliament and of the Council of 27 April 2016 on the protection of natural persons with regard to the processing of personal data and on the free movement of such data, and repealing Directive 95/46/EC.

〔2〕　参见中国常驻维也纳联合国和其他国际组织代表团:《中国代表团出席联合国网络犯罪问题专家组首次会议并做发言》,http://www.fmprc.gov.cn/ce/cgvienna/chn/zxxx/t790751.htm,访问日期 2020 年 12 月 3 日。

护，即将个人法益作为法益的基础，对公共法益（集体法益）的保护则是基于个人法益的集合具有保护意义，这在一些具体规则上可以体现出来。比如，《德国刑法典》第 32 条正当防卫仅限于避免自己、第三人遭受正在实施的不法侵害的情形，而不包括国家或者集体遭受不法侵害的情形。在规则设置上也是如此，比如《德国刑法典》第 123 条非法侵入他人住宅罪，其第一位规定的场所范围为个人住宅，其后才附带规定经营场所、土地，以及用于公共事务或交通的封闭公共场所，该条将公共场所置于个人场所之后，体现了个人场所保护的优先性与基础性。

与之不同，我国《刑法》则是强调对公共法益的保护。《刑法》第 20 条正当防卫可基于使国家、公共利益、本人或者他人的人身、财产和其他权利免受正在进行的不法侵害而实施，且"国家、公共利益"位于"本人或者他人的人身、财产和其他权利"之前，体现了法益保护的倾向性，公共法益的保护受到充分的重视。

第三，立法模式二重化与定性化的差异。虽然德国与中国同为大陆法系国家，但是在刑事立法的具体模式上则有差异。德国刑事立法为"定性"模式，即刑事立法仅是对于侵犯法益的行为类型进行规定，并不设定具体的入罪标准，将行为是否构成犯罪的判断交由司法人员进行，即立法仅关注定型化的判断。我国刑事立法为"定性＋定量"模式，即《刑法》中规定的犯罪不仅需要完成对于行为类型的判断，还需要完成入罪标准的判断，即不仅需要完成定性判断，还需要完成定量判断。

这种区别也影响了中国和德国的刑事立法规范的侧重。德国刑事立法强调形式判断，因为按照定性评价的模式，只需要对于某一行为的性质作出形式层面的指引即可，实质层面的判断可由司法人员完成（侧重司法评价）。中国刑事立法则侧重实质判断，因为《刑法》不仅需要对于某一行为的性质作出判断，还需要对于该行为的程度作出判断，即在实质层面进行评价（侧重立法评价）。

此外，这种区别也在一定程度上影响了刑事立法的渊源类型。德国采取的是二元的刑事立法渊源，可以只在刑法典规定计算机犯罪行为的类型，将其他网络犯罪行为类型规定于其他法律的刑事条款中（附属刑法）。这是因为，德国刑事立法只需完成定性指引，无须考虑不同刑法规范具体标准的一致性问题，只要确保周延性即可。

其典型适例即为德国《联邦数据保护法》，即便《德国刑法典》未规定所有侵犯个人信息的犯罪行为，也可通过《联邦数据保护法》的刑事条款予以周延规制。我国则是采取一元的刑事立法渊源，所有犯罪的行为模式和法律后果均由《刑法》予以明确，同时兼顾标准一致性与周延性。

正是因为德国和我国网络犯罪立法的基点存在上述差异，进而导致二者客观上存在分歧，在对象、法益、行为等层面形成了各具特色的规范模式。

## 二、对象分歧:数据模式与信息模式

基于前述基点的不同,德国和我国网络犯罪的对象模式选择了不同的路径。德国的立法传统都是以数据为中心,在其加入的或者受约束的相关国际立法中也是以数据为对象;与之不同,我国则是以信息为对象构建了相关立法体系,二者对象模式的分歧日益显现。

### (一) 数据模式

在德国刑事立法中,无论计算机犯罪还是侵犯个人数据犯罪均以"数据"为对象模式。在计算机犯罪层面,德国以数据(Daten)为核心构建具体规范,这与其参加的《网络犯罪公约》具有一致性。《网络犯罪公约》规定的对象模式为数据,在其第 1 条中即针对计算机数据(computer data)、往来数据(traffic data)进行界定,并据此构建刑事实体法的具体规则。《德国刑法典》除了第 202 条 a 探知数据罪、第 202 条 b 拦截数据罪、第 202 条 c 预备探知和拦截数据罪、第 202 条 d 窝藏数据罪、第 303 条 a 变更数据罪等罪名外,第 303 条 b 破坏计算机罪也指向了数据处理。[3]

数据模式对于德国计算机犯罪立法对象具有基础性意义。第一,数据概念具有极强的包容性。《德国刑法典》第 202a 条中"数据"概念的辐射范围较《网络犯罪公约》与《关于攻击信息系统的理事会框架决议》(the Council on attacks against information systems and repealing Council Framework Decision 2005/222/JHA)的规定更为广泛,因为访问数据也未必进入计算机系统,可以通过录音带、磁带、软盘、硬盘、记忆卡、芯片和存储卡、信用卡、CD 或 DVD 进行访问。对于数据概念内涵,德国立法机关故意不公开有其道理,因为这样可以避免基于各种新的技术发展再次调整数据概念。[4] 第二,制约了对应实体的概念表述。《德国刑法典》采用的是"计算机"的表达来指称具体的应用终端,与《网络犯罪公约》的"计算机系统"表述略有差异。第三,左右了应用程序等中间概念的解释。在数据模式下,《网络犯罪公约》第 1 条将应用程序纳入计算机数据解释,这一方式也影响了德国刑事立法。《德国刑法典》第 202 条第 1 款 c 项作出将病毒等破坏性程序附属于信息数据的规定。

德国的侵犯个人数据犯罪也是在这一模式下展开的。于德国立法传统维度,"个人数据"一直是其采用的概念。"作为欧盟数据保护的标志性起点的第一份法律

---

〔3〕 参见王肃之:《我国网络犯罪规范模式的理论形塑——基于信息中心与数据中心的范式比较》,载《政治与法律》2019 年第 11 期,第 47 页。

〔4〕 Vgl, Daniel Schuh, Computerstrafrecht im Rechtsvergleich—Deutschland, Österreich, Schweiz, Duncker & Humblot, 2011, S.53 - 56.

文书名称为 Datenschutz(数据保护的),即德国联邦黑森州 1970 年的《数据保护法》。"[5]甚至可以说,"(世界上)第一个数据保护法案是德国黑森州于 1970 年出台的"。[6] 德国于 1977 年通过了《联邦数据保护法》,并逐步加强了对个人数据的法律保护。1990 年,立法机关根据德国宪法法院的决定,通过了新的《联邦数据保护法》,并于后续不断修改完善,但是个人数据作为基础概念并未动摇。于制约德国国内立法的欧洲法律层面,也是一直采用个人数据的概念。欧洲委员会 1981 年制定的《第 108 号公约》(Convention for the Protection of Individuals with regard to Automatic Processing of Personal Data,European Treaty Series No.108)即系统地论述了个人数据(personal data)的概念。其后,各个欧洲相关立法也延续了这一做法,包括《个人数据保护指令》(European Union Data Protection Directive,95/46/EC)[7]、《基本权利宪章》(Charter of Fundamental Rights of the European Union,2000/C 364/01)、《隐私与电子通信指令》( Privacy and Electronic Communications Directive,2002/58/EC)、《数 据 留 存 指 令》( Data Retention Directive,2006/24/EC)[8]、《警务和司法领域个人数据处理决定》(Data Protection for Police and Judicial Cooperation in Criminal Matters)[9]、《基本数据保护条例》等,个人数据始终是其在相关问题上使用的概念。在双重影响下,2017 年修正的《联邦数据保护法》继续以个人数据为对象,其第 46 条第 1 款规定,个人数据(Personenbezogene Daten)是指已识别或可识别的自然人(数据主体)有关的任何信息。《联邦数据保护法》第 42 条的刑事责任条款也自然以个人数据为对象。

通过数据范式,德国确立了二元的个人数据保护模式,体现了数据概念的延展

---

〔5〕 Gloria González Fuster, *The Emergence of Personal Data Protection as a Fundamental Right of the EU*, Springer,2014,p.4.

〔6〕 Orla Lynskey, *The Foundations of EU Data Protection Law*, Oxford University Press,2015,p.47.

〔7〕 Directive 95/46/EC of the European Parliament and of the Council of 24 October 1995 on the protection of individuals with regard to the processing of personal data and on the free movement of such data.

〔8〕 Directive 2006/24/EC of the European Parliament and of the Council of 15 March 2006 on the retention of data generated or processed in connection with the provision of publicly available electronic communications services or of public communications networks and amending Directive 2002/58/EC. 2005 年 7 月伦敦爆炸案发生后,为了确保获得反恐所需的通信数据,欧盟制定了《欧盟数据留存指令》。该指令修改了《隐私与电子通信指令》中的数据留存条款,且其主要目的在于协调成员国之间的数据留存规则。

〔9〕 Council Framework Decision 2008/977/JHA of 27 November 2008 on the protection of personal data processed in the framework of police and judicial cooperation in criminal matters.

空间。即属于个人秘密的范畴的,通过《德国刑法典》进行专门保护,其第 203 条为侵犯他人秘密罪,医师、药剂师、心理师、律师、咨询师等人士,无故泄露因该身份而获悉的他人秘密特别是属于私生活领域的秘密或经营业务秘密的,构成侵犯他人秘密罪。属于非秘密性的个人数据范畴的,则是通过《联邦数据保护法》的个人数据概念将其纳入法律保护范围。

### (二) 信息模式

《德国刑法典》中并未将信息作为犯罪对象,只是在第 176 条性虐待儿童罪中规定了"信息和通信技术方式"(Informations-und Kommunikationstechnologie)。

我国则是基于本土化的视角,采用以信息作为对象的基本模式构建网络犯罪的刑事立法规则。在计算机犯罪层面,我国《刑法》对于相关对象均作出采用信息化的解释,第 285 条非法侵入计算机信息系统罪,非法获取计算机信息系统数据、非法控制计算机信息系统罪,提供侵入、非法控制计算机信息系统程序、工具罪,以及第 286 条破坏计算机信息系统罪,无一不是以"信息"作为限定。于数据层面,相关司法解释赋予了其信息的内涵,《最高人民法院、最高人民检察院关于办理危害计算机信息系统安全刑事案件应用法律若干问题的解释》(法释〔2011〕19 号)(以下简称《危害计算机信息系统安全解释》)第 1 条第 1 款第(1)项、第(2)项的解释实际上也是对计算机信息系统数据作出信息化的解释,将其具体化为"身份认证信息"。我国实际上通过计算机系统的信息化以实现对其保护,而非将其割裂开来,因此本文认为下述意见未能体现我国网络犯罪对象的保护模式:"我国刑法计算机犯罪条文的一个显著问题是在系统和数据的关系上强调系统安全而不重视信息安全"。[10] 于对应实体维度,我国以"计算机信息系统"而非"计算机"或"计算机系统"为指称,强调了其信息性。

在应用程序层面,我国也选择与德国不同的路径。《德国刑法典》第 202 条第 1 款 c 项、仅对病毒等破坏性程序作出附属于信息数据的规定,未对具有正面效能的信息程序作出规定。我国《刑法》除了第 285 条第 3 款提供侵入、非法控制计算机信息系统程序、工具罪,以及第 286 条破坏计算机信息系统罪第 3 款关于计算机病毒等破坏性程序的规定,还在第 286 条第 2 款将"计算机信息系统中存储、处理或者传输的数据和应用程序"作为犯罪对象,从而确立了对于具有正面效能的信息程序附属于计算机信息系统予以保护的立场。[11]

---

〔10〕 李源粒:《破坏计算机信息系统罪"网络化"转型中的规范结构透视》,载《法学论坛》2019年第 2 期,第 43 页。

〔11〕 参见王肃之:《我国网络犯罪规范模式的理论形塑——基于信息中心与数据中心的范式比较》,载《政治与法律》2019 年第 11 期,第 52 页。

在侵犯个人信息犯罪层面,我国刑事立法也是以信息为基础对象进行规定的。《中华人民共和国网络安全法》(以下简称《网络安全法》)第 76 条第(5)项规定,个人信息,是指以电子或者其他方式记录的能够单独或者与其他信息结合识别自然人个人身份的各种信息,包括但不限于自然人的姓名、出生日期、身份证件号码、个人生物识别信息、住址、电话号码等。《刑法》也使用了个人信息概念,第 253 条之 1 侵犯公民个人信息罪也采用了信息范式。《最高人民法院、最高人民检察院关于办理侵犯公民个人信息刑事案件适用法律若干问题的解释》(法释[2017]10 号)(以下简称《侵犯个人信息解释》)也作出类似《网络安全法》的规定:"《刑法》第 253 条之 1 规定的'公民个人信息',是指以电子或者其他方式记录的能够单独或者与其他信息结合识别特定自然人身份或者反映特定自然人活动情况的各种信息,包括姓名、身份证件号码、通信通讯联系方式、住址、账号密码、财产状况、行踪轨迹等"。其实,即便德国采用了"个人数据"的概念,但其条款内容体现的也是信息性的特征,基于我国语境选择个人信息作为刑法概念并无不妥。对此也有学者指出:"个人信息可以被定义为对受众而言具有一定含义的消息,相比个人数据具有更多的可控制性。"[12]其中"可控制性"也可以理解为更侧重从主体视角而非客体视角进行评价。

此外,数据模式与信息模式的区别也可以从犯罪追诉标准角度解读。德国的刑事立法注重定性评价,犯罪立法标准低,理论上任何侵犯法益的行为均构成犯罪,只是在司法层面由法官裁量是否予以追诉,因此通过描述技术特征的数据概念可以确保犯罪追诉。我国的刑事立法兼顾定性评价与定量评价,犯罪标准较高,凡是入罪的行为均具有相当程度的法益侵害性,且达到法定标准均应予以追诉,因此采用描述内容特征的信息概念可以确保刑罚发动的正当性和妥当性。

## 三、法益分歧:个体本位与集体本位

"法益"是刑法教义学的核心概念,其与特定主体有着内在的关联性。比如,有学者认为:"所谓法益是指个人或公众的生活利益、社会价值和法律上认可的利益,其由于具有特殊的社会意义因而受到法律保护"。[13]类似的观点如:"法益是法律上予以肯定评价的属性,比如人的生命、健康的保持或者行政管理的正常进行。"[14]然而对于个体与集体在法益判断中的地位,中德刑事立法则在路径上呈现出分歧,

〔12〕 于冲:《侵犯公民个人信息罪中"公民个人信息"的法益属性与入罪边界》,载《政治与法律》2018 年第 4 期,第 19 页。

〔13〕 Johannes Wessels, Strafrecht Allgemeiner Teil: die Straftat und ihr Aufbau, 46. Auflage, C.F. Müller, 2016, S.3.

〔14〕 Urs Kindhäuser, Strafrecht Allgemeiner Teil, 8. Auflage, Nomos, 2017. S.38.

在各自的主体基点之下形成了不同的本位选择。

**（一）个体本位**

对于网络犯罪侵犯的法益，德国基于其个人法益优先的传统，从个人本位阐释法益的内涵。在计算机犯罪层面，《德国刑法典》主要保护计算机系统和数据的机密性、完整性、可用性（zum Schutz der Vertraulichkeit, der Integrität und der Verfügbarkeit von Computerszstemen und -daten）。[15] 从其法益内涵可以看出，《德国刑法典》并未区别公共计算机信息系统、数据和个人计算机信息系统、数据，这在第 202 条 a 探知数据罪、第 202 条 b 拦截数据罪、第 202 条 c 规预备探知和拦截数据罪、第 202 条 d 窝藏数据罪、第 303 条 a 变更数据罪、第 303 条 b 破坏计算机罪等罪名中均有体现。从归属章节看，上述罪名位于第十五章"侵害私人生活和秘密"的犯罪中，以及第二十七章"损坏财物"的犯罪中，所属章节均强调对于个体法益的保护，在《德国刑法典》计算机犯罪立法中并未强调集体法益的保护。

体现法益个体性更为明显的是侵犯个人数据犯罪，该类犯罪所保护的法益具体归结于信息自决权。最早提出"信息自决权"的系 1983 年德国宪法法院著名的"人口普查案"判决："在现代数据处理环境中，根据《基本法》第 2 条第 1 款（每个公民都享有自由发展人格的权利）与第 1 条第 1 款（人的尊严神圣不可侵犯），公民个人数据不被无限制地搜集、存储、使用与转让。"[16] 经由"人口普查案"宪法法院判决，德国将"信息自决权"作为个人的基本权利，并将其形塑为个人对其个人数据搜集、使用和处理的决定权。即"作为宪法法益的信息自决权，是公民个体享有、为宪法所保护的基本权利，是国家对公民选择与行为自由的具体保护"。[17]《联邦数据保护法》也是以保护信息自决权为目的制定的，其中的刑事条款也不例外。

此外，德国刑事立法对于个体本位的强调还体现在对于法益范围的限定，对难以归于个人人身、财产利益的安全、秩序等概念，不作为具体的法益保护。比如"安全"，安全本身不是法益，与所有其他犯罪构成要件（事实）一样，"安全"只是预先设置的法益保护的伴随现象和后果。[18] 再如"秩序"，法益应理解为受法律保护的社

---

〔15〕 Ulrich Sieber，Straftaten und Strafverfolgung im Intenet，C.H.Beck，2012，S.82.

〔16〕 BVerfGE 65，1（Volkszälungsurteil）.

〔17〕 Vgl，Thomas Petri，Sicherheit und Selbstbestimmung：Deutsche und Europäische Diskurse zum Datenschutz，DuD 2010，S.542.

〔18〕 Vgl，Claus Roxin，Strafrecht：Allgemeiner Teil. Band I. Grundlagen. Der Aufbau der Verbrechenslehre，4.Auflage，C.H Beck，2006，S.429.

会秩序的抽象价值。[19] 刑法通过保护法益的方式实现公共利益和维护法律秩序。[20] 按此理解，虽然可以通过秩序理解法益的内涵，但是秩序本身并非独立的法益。在网络犯罪领域也不例外，对于法益侵害社会化的问题，德国依然探索基于个人本位的立场实现法益保护。

为保护集体的个人数据，《德国刑法典》采取分设条款的方式对于这两种基本形态予以保护。就侵犯不特定主体个人数据的行为，可以通过第 202 条 c 预备探知和拦截数据罪在预备犯层面进行规制(含第 303 条 b 破坏计算机罪设置的准用条款)，从而将涉及计算机病毒等程序的该类犯罪纳入规制范围。就侵犯多数主体个人数据的行为，则是通过第 303 条 b 破坏计算机罪，基于破坏计算机系统和数据的视角进行规制。概括来看，《德国刑法典》基于个人性构建的维护集体信息安全的刑法模式颇具特色性和体系性。

**(二) 集体本位**

与德国不同，我国网络犯罪侵犯的法益则是基于集体本位构建的。在计算机犯罪层面主要定位于公共秩序法益。《刑法》于 1997 年颁布时将计算机犯罪规定于分则第六章"妨害社会管理秩序罪"的第一节"扰乱公共秩序罪"，实际上肯定了保护法益的公共性。

传统观点一般将《刑法》第 285 条、第 286 条所规定的计算机犯罪的侵犯法益概括为计算机信息系统安全(或计算机信息系统及其中数据的安全)、计算机信息系统的安全运行管理制度和计算机信息系统的所有人与合法用户的合法权益。[21] 虽然公共秩序和信息安全表述不同，但是在我国语境下也具有兼容性。对此，有学者指出："社会管理秩序，是指由社会生活所必须遵守的行为准则与国家管理活动所调整的社会模式、结构体系和社会关系的有序性、稳定性与连续性"。[22] 或指出社会管理秩序的内容十分庞杂，包含社会生活各个领域的秩序，诸如国家安全、公共安全、经济秩序、人身与财产权利等均与社会管理秩序有关。[23] 有学者进而从宏观与微

[19] Vgl, Hans-Heinrich Jescheck, Thomas Weigend, Lehrbuch des Strafrechts: Allgemeiner Teil, 5. Auflage, Duncker & Humblot, 1996, S.257-258.

[20] Vgl, Johannes Wessels, Strafrecht Allgemeiner Teil: die Straftat und ihr Aufbau, 46. Auflage, C.F. Müller, 2016, S.3.

[21] 参见高铭暄、马克昌主编：《刑法学》，北京大学出版社、高等教育出版社 2016 年版，第 532—534 页；周光权：《刑法各论》，中国人民大学出版社 2016 年版，第 349 页；皮勇：《我国网络犯罪刑法立法研究——兼论我国刑法修正案(七)中的网络犯罪立法》，载《河北法学》2009 年第 6 期，第 51—52 页。

[22] 张明楷：《刑法学(下)》，法律出版社 2016 年版，第 1030 页。

[23] 参见周光权：《刑法各论》，中国人民大学出版社 2016 年版，第 335 页。

观层面对二者的管理予以阐释："四类纯正计算机犯罪的保护法益从宏观上属于社会管理秩序,从微观上属于计算机信息系统的安全。"[24]因此,通过维护秩序法益实现信息安全的保护可谓我国计算机犯罪条款法益保护的一个特点。

此外,《刑法》和司法解释中也有关涉现实公共秩序向公共信息秩序延展的规定。2013 年出台的《最高人民法院、最高人民检察院关于办理利用信息网络实施诽谤等刑事案件适用法律若干问题的解释》(法释[2013] 21 号)有两处规定涉及公共秩序的问题:第一,第 3 条规定:"利用信息网络诽谤他人,具有下列情形之一的,应当认定为《刑法》第 246 条第 2 款规定的'严重危害社会秩序和国家利益',其中第(2)项即为'引发公共秩序混乱的'。"第二,第 5 条第 2 款规定:"编造虚假信息,或者明知是编造的虚假信息,在信息网络上散布,或者组织、指使人员在信息网络上散布,起哄闹事,造成公共秩序严重混乱的,依照《刑法》第 293 条第 1 款第(4)项的规定[25],以寻衅滋事罪定罪处罚。"《刑法修正案(九)》增设的《刑法》第 291 条中的编造、故意传播虚假恐怖信息罪,其犯罪行为系"编造爆炸威胁、生化威胁、放射威胁等恐怖信息,或者明知是编造的恐怖信息而故意传播,严重扰乱社会秩序的";以及编造、故意传播虚假信息罪,其犯罪行为系"编造虚假的险情、疫情、灾情、警情,在信息网络或者其他媒体上传播,或者明知是上述虚假信息,故意在信息网络或者其他媒体上传播,严重扰乱社会秩序的"。因此,虽然公共信息秩序的适当性与范围仍有待讨论,但是刑事立法与司法解释的规范倾向值得关注。

我国侵犯个人信息犯罪刑事立法的集体本位特色则更为明显。就《刑法》第 253 条之 1 侵犯公民个人信息罪,《侵犯个人信息解释》第 5 条第(3)至(5)项具体规定了侵犯不同种类个人信息的入罪标准:"(3) 非法获取、出售或者提供行踪轨迹信息、通信内容、征信信息、财产信息五十条以上的;(4) 非法获取、出售或者提供住宿信息、通信记录、健康生理信息、交易信息等其他可能影响人身、财产安全的公民个人信息五百条以上的;(5) 非法获取、出售或者提供第(3)项、第(4)项规定以外的公民个人信息五千条以上的;"此外,第(6)项还规定了数量未达到前述三项规定标准,但是按相应比例合计达到有关数量标准的情形。然而《刑法》分则第四章为"侵犯公民人身权利、民主权利罪",该章规定的其他犯罪鲜有侵犯法益主体数量如此众多的情形,侵犯公民个人信息罪法益主体的公共性明显。因此,以上条款实际上肯定了侵犯公民个人信息罪所侵犯的法益不同于《刑法》分则第四章规定的其他犯罪,具有集体属性。

---

〔24〕　米铁男:《基于法益保护的计算机犯罪体系之重构》,载《河南大学学报(社会科学版)》2014 年第 4 期,第 63 页。

〔25〕　《刑法》第 293 条第 1 款第(4)项规定的情形为在公共场所起哄闹事,造成公共场所秩序严重混乱的。

## 四、行为分歧:形式评价与实质评价

我国和德国刑事立法评价模式的差异,也影响了网络犯罪行为类型化的方向,在具体行为类型上形成了形式评价与实质评价的分歧。

### (一) 计算机犯罪的行为类型分歧

《德国刑法典》针对计算机犯罪规定的行为侧重于形式层面,因为其立法层面仅需要对于行为作出类型指引,只需要在平面维度尽可能地确保行为类型的周延即可。具体分数据和计算机两个层面规定行为类型。

在数据层面,《德国刑法典》基于数据权限的保护规定了五种行为:第一,探知数据行为(第 202 条 a 探知数据罪)。该类行为系指在非授权访问或者突破安全程序保护访问不是为其提供的数据,此外"探知"只需要访问已足,无须再额外获取数据。[26] 并且,这一行为类型指向电子、磁力或者其他不能被直接感知的方式存储或传输的数据,并不限于计算机系统的数据。第二,拦截数据行为(第 202 条 b 拦截数据罪)。该类行为系指使用技术手段,使自己或第三人从非公开的数据传输或者数据处理系统的电磁传输中,获取并非为其提供的数据的行为,不涉及从计算机信息系统中获取存储、处理数据。第三,预备探知和拦截数据行为(第 202 条 c 预备探知和拦截数据罪)。该类行为系指预备实施第 202 条 a 或者第 202 条 b 规定的行为:其一、(准备)允许访问数据的密码或者其他安全代码[27];其二,制作目的在于实施前述行为的计算机程序,通过取得、出售、提供、传播或其他方式使自己或他人取得访问权限。第四,窝藏数据行为(第 202 条 d 窝藏数据罪)。该类行为系指为了自己或第三人获利或损害他人的目的,对于非法获取的非公开的数据(第 202 条 a 第 2 款)使自己或他人取得、提供给他人、传播或以其他方式使之取得访问权限的行为。第五,变更数据行为(第 303 条 a 变更数据罪)。该类行为系指删除、封锁、使其无效或者修改数据的行为。

在计算机层面,《德国刑法典》规定了破坏计算机行为。第 303 条 b 破坏计算机罪中规定了删除、封锁、使其无效、移除或者修改数据处理系统的行为。

与之不同,我国《刑法》规定的计算机犯罪行为类型则是兼顾定性评价与定量评价,强调对于该类行为的实质评价,需要在立体维度对行为进行二重判断,强调结果

---

〔26〕  Vgl, Daniel Schuh, Computerstrafrecht im Rechtsvergleich—Deutschland, Österreich, Schweiz, Duncker & Humblot, 2011, S.50.

〔27〕  此类数据类似于我国刑法中的"身份认证信息",参照《危害计算机信息系统安全解释》第 1 条第 1 款的规定。

属性。具体分为三个层面的规定。

计算机信息系统层面，规定了三种行为：第一，非法侵入行为。《刑法》第 285 条第 1 款规定了违反国家规定，侵入国家事务、国防建设、尖端科学技术领域的计算机信息系统的行为；第 2 款规定了违反国家规定，侵入前述领域以外的计算机信息系统的行为。其中，第 2 款规定的侵入行为附属于非法获取计算机信息系统数据、非法控制计算机信息系统罪。第二，非法控制行为。《刑法》第 285 条第 2 款规定了违反国家规定，侵入第 1 款规定以外的计算机信息系统或者采用其他技术手段，对该计算机信息系统实施非法控制的行为。第三，破坏行为。《刑法》第 286 条破坏计算机信息系统罪第 1 款规定了违反国家规定，对计算机信息系统功能进行删除、修改、增加、干扰，造成计算机信息系统不能正常运行的行为。

信息数据层面，规定了两种行为：第一，破坏行为。《刑法》第 286 条破坏计算机信息系统罪第 2 款规定了违反国家规定，对计算机信息系统中存储、处理或者传输的数据和应用程序进行删除、修改、增加操作的行为。第二，非法获取行为。《刑法》第 285 条第 2 款非法获取计算机信息系统数据罪规定了违反国家规定，侵入第 1 款规定以外的计算机信息系统或者采用其他技术手段，获取该计算机信息系统中存储、处理或者传输的数据的行为。其中，侵入计算机信息系统或者采用其他技术手段都是非法获取行为的方式。

程序层面，规定了三种行为：第一，制作行为。《刑法》第 286 条第 3 款规定了故意制作计算机病毒等破坏性程序的行为。第二，提供行为。《刑法》第 285 条第 3 款规定了提供专门用于侵入、非法控制计算机信息系统的程序、工具，或者明知他人实施侵入、非法控制计算机信息系统的违法犯罪行为而为其提供程序、工具的行为；此外，第 286 条第 3 款采用了"传播"的表述，即故意传播计算机病毒等破坏性程序的行为，也实质上具有提供的性质。第三，破坏行为。《刑法》第 285 条第 2 款的破坏行为也指向"应用程序"，只不过与制作行为、提供行为不同，这里的应用程序应指具有正面效能的程序。

对比德国和我国的计算机犯罪行为类型，二者在形式评价与实质评价的立场上存在区别：第一，在层次性方面，《德国刑法典》虽然也分数据层面、计算机层面两个层面展开，但是无疑数据层面作为最主要的层面囊括了绝大部分行为类型，计算机层面仅包括一个行为类型，其实际上力图通过数据层面构建完整、明晰的行为类型体系，实现形式上的全面化。这与德国教义学传统有着深刻的渊源，追求体系、精密的理论思维延伸至计算机犯罪范畴，也力图以数据为平台为行为类型谋划精美的理论架构。与之不同，我国《刑法》则是分计算机信息系统层面、信息数据层面与程序层面展开，每一部分的行为类型较为均衡，力图通过对于不同层面行为类型的实质化判断实现多维、立体的刑事规制，允许了行为类型的跨层面存在（如破坏行为），体现了条文的实践导向。第二，行为属性层面，《德国刑法典》是以权限性为导向进行规定，我国《刑法》则是以结果性为主要导向进行规定，具有现实的差异。比如《德国刑法典》规定的是探知数据行为，不再要求对于数据的获取；我国《刑法》则是规定的获取（信息）数据行为，强调对于数据的取得结果。虽然《德国刑法典》规定的拦截数据行为有获取数据的意蕴，但是且不论对处于非传输状态的数据获取问题，对于非要求获取的探知行为进行刑事处罚无疑强调了对于数据权限的突出保护。再如，虽然《德国刑法典》第 303 条 b 破坏计算机罪与我国《刑法》第 286 条破坏计算机信息系统罪有相近之处，但是并未如我国《刑法》第 285 条第 2 款非法控制计算机信息系统罪那样强调对于非法控制结果的规制。因此，在计算机犯罪行为类型上德国和我国刑事立法确实有着相对明显的差异。

### （二）侵犯个人信息犯罪的行为类型分歧

在犯罪学意义上，侵犯个人信息（个人数据）的行为包括三类，非法获取行为、非法提供行为和非法利用行为。对于这三类行为的刑法规制范围、程度，德国和我国采取了不同的态度。

围绕侵犯个人数据的行为类型，德国采取了双轨制的模式，其一方面在《德国刑法典》中规定了针对个人秘密实施的犯罪行为，另一方面在《联邦数据保护法》中规定了针对个人数据实施的一般犯罪行为，并且在侵犯个人数据的行为类型选择上有所区别。

在个人秘密数据层面，《德国刑法典》规定了两种行为为犯罪：第一，泄露（提供）个人数据的行为。《德国刑法典》中规定了提供个人秘密信息的行为：第 203 条规定了侵犯他人秘密罪，医师、药剂师、心理师、律师、咨询师等人士，无故泄露因该身份而获悉的他人秘密，特别是属于私生活领域的秘密或经营业务秘密的，构成侵犯他人秘密罪。第二，非法利用个人数据的行为。《德国刑法典》第 204 条利用他人秘密罪规定了依据第 203 条负有保密义务的主体非法利用他人秘密（特别是经营秘密、业务秘密）的行为。

在一般意义的个人数据层面，《联邦数据保护法》作出两款规定：第 42 条第 1 款规定了职业性地故意非法访问非公开可获得的多人个人数据，并将其发送给第三方或者以其他方式使其可被访问的行为为犯罪。第 42 条第 2 款规定，对于非公开可获得的个人数据进行非授权的处理或通过虚假陈述骗取，且具有下列目的之一——第一，获取酬金；第二，使自己或他人获利，或者伤害他人——的行为为犯罪。这一条款涉及非法利用行为的内容，但是并未将其作为独立的行为予以规制。从其条文内容看，第 1 款的规定虽然也含有非法获取行为的内容，但是规制重点在于非法提供行为，其中第 2 款规定中的犯罪目的也可看作利用个人数据的形式。《联邦数据保护法》第 42 条对于三类侵犯个人数据的行为更强调对于其进行完成的评价，追求对于行为类型的完整描述,实现行为内容的完整化。[28]

我国则是在《刑法》中对于侵犯公民个人信息的行为类型统一规定。具体包括两种行为类型:第一,非法提供行为。《刑法》第253条之1侵犯公民个人信息罪第1款、第2款规定了违反国家有关规定,向他人出售或者提供公民个人信息的行为。《侵犯个人信息解释》第3条作出进一步的规定:"向特定人提供公民个人信息,以及通过信息网络或者其他途径发布公民个人信息的,应当认定为《刑法》第253条之1规定的'提供公民个人信息'。""未经被收集者同意,将合法收集的公民个人信息向他人提供的,属于《刑法》第253条之1规定的'提供公民个人信息',但是经过处理无法识别特定个人且不能复原的除外。"第二,非法获取行为。《刑法》第253条之1侵犯公民个人信息罪第3款规定了窃取或者以其他方法非法获取公民个人信息的行为。《侵犯个人信息解释》第4条作出进一步规定:"违反国家有关规定,通过购买、收受、交换等方式获取公民个人信息,或者在履行职责、提供服务过程中收集公民个人信息的,属于《刑法》第253条之1第3款规定的'以其他方法非法获取公民个人信息'"。

对于非法利用个人信息行为,我国目前是通过具体的下游犯罪予以评价。在司法实践中诈骗犯罪、盗窃犯罪、勒索犯罪、绑架犯罪、杀人犯罪、伤害犯罪都不乏利用个人信息实施的情形,因为个人信息往往和个人的人身、财产相关联,取得和利用个人信息无疑对于侵犯个人人身或财产法益具有重要作用。

对比而言,德国侵犯个人数据刑事立法更强调行为形式上的完整性,《德国刑法典》第203条侵犯他人秘密罪、第204条利用他人秘密罪由于有特定主体的限定,其对于个人秘密有知悉权限因此不涉及非法获取行为,但是对于非法提供行为和非法利用行为均加以规定。《联邦数据保护法》则探索将非法获取行为纳入非法提供行为、非法利用行为进行评价,强调了行为之间的关联性,力求对于各类行为形式进行全面评价。与之不同,我国《刑法》中的侵犯个人信息行为则采取两分的态度,对于非法获取行为、非法提供行为进行独立评价,非法利用行为纳入其他犯罪行为评价,以求实现实质评价的个别化、针对化。

## 五、前景展望:趋合视角下的中国网络犯罪立法

随着网络犯罪的跨国化、国际化,世界各国在面对网络犯罪立法时有着同样的命题,虽然我国和德国在立法路径上存在较大分歧,但是部分趋合的趋势也日渐显现,异同交融的视角无疑可以为我国网络犯罪立法的完善提供新的角度与启发。

---

〔28〕　参见王肃之:《网络犯罪原理》,人民法院出版社2019年版,第222页。

**（一）中德网络犯罪立法的趋合**

我国与德国网络犯罪立法的趋合表现在多个方面，不仅是对于一些问题采取了相同的立场，也表现在遭遇问题与规范发展的一致上，这种趋合虽然未全面改变二者之间的分歧，但是至少提供了充分的相互对话与借鉴的空间。

第一，中德在一些网络犯罪具体立法的问题上采取了相同立场。比如对于"两用工具"的问题，虽然《德国刑法典》将其规定于第 202 条 c 预备探知和拦截数据罪，而我国则是规定于《刑法》第 285 条第 3 款提供侵入、非法控制计算机信息系统程序、工具罪中，二者在行为类型、术语选择等方面多有不同，但是对于"两用工具"的规制立场具有一致性。

德国增设的第 202 条 c 因为不要求该程序实质上主要应用于计算机犯罪，所以包括"两用工具"(Dual-Use-Tools)。也即程序的功能并非仅限于犯罪，但是可被用于犯罪。例如 Google 帮助程序 Sitedigger 和密码恢复工具包 Access Data 也可用于非法目的。从德国肯定了第 202 条 c 的调整对象包括两用工具来看，其范围超出了《网络犯罪公约》第 6 条的规定。[29]

我国《刑法》第 285 条第 3 款提供侵入、非法控制计算机信息系统程序、工具罪也指向"中性程序"（两用工具）。"不少木马程序既可用于合法目的也可用于非法目的，属于'中性程序'，比如 Windows 系统自带的 Terminal Service(终端服务)也可以用于远程控制计算机信息系统，很多商用用户运用这种远程控制程序以远程维护计算机信息系统。"[30]

第二，中德网络犯罪立法也遭遇了类似的结构性问题。《德国刑法典》向来以体系性、科学性著称，其中对于犯罪类型的划分与行为规则的设定均成为大陆法系国家不断研习的经典范式，然而其在为网络犯罪设定规则的过程中也导致了自身体系性的减损。原因在于网络犯罪早已脱逸于具体类罪的范畴，向几乎所有犯罪类型蔓延，传统的"条块分明"的结构难以适应，网络犯罪的跨类规定一定程度上打破了原有稳定的规范结构。正是因此，德国学者指出在网络犯罪等新兴犯罪的影响下，德国刑法已经面临"碎片化"(fragmentarischen)的问题[31]。从刑法规范的要求看，"刑法的设置必须科学，因为关于法律和自由的刑法必须是系统的，即便其面对新技

---

〔29〕　Vgl, Daniel Schuh, Computerstrafrecht im Rechtsvergleich—Deutschland, Österreich, Schweiz, Duncker & Humblot, 2011, S.64 - 66.

〔30〕　喻海松:《〈关于办理危害计算机信息系统安全刑事案件应用法律若干问题的解释〉的理解与适用》，载《人民司法》2011 年第 19 期，第 28 页。

〔31〕　Vgl, Claus Roxin, Strafrecht Allgemeiner Teil. Band I: Grundlagen. Der Aufbau der Verbrechenslehre, 4.Auflage, C.H Beck, 2006, S.45.

术或全球网络的现象"。[32] 然而《德国刑法典》中网络犯罪的规范正在侵蚀原有的稳定结构。(基于第 202a 条至第 202d 条)从刑法碎片化的角度看,《德国刑法典》具有典型的特征。[33] 比如(第 202c 条)由于处罚预备行为,因而也使人面临"事前处罚"。[34]

我国的网络犯罪立法也面临结构上的问题。按照传统的回应式立法思路,对于新生网络犯罪一般在刑法中类似章节选择相关罪名增设"之一"条款,就新出现的行为作出规定,并且行为模式一般以实行行为为中心构建。基此,通过不断"打补丁"的方式规制网络犯罪,难免在规制网络犯罪时显得捉襟见肘。[35] 最终导致我国《刑法》中网络犯罪的立法条款或者分散庞杂,或者内容臃肿,与整体分则结构不易协调。

第三,中德网络犯罪立法规范修正的趋合。我国《刑法》对于《德国刑法典》的借鉴问题已经被学者普遍关注,包括《刑法修正案(七)》有关网络犯罪规则的修改,以及相关司法解释的规定,都在一定程度上有借鉴《德国刑法典》的痕迹。

值得说明的是德国网络犯罪刑事立法在一些问题上与我国《刑法》的趋合,主要体现在对于网络犯罪集体法益的保护上。其一,对于公共领域的信息安全,《德国刑法典》不仅作出规定,而且采用了情节犯的模式。《德国刑法典》2007 年修正时在第303 条 b 增设了"情节严重"条款,具体包括以下情形:"造成重大财产损失;作为职业或者犯罪组织成员继续实施破坏计算机罪;妨碍国民生活上的重大利益或服务供给,或德意志联邦共和国的安全。"[36] 从其具体情形类型看,除了涉及造成严重后果、行为性质严重外,也包括德国国家安全与公共安全,并且设置了情节严重条款。其二,对于集体个人信息的刑事保护,2017 年修改的《联邦数据保护法》也作出独立规定。第 42 条第 1 款规定了职业性地故意非法访问并非公开可获得的多人个人数据,发送给第三方或者以其他方式使其可被访问的行为。该款突出强调对于多人个人数据的保护,这样一种对于非法提供单一主体与众多主体个人信息的行为均予规定的做法与我国《刑法》第 253 条侵犯公民个人信息罪及《侵犯个人信息解释》的规定类似,但是其对非法获取的个人数据不作数量要求,所规制的范围更加广泛。

---

[32] Rainer Zaczyk, Die Notwendigkeit systematischen Strafrechts—Zugleich zum Begriff „fragmentarisches Strafrecht", ZStW 123(2011), S.708.

[33] Vgl, Gabriele Schmölzer, Straftaten im Internet: eine materiell-rechtliche Betrachtung,, ZStW 123(2011), S.724.

[34] Vgl, Sabine Leutheusser-Schnarrenberger, Fragmentarisches Strafrecht in einer global vernetzten Welt?, ZStW 123(2011), S.653.

[35] 参见王肃之:《从回应式到前瞻式:网络犯罪刑法立法思路的应然转向——兼评〈刑法修正案(九)〉相关立法规定》,载《河北法学》2016 年第 8 期,第 158 页。

[36] 我国现行《刑法》1997 年颁行时已经就该类犯罪规定了情节犯。

## （二）异同交融下的中国网络犯罪立法

我国网络犯罪刑事立法面临两重问题，即面向本土问题与借鉴域外经验。我国与德国刑事立法的异同交融无疑为此提供了新的视角，有益于改变"域外制度——本土借鉴"的形式移植路径。比如，围绕 2015 年《德国刑法典》增设的第 202 条 d 窝藏数据罪（Datenhehlerei），有学者认为应当进行借鉴，即在我国《刑法》中对于"窝藏"行为（实质为数据的非法持有）予以规定，其理由在于受害者难以知晓计算机被（病毒或木马）感染，其数字身份（digitalen Identität）多重信息被窃取，《德国刑法典》据此选取"数据窝藏"这一中间环节进行针对性立法的做法具有科学性。[37] 然而姑且不论《德国刑法典》第 202 条 d 窝藏数据罪（Datenhehlerei）实际上是类比于第 259 条窝藏罪（Hehlerei）所作的规定，而我国对于赃物犯罪的解释立场与德国并不完全相同；即便在网络犯罪对象的问题上，我国也是以信息为对象模式，而非以数据为对象模式，移植窝藏数据罪存在对象体系障碍。因此，应以我国与德国网络犯罪刑事立法的分歧与趋合为依据，客观、科学地考虑我国立法的发展方向。

第一，以开放的视角借鉴德国网络犯罪的经验。德国刑事立法作为大陆法系国家经典的立法范式，一些立法的内容与特色确实值得参考。比如在侵犯个人信息（个人数据）犯罪行为类型上，《联邦数据保护法》对于非法利用行为予以独立规定的做法即值得借鉴。德国刑事立法在两个层面强调了违法利用行为：其一，《德国刑法典》第 204 条利用他人秘密罪规定了依据第 203 条负有保密义务的主体非法利用他人秘密（特别是经营秘密、业务秘密）的行为。其二，德国《联邦数据保护法》第 42 条第 2 款规定，对于非公开可获得的个人数据进行非授权的处理或通过虚假陈述骗取，且具有下列目的之一：一是获取酬金；二是使自己或他人获利，或者伤害他人。

非法使用个人信息行为日益具有独立的犯罪意义，其法益侵害具有直接性、精准性。[38] 一方面，基于侵犯个人信息犯罪行为的体系，非法利用个人信息行为相较于另外两种行为更接近个人法益，造成的侵害更为直接。另一方面，由于非法利用个人信息行为直接将个人信息的识别性作用于法益关联性，造成的侵害更为精准。基于此，我国刑事立法和司法解释也对该类行为有所涉及。

其一，《侵犯个人信息解释》第 5 条规定了非法获取、出售或者提供个人信息符合

---

[37]　参见于志刚、李源粒：《大数据时代数据犯罪的类型化与制裁思路》，载《政治与法律》2016 年第 9 期，第 29 页。

[38]　参见刘仁文：《论非法使用公民个人信息行为的入罪》，载《法学论坛》2019 年第 6 期，第 119 页。

以下两种情形,不再要求个人信息的数量:一方面,出售或者提供行踪轨迹信息,被他人用于犯罪的;另一方面,知道或者应当知道他人利用公民个人信息实施犯罪,向其出售或者提供的。而个人信息被用于犯罪也是对其加以利用的情形之一。

其二,我国已有附属规定非法利用行为的刑法条款。《刑法修正案(九)》增设了第 280 条之 1 使用虚假身份证件、盗用虚假身份证件罪,规定了在依照国家规定应当提供身份证明的活动中,"使用伪造、变造的或者盗用他人的居民身份证、护照、社会保障卡、驾驶证等依法可以用于证明身份的证件"这一行为。除去使用虚假身份证件外,盗用虚假身份证件这一行为与非法利用行为密切相关。根据官方解释:"这里的'盗用',是指盗用他人名义,使用他人的居民身份证、护照、社会保障卡、驾驶证等依法可以用于证明身份的证件的行为。"[39]上述证件无疑以重要个人信息为关键内容,否则利用、盗用该证件毫无意义,因此该非法利用行为实际上也附带评价了非法利用个人信息的行为。

因此,我国借鉴德国非法利用个人信息(个人数据)的立法既有立法设计的理论比较,也有现实需求与规范基础。

第二,以主体性的视角探索我国网络犯罪规范模式的发展与完善。如前所述,我国是以信息模式为基础构建的网络犯罪对象体系,并且深刻影响了行为类型的划定。这种信息模式与我国刑事立法兼顾形式评价与实质评价的特点具有一致性,因此理应在信息模式的基础上进一步探索如何构建和优化我国网络犯罪的规范模式。特别是基于两个视角:其一,体系化的视角。随着网络犯罪向各类犯罪的渗透,网络犯罪的行为方式日益成为跨罪名的行为类型,然而由于罪名设置等原因影响,对比归纳研究较为缺乏。应对跨罪名网络犯罪行为类型的一致性予以必要的重视和研究,形成体系归纳与具体规定结合的网络犯罪行为类型理论。其二,前瞻性的视角。应基于对于网络犯罪行为类型的分析研究,结合刑法谦抑性和妥当性的视角,对于网络犯罪行为类型予以前瞻性地探讨和分析,避免对于网络犯罪行为亦步亦趋的回应式立法,推动网络犯罪刑事立法的科学化。[40]

此外,本文认为在异同交融的背景下,主体视角与开放视角并不矛盾。比如,跨罪名网络犯罪行为类型的一致性问题,我国学者即提出信息网络犯罪刑事立法应采取同质、同类构成要件并行类型化模式,即在同一个或同质、同类罪名下,对定罪量

---

〔39〕 郎胜主编:《中华人民共和国刑法释义》,法律出版社 2015 年版,第 476 页。

〔40〕 参见王肃之:《我国网络犯罪规范模式的理论形塑——基于信息中心与数据中心的范式比较》,载《政治与法律》2019 年第 11 期,第 56 页。

刑起实质性、关键性作用的构成要件要素进行并行立法。[41] 与之类似,德国学者也注意到了网络犯罪行为类型的问题,其提出"提取公因式"的构成要件设置方法,相关犯罪应当如《德国刑法典》第 303 条 b 破坏计算机罪一样,将所有的攻击方式置于一个条文中,以简化构成要件。[42] 我国和德国网络犯罪刑事立法完善可以在同样的视角下进行研究。因此,在本土探索的过程中也应当借鉴德国的理论与经验,反之也可将我国的立法与理论探索向德国推介,实现共同发展进步。

---

[41]　参见熊波:《信息网络刑法立法类型化的症结与化解——基于信息网络犯罪技术性差异的考量》,载《学习论坛》2019 年第 6 期,第 93—94 页。

[42]　Vgl. Ulrich Sieber, Straftaten und Strafverfolgung im Internet, C.H.Beck, 2012, S. 88 - 89.

中德法学论坛

第 17 辑·下卷,第 117～136 页

# 行政协议诉讼中行政机关原告资格的
# 困境与路径选择<sup>*</sup>

梅 帅<sup>**</sup>

**摘 要**:我国行政诉讼并未规定行政机关的原告资格,其主要原因在于现行《行政诉讼法》确立的单向构造、立法者仅承认行政机关提起民事诉讼以及学者对行政机关获得原告资格的质疑等现实困境。基于诉权平等理论以及行政协议的特殊性,应在行政协议诉讼中确立行政机关的原告资格。域外经验大致可分为以德国为代表的行政机关原告资格设置与以法国为代表的无行政机关原告资格设置两类。长远来看,我国应借鉴德国的经验,确立行政协议诉讼中行政机关的原告资格,把行政机关提起的协议诉讼纳入司法审查范围。同时,应通过程序设置、诉讼内涵扩充、实体权利保障、判决类型拓展等路径,构建行政协议双向诉讼制度,从而规范行政权的行使,促进行政协议争议的实质解决。

**关键词**:行政协议;行政协议诉讼;行政机关;原告资格;双向诉讼

**Abstract**:The administrative litigation in China does not stipulate the plaintiff qualifications of administrative organs,as a result of the one-way structure established by the current Administrative Procedural Law,the legislator's recognition of the civil litigation of administrative organs,and the scholars' query on the plaintiff qualifications of administrative organs.According to the theory of equal right of ac-

---

* 本文系中国人民大学科研基金重大项目持续支持研究计划"创新完善行政执法制度和方法体系研究"(项目批准号:17XNL010)的阶段性研究成果。

** 梅帅:中国人民大学法学院博士生。

本文在写作过程中得到了中国人民大学法学院王贵松教授、鲍律帆、陈佼佼、方楠等师友的批评指正,以及《中德法学论坛》编辑部匿名审稿老师的宝贵意见,在此表示诚挚谢意!

tion and the particularity of administrative contract, it is essential to admit the plaintiff qualification of administrative organs in administrative contract litigation. The experience of foreign civil law countries can be roughly divided into two categories: the plaintiff qualification of administrative organs represented by Germany and the plaintiff qualification without administrative organs represented by France. In the long run, it is essential to learn from the experience of Germany, establish the plaintiff qualification of administrative organs in administrative contract litigation, and incorporate the contract litigation brought by administrative organs into the scope of judicial review. At the same time, it is necessary to construct a two-way litigation system of administrative contract by setting up procedures, extending the connotation of litigation, protecting substantive rights and expanding the types of judgments, so as to standardize the exercise of administrative power and promote the substantive settlement of administrative contract disputes.

**Key Words**: Administrative Contract; Administrative Contract Litigation; Administrative Organs; Plaintiff Qualification; Two-way Litigation

# 一、问题的提出

随着国家任务的转变以及公私法的交融,国家与社会之间的二元构造逐步被打破,行政目标的实现越来越多地要求相对人配合乃至需要相对人直接参与行政过程,通过协商、合作、合同等柔性方式完成行政任务,行政协议由此兴起与生成。然而,在行政协议的履行过程中,对于相对人不履行行政协议行为的实践争议问题,并没有因为非诉执行等规定的入法而得到解决,相反,行政机关是否具有"自我救济权"或者是否应该赋予行政机关的原告资格等,不同国家的法律制度对此呈现出不一样的方案。伴随着行政协议履行实践的丰富与发展,对此类问题予以有效规制和回应的法治要求日渐提升。然而,行政协议履行争议等问题,按照我国《行政诉讼法》规定,通常是由行政相对人提起行政诉讼,这充分体现了对相对人权益的保障,而对于相对人违约引起的协议履行争议,行政机关并不能直接提起行政诉讼进而成为原告,一般由其申请法院强制执行,但可能带来的解释困境在于,行政协议本身并不能为协议的强制执行提供正当性,而且相对人违约行为等造成的可能损失,应该由谁规制、如何承担等问题,在现行制度之下尚无法得到有效的回应。如此一来造成协议无法按照约定而履行、相对人不履行协议等违约现象日益严峻。传统的行政行为理论强调行政机关行政行为作出后的"命令—服从",对相对人作出行政命令、行政强制等刚性决定使得相对人得以履行行政行为,相对人违反行政行为却似乎不成问题。而由此带来的执法成本过高、相对人权益保障不够、给付行政不足等问题却难以回应。为此,现代行政理论对此作出修正,通过扩充行政行为的概念论域,强调公私合作、刚柔并济等理念的转变,把行政协议、行政协商等纳入法治框架,以提升治理效果,实现行政目标。而兼具法定性与协商性的行政协议,在相对人不履行协议的情况下,是否允许由行政机关提起行政协议诉讼,已成为实践提出的重要课题,如在登封市国土资源局要求登封市某某开发有限公司履行行政合同一案中,登封市国土资源局根据登封市人民政府会议纪要和出让合同相关条款,要求登封市某某开发有限公司补缴土地出让金 409.25 万元。而登封市某某开发有限公司不愿缴纳,登封市国土资源局遂提起行政诉讼。[1] 如果从现行法的角度来看此案,法院的判决似乎不存在理论争议。而其反映出的行政相对人拒绝履行行政协议,且法律上未赋予行政机关的原告资格,行政机关的法律权益抑或公共利益如何得到保障已成为需要回答的重要问题。为此,有必要在学理上探讨行政协议诉讼中行政机关作为原告的现实困境、域外经验,以及行政机关提起行政协议诉讼的学理依据,从而为我国行政协议诉讼的构建提供思路与方案。

## 二、行政协议诉讼中行政机关原告资格确立的现实困境

事实上,我国《行政诉讼法》并未对行政协议诉讼中的行政机关原告资格等相关制度作出明确规定,这并非因为原告资格制度不能为行政机关提起行政协议诉讼提供制度供给,而是因为其制度确立存在诸多现实困境。

### (一) 现行《行政诉讼法》确立的是"民告官"的单向构造

诉讼构造指的是依据诉讼法规定原告、被告和法院三者之间形成的诉讼法律地位、相互关系以及权利配置关系。不同的诉讼法律关系有着不同的诉讼构造。一般而言,法院作为中立的裁判机关,原告与被告作为诉讼的参与者,后两者之间的诉讼关系就很大程度上影响了整体的诉讼结构。例如在民事诉讼中,由于受意思自治、平等原则等理念原则的影响,民事诉讼因调整平等主体之间的法律关系,诉讼构造进而就呈现出"民告民"的诉讼结构,即一方因为平等主体的自然人、法人和非法人组织之间的人身关系和财产关系等争议提起诉讼,另一方主体作为被告参与诉讼,这也在整体上形成了法院审理、平等主体参与的诉讼模式。而与民事诉讼不同的

---

〔1〕《国有土地使用权出让合同》第 11 条规定容积率不超过 2.1,第 17 条规定签订土地使用权出让合同变更协议或者重新签订土地使用权出让合同的,相应调整土地使用权出让金,后来登封市政府登政文[2009]39 号文把容积率调整至 2.6。参见登封市国土资源局要求登封市某某开发有限公司履行行政合同案,河南省登封市人民法院(2012)登行初字第 52 号行政判决书。

是,行政诉讼自身的特殊性决定了其与民事诉讼的差异。其中非常重要的一点就是行政机关行使职权的优势地位,使得非平等主体之间的法律关系成为行政诉讼法设定必须考虑的前提因素。那么,为充分保障相对人权益,就需要相应的诉讼法体制机制对相对人权益作出倾斜保护,以从实质上对两者关系进行平衡。我国 1989 年《行政诉讼法》第 1 条"保证人民法院正确、及时审理行政案件,保护公民、法人和其他组织的合法权益,维护和监督行政机关依法行使行政职权"的立法目的,以及第 2 条"公民、法人或者其他组织认为行政机关和行政机关工作人员的具体行政行为侵犯其合法权益,有权依照本法向人民法院提起诉讼"的原被告设定,确立了"相对人作为原告,行政机关作为被告"的诉讼构造,这也为行政诉讼的"民告官"诉讼构造的形成奠定了基础。2014 年《行政诉讼法》修改,尽管在第 1 条中增加"解决行政争议"、删除"维护行政机关依法行使行政职权"等,也在第 2 条中把"具体行政行为"改为"行政行为",这实际上是从诉讼目的、司法审查等维度作出完善,但并未引起"民告官"诉讼结构的转变。因而,现行《行政诉讼法》确立的"民告官"的单向构造,成为行政诉讼区别其他诉讼的制度特点,也成为行政诉讼构造的基本特点。按此规定,我国行政协议诉讼亦应遵循"民告官"的构造要求。行政机关如若获得诉讼原告资格,就会与我国现行行政诉讼法的诉讼结构相冲突。因此,为充分保障相对人的合法权益,不应允许行政机关获得诉讼权利能力,进而具有原告资格。

**(二)立法者仅承认行政机关可以提起民事诉讼**

立法者对行政机关提起诉讼的内容设定,是决定行政机关能否提起诉讼以及提起何种诉讼的关键因素。从现行法律条文来看,我国《行政诉讼法》及其相关解释并未对行政机关能否提起行政诉讼作出直接规定。在《民法典》公布之前,相关民事法律也仅在一定的民事活动范围之内承认行政机关的主体地位,但行政机关属于何种参与主体,存在争论。2020 年 5 月 28 日通过的《民法典》在其第三章第四节也即特别法人章节中,承认有独立经费的机关和承担行政职能的法定机构从成立之日起具有机关法人资格。其中,《民法典》第 96 条[2]规定机关法人属于特别法人的范畴,第 97 条[3]规定机关和法定机构可从事为履行职能所需要的民事活动,第 98 条[4]进一步规定机关法人被撤销后相应民事权利和义务的承担,这有效回应了学界长期

---

[2] 《民法典》第 96 条:"本节规定的机关法人、农村集体经济组织法人、城镇农村的合作经济组织法人、基层群众性自治组织法人,为特别法人。"

[3] 《民法典》第 97 条:"有独立经费的机关和承担行政职能的法定机构从成立之日起,具有机关法人资格,可以从事为履行职能所需要的民事活动。"

[4] 《民法典》第 98 条:"机关法人被撤销的,法人终止,其民事权利和义务由继任的机关法人享有和承担;没有继任的机关法人的,由作出撤销决定的机关法人享有和承担。"

以来关于行政机关从事民事活动法律属性的争议,也从总体上形成了对行政机关从事民事活动的性质设定。而从《民法典》规定来看,立法者尽管承认了行政机关自成立之日起的机关法人资格,但也仅赋予其民事诉讼权利,并没有承认其在行政诉讼尤其是行政协议诉讼中的原告资格,故难以为行政协议诉讼中原告资格的确立提供解释上的融贯性。我国行政诉讼原告资格是分三步进行考察的:诉讼权利能力—诉讼行为能力—当事人适格(利害关系标准、保护规范理论等),行政机关原告资格的问题,其实是第一阶段的考察,也就是诉讼权利能力的考察。那么,立法者仅在民事活动范围承认行政机关提起诉讼,就使得行政机关缺乏提起行政诉讼的要件。或许这是源于行政诉讼的特殊性,行政机关不具有提起行政诉讼的正当性,以及我国并不承认公法人理论乃至国家法人理论等因素,行政机关提起行政协议诉讼的路径并不畅通。在立法层面,可能存在的其他争议问题还有:为何不能由其他机关提起行政诉讼抑或民事诉讼,是否只能由行政机关提起行政协议诉讼主张其权益? 行政机关提起协议诉讼的理论基础在哪? 行政机关在行政协议诉讼中是否具有其权益? 这种权益与公共利益之间存在何种关系? 行政机关能否代表公共利益,为何要提出诉讼? 这些问题使得行政机关提起行政协议诉讼的正当性颇受质疑。总的来说,从现行法的规定来看,立法者仅承认行政机关可以提起民事诉讼,并不能为行政机关提起诉讼的正当性作出阐释,这也使得行政机关提起行政协议诉讼的途径并不畅通。

### (三) 不少学者认为行政协议诉讼中不应当确立行政机关原告资格

除了现行法确定的单向构造、立法者仅承认行政机关提起民事诉讼外,不少学者也从司法资源的有限性、司法权与行政权的权限范围、现行法对行政协议诉讼制度的规定等维度提出了诸多质疑。

有学者认为,行政机关如若获得原告资格,将可能造成有限司法资源的浪费。其理由是作为行政诉讼的原告,其起诉应具有权利保护的必要性。反之,法院可借由权利保护必要性,裁定驳回起诉,避免无益之诉造成的司法资源浪费等负担。特别在无益、低效、滥用诉权等情形下,权利保护的必要性的缺乏,使得原告起诉不具有司法救济的必要。[5] 司法资源的有限性,决定了并非所有的行政争议都可以被纳入司法程序解决,法院只能处理那些有权利保护的案件,以保护那些具有权利保护必要的利益,同时,对于没有必要通过司法渠道进行的起诉,法院一般不予立案,从而避免给当事人造成不必要的诉累。[6]

---

[5]　参见王贵松:《论行政诉讼的权利保护必要性》,载《法制与社会发展》2018 年第 1 期,第 130—133 页。

[6]　参见程琥:《行政法上请求权与行政诉讼原告资格判定》,载《法律适用》2018 年第 11 期,第 25 页。

也有学者认为，基于于司法权界限理论，司法权会超越其界限干预行政事务。其理由在于，司法旨在发挥其关于具体案件法律适用的保障功效，而行政是以实现公共利益为目标而积极实施的国家活动，只要法律无特别规定，司法权不应超越其界限范围对行政权作出干预。[7] 况且，从司法强度维度来看，司法审查的有限性、复审性决定了司法机关作出的判断留有余地以及对行政机关认定的充分尊重，而如若不坚持这种有限的审查，行政机关的判断优势就难以发挥。[8] 那么，当行政机关成为行政协议诉讼的原告时，行政协议的权利义务争议转由诉讼解决，而协议的履行或可包含专门技术性、高度专业性等行政机关判断事项，这些事项并不属于司法权的权限范围。那么，司法权对此事项的审查，就很有可能带来司法权对行政权的干预问题。

还有学者认为，我国现行法规定的行政协议诉讼判决有其适用范围，其仅适用相对人不服行政机关提起的行政诉讼，不能满足行政机关作为行政协议诉讼原告的制度需要，其理由是我国现行《行政诉讼法》《最高人民法院关于适用〈中华人民共和国行政诉讼法〉若干问题的解释》确立的判决方式共有七种，前者包括履行判决、补救判决、赔偿判决以及补偿判决四种判决方式，后者包括确认有效判决、解除判决以及确认无效判决三种判决形式，这均是在《行政诉讼法》第 78 条确定的相对人提起行政诉讼的前提之下。[9] 那么，当行政机关作为协议诉讼的原告时，我国现行法因缺乏相关制度的规定，就可能使得法院无法审查与判决。现行法中行政诉讼只是行政行为侵权之诉，行政协议被纳入行政诉讼范围，行政机关只能作为被告承担协议行为的侵权责任，[10] 尽管行政协议与单方行政行为有所不同，当前行政协议判决方式不能满足行政案件多样、复杂的实际需要，但保障相对人权益仍是行政诉讼的重点，行政协议行为针对的是行政相对人提起的诉讼请求。[11] 换言之，"在现行法之下，行政机关不能就行政相对方不履行行政合同的行为提起行政诉讼"。[12]

简言之，从上述维度来看，基于司法资源的有限性、司法审查的界限、现行法对行政协议诉讼制度的规定等客观限制，行政机关提起协议诉讼制度受到现实制约，

---

[7] 参见李哲范：《司法变更权限定与扩大的博弈——以司法权界限论为视角》，载《吉林大学社会科学学报》2012 年第 5 期，第 138 页。

[8] 参见江必新：《司法审查强度问题研究》，载《法治研究》2012 年第 10 期，第 4 页。

[9] 参见陈思融：《论行政协议诉讼各类判决方式之关系》，载《政治与法律》2017 年第 8 期，第 142 页。

[10] 参见郭修江：《行政诉讼判决方式的类型化——行政诉讼判决方式内在关系及适用条件分析》，载《法律适用》2018 年第 11 期，第 14 页。

[11] 参见程琥：《行政协议案件判决方式研究》，载《行政法学研究》2018 年第 5 期，第 90—91 页。

[12] 高俊杰：《新〈行政诉讼法〉下的行政合同诉讼》，载《财经法学》2016 年第 2 期，第 85 页。

这也成为不少学者质疑行政机关能否提起协议诉讼的主要理由。

## 三、行政协议诉讼中行政机关原告资格的域外经验

行政机关原告资格的提出，是与行政相对人、第三人的原告资格相对应而来。行政机关作为行政协议诉讼中权益可能受损的利益主体，是否有行政诉讼法的明确规定，与各个国家对行政协议的认识密切联系。英美法系国家源于公私法不分的传统，它们使用的法律概念中并没有行政协议这一概念，而从历史上对政府合同法律适用的预设来看，曾有很长的一段时期，学者们认为法院对行政机关相关纠纷与一般纠纷的审理并无差异。而后，随着政府合同应用的日益广泛，特别规则和判例的出现，才使得政府合同的特别性得到承认和反映。[13] 从行政协议概念的来源出发，这一概念的明确使用主要在大陆法系国家。因此，须重点研究大陆法系国家行政协议诉讼中行政机关原告设置，为我国行政协议诉讼制度的发展提供经验与启示。从世界大陆法系国家相关规定来看，其主要可分为以德国为代表的原告资格设置和以法国为代表的无原告资格设置两类。

### （一）以德国为代表的行政机关原告资格认定

德国对行政机关原告资格的承认，与其盛行公法人理论以及国家法人理论是分不开的。由于行政的存在及职能来源于国家，国家当然作为行政主体并成为具有独立行政法律行为能力的公法人。而后随着社会的变迁，国家派生出其他独立的行政主体，并将特定的公共任务交给其完成，[14] 行政机关作为行政主体的重要组成部分，具有行政法上的权利能力，在一定范围代表国家进行事务管理，这就使其能够独立地承担任务和责任，同时依附于国家并接受国家的监督与约束。[15] 这就为行政协议诉讼的提起奠定了基础。从行政协议的规定来看，1976 年的《德国联邦行政程序法》专章规定了行政协议，并将其与行政行为相并列。在法律地位上，德国奉行行政机关与行政相对人法律地位平等的理念与诉权平等的制度要求，法律并不承认行政机关具有强制执行的权力，如果合同的一方不履行合同，另一方有权向有管辖权的法院提起诉讼。[16] 因而，在程序的设置上，行政相对人享有诉讼权利，作为行

---

〔13〕 参见李霞：《行政合同研究》，社会科学文献出版社 2015 年版，第 107—112 页。

〔14〕 参见葛云松：《法人与行政主体理论的再探讨——以公法人概念为重点》，载《中国法学》2007 年第 3 期，第 78 页。

〔15〕 参见王丛虎：《行政主体问题研究》，北京大学出版社 2007 年版，第 46 页。

〔16〕 参见［印］M·P·赛夫：《德国行政法——普通法的分析》，周伟译，山东人民出版社 2006 年版，第 101 页。

协议另一方的行政机关,亦可获得与之相对应的诉讼权利。这在诉权应用方面体现为行政机关具备相应的原告资格,也具有在特定情况下向法院进行诉讼的权利。在《德国行政法院法》关于一般给付之诉的规定中,行政机关可基于行政协议向法院提出给付要求。[17] 德国《联邦行政程序法》第 61 条规定的行政相对人接受条款,就充分表明了行政协议的这种双方合意性,[18]即把行政协议合意履行转化为行政协议强制执行的依据。这种制度产生的根源在于行政协议双方合意性对强制执行的改变、调整和排除,[19]使得行政相对人在行政协议诉讼中同样可能作为诉讼的被告。《德国联邦行政程序法》第 62 条规定,只要第 54 条至第 61 条未另有规定的,就适用本法其余的规定。另补充适用民法典的有关规定。[20] 这就表明行政协议的适用规则,并未排除民法规范的准用。在合意性方面,葡萄牙也存在类似的规定。《葡萄牙行政程序法》(1991)第 178 条第 1 款规定,行政合同为一合意,基于此合意而设定、变更或消灭行政法律关系。由此得出,行政协议中合意性的考量不可或缺。合意性弱化了行政机关与相对人之间可能存在的对立冲突,强化了双方之间的意思协商,从而构筑了行政协议的形成基础。

### (二) 以法国为代表的行政机关无原告资格认定

法国的行政主体由法律所创设,只能是公法人,包括国家、地方公共团体与公务法人三类。其中,作为行政主体的国家,是对法国全体公民负责的行政主体,也是最原初和最重要的行政主体类型。在国家与其他行政主体的关系上,行政机关、行政组织等其他主体是国家的一部分,其行为效果归属于国家,然并不具有行政主体身份,也不具有法人资格。[21] 法国作为行政协议的"母国",其制度建立的最初理念就是行政权不受司法机关的非法干预,而后演化为合同与公共服务的关系以及行政机关特殊权力的保留。[22] 为此,政府必须根据公共利益来调整公共运作方式,并且不能放弃这种权力。[23] 正是在这种理念的指引下,法国没有赋予行政机关与行政相对人起诉的平等资格,而是赋予政府在行政协议履行中的行政优益权,以监督和指

---

〔17〕 参见刘飞:《行政诉讼类型制度探析——德国法的视角》,载《法学》2004 年第 3 期,第 46 页。

〔18〕 参见[德] 奥托·迈耶:《德国行政法》,刘飞译,商务印书馆 2002 年版,第 218 页。

〔19〕 参见[德] 沃尔夫等:《行政法》(第 2 卷),高家伟译,商务印书馆 2002 年版,第 291 页。

〔20〕 参见应松年主编:《外国行政程序法汇编》,中国法制出版社 2004 年版,第 105 页。

〔21〕 参见汤喆峰:《行政主体法律制度重构——以行政体制改革为视野》,中国政法大学出版社 2015 年版,第 57 页。

〔22〕 参见王名扬:《法国行政法》,中国政法大学出版社 1997 年版,第 171 页。

〔23〕 参见[法] 狄骥:《公法的变迁》,郑戈译,中国法制出版社 2010 年版,第 108 页。

导行政相对人义务的履行。一方面是公益优先理念使然,政府成为公益的代言人,另一方面,对于政府来说,签订协议就是履行职权的过程,而履行职权与双方合意存在根本区别。[24] 从优益权的内容来看,法国行政法确立了监督指导权、单方修改权、单方终止权和制裁权等四类"超越性"权力,作为适用行政协议的特殊规则。[25] 这种优益权形成的主要理念是私益服从公益的要求。这种权力的配置假定了行政机关与行政相对人法律地位的不平等。然而,优益权的行使并非没有限制,例如在其他特殊规则的设置上,不可预见论和"王子"条款形成了有利于保护缔约当事人的规则,行政机关即使无过错的条件下,也会对协议另一方作出赔偿。[26] 法国行政法院判例确立的具体规则厘定了行政优益权的基本边界,对于行政机关改变协议外的强制要求,设置了严格的法院审查制度,[27] 行政法官也可审查行政协议的瑕疵,以保证防止任何一方当事人对行政协议条款的规避。而对于行政相对人一方造成的协议提前终止或解除的情形,行政机关会尽力避免因行政相对人的过错造成的可能损失,并尽可能地把双方合作关系在协议订立之初明晰。[28] 这对于即使无平等法律地位设置的双方而言,判例规则的约束、协作事项的预先考虑,非诉纠纷解决机制的广泛应用,使得行政机关所代表的公共利益能够得到有效保障,行政相对人并不因为行政机关优益权而当然受到侵害。

### (三)域外行政机关原告资格设置的经验启示

通过以上的分析可以发现,与英美法系所不同,大陆法系国家对于行政协议等相关制度作了丰富且具体的规定,其主要可分为以德国为代表的行政机关原告资格设置与以法国为代表的无行政机关原告资格设置两类。前者注重行政机关与行政相对人在诉讼构造中的平等对等以及行政协议本身的合意性、协商性,后者注重行政机关的优益权、行政机关与行政相对人之间地位的殊异以及行政机关的"超越性"权力。二者的共同点在于,无论是以德国为代表的行政机关原告资格设置,还是以法国为代表的无行政机关原告资格设置,都强调法院对行政协议的实质审查,通过特殊规则的设置即审判机关对协议合约内容履行的审查或行政法院判例规则对行

---

〔24〕 参见[法]让·里韦罗、让·瓦利纳:《法国行政法》,鲁仁译,商务印书馆 2008 年版,第 559 页。

〔25〕 参见李颖轶:《论法国行政合同优益权的成因》,载《复旦学报(社会科学版)》2015 年第 6 期,第 157—158 页。

〔26〕 参见杨解君:《法国行政合同》,复旦大学出版社 2009 年版,第 14—15 页。

〔27〕 参见李颖轶:《法国行政合同优益权重述》,载《求是学刊》2015 年第 4 期,第 98 页。

〔28〕 参见陈天昊:《在公共服务与市场竞争之间 法国行政合同制度的起源与流变》,载《中外法学》2015 年第 6 期,第 1669 页。

政权力的约束,将行政权的运行纳入法治轨道,从而使得行政相对人的权益得到充分保障。差异在于两者设定的前提不同以及对行政协议的定位不同。以德国为代表的行政机关原告资格设置认为,行政协议为合意性内容的体现,这种行政法律关系的达成离不开行政机关与行政相对人之间的合意性协商,即通过行政机关与行政相对人之间的沟通、协作、对话等方式达成行政目标和解决行政协议履行争议。以法国为代表的无行政机关原告资格设置则强调行政机关签订协议所代表的公共利益性,行政机关与行政相对人在协议的签订上是不平等的,行政协议的履行过程中须赋予行政机关单方的变更、解除等权力,以使得行政机关履行职权不受私益因素的影响,从而使得政府通过行政协议这种公共运作方式来达成行政目的。二者的异同点也表明,是否规定行政机关的原告资格,并无必然化的明确指向与发展思路,但把行政权纳入司法审查以及保障相对人权益是必要的、必须的。这或许是不同国家发展的历史背景、法治状况、社会意识所决定的。我国应在考虑行政协议履行的运行环境、效果的基础上,对是否设定行政机关原告资格进行权力(权利)方面的综合反思,关注行政机关原告资格对行政协议诉讼结构的可能影响,或许这才是考虑是否确立行政机关原告资格与我国实际相结合的应有之义。

## 四、行政协议诉讼中行政机关原告资格确立的学理依据

根据前文的分析,现行《行政诉讼法》确立的单向构造、立法者仅承认行政机关可提起民事诉讼等现实困境,导致行政机关不能作为行政诉讼的原告提起协议诉讼。笔者认为,在行政协议诉讼中,从现行法等维度分析仅可作为分析行政协议诉讼中行政机关原告资格的一个方面。而从诉权平等理论以及行政协议特殊性出发,行政机关作为提起行政协议诉讼的主体是具有学理依据的。

### (一)诉权平等理论

在谈及原告资格这一概念时,首先应明确一点,即行政机关原告资格是针对行政协议诉讼而言的。因为,只有在行政协议诉讼中原告资格的确定才存在可能。即在行政协议诉讼之外,行政机关不享有原告资格。确立行政机关原告资格,首要判断的是行政机关在行政协议诉讼中享有的权利。与一般意义上的行政诉讼原告资格理解不同,行政机关的原告资格实则源于对行政权益或公共利益的关注和保护。这种权益派生于社会公益或国家利益的分支,与相对人权益保护存在本体意义上的同质性,这一点在平等协商的诉讼理念下得到反映:相对人获得原告资格,而在特定条件下,基于相对人协议义务的违反,致使行政权益的受损,行政机关亦有原告主体身份与提起诉讼之资格,而这一资格的确立是在行政机关优益权受到限定的前提之下。

　　在明晰上述问题的前提下,我们可以结合对行政机关原告资格的初步理解,对行政协议诉讼中的行政机关原告资格作出界定:行政机关原告资格指的是特定条件下行政机关将行政协议争议诉诸法院的权利,是诉讼权利能力的体现。行政机关原告资格的提出,是与行政相对人原告资格相对应而来,而与之不同的是,行政机关原告资格是特定条件下的资格赋予,即相对人不履行协议或部分履行协议致使行政机关权益的受损。在一般逻辑上,原告资格与行政诉权密不可分。行政诉权的主体是行政法律关系当事人,反言之,行政法律关系当事人都应具备原告资格,享有行政诉权。[29] 除此之外,诉权平等理论更对行政机关原告资格的确立具有直接的影响,[30]按照行政法平等理念的要求,行政机关与行政相对人应平等对待。[31]

　　由于双方诉权对象的差异,"诉权平等理论"也存在不同的解读。在实质意义上,纠纷大体分为私权纠纷和公权纠纷,与此相对应的可分为私权诉权和公权诉权。[32] 私权诉权以民事诉权为代表,公权诉权以行政诉权为代表。因此,诉权平等理论在民事诉权和行政诉权上就有至少两个意义上的解读。"民事诉权平等理论"以法律上的平等主体为解释基础。如果认为行政协议中的合意是法律平等主体意思的表达,当行政机关或行政相对人任意一方不履行行政协议时,行政机关或行政相对人可向法院起诉,要求另一方履行行政协议。"行政诉权平等理论"以行政相对人与公权力交涉为中心。由此种形成的两者关系是:双方平等地享有诉权,而在诉权内容上不完全对等。[33] 故而形成的是平等且不对等的理论。在德国,行政法律关系已经由平等不对等逐渐转向平等且对等,与此相对应构建的行政协议关系,已经基本可反映为平等当事人之间的行为规范。在其行政法律关系中,有两个元素必不可少。一个是行政机关的诉讼权利能力,这是一个权利是否被赋予的问题,另一个就是行政机关与行政相对人之间的合意性,这是一个双方意思自治范围的问题。它是现代法治和民主行政的象征,意味着行政相对人作为独立的主体与行政伙伴被平等对待,[34]行政机关也无须通过变更或解除合同的方式,使得行政相对人利益服从于公共利益的需要,而是要向法院提起诉讼。而提起诉讼的这一前提就需要赋予

　　[29]　参见高家伟:《论行政诉权》,载《政法论坛》1998 年第 1 期,第 90 页。

　　[30]　参见解志勇、闫映全:《反向行政诉讼:全域性控权与实质性解决争议的新思路》,载《比较法研究》2018 年第 3 期,第 155—163 页。

　　[31]　参见杨解君:《中国大陆行政法的革命——契约理念的确立及其展开》,元照出版有限公司 2009 年版,第 149 页。

　　[32]　参见周永坤:《诉权法理研究论纲》,载《中国法学》2004 年第 5 期,第 13 页。

　　[33]　参见梁君瑜:《行政诉权本质之辨:学术史梳理、观念重构与逻辑证成》,载《政治与法律》2017 年第 11 期,第 88—89 页。

　　[34]　参见[德] 哈特穆特·毛雷尔:《行政法总论》,高家伟译,法律出版社 2000 年版,第361—362 页。

行政机关原告资格,使之获得提起诉讼的能力。

无论是民事诉权平等理论,抑或行政诉权平等理论,都是从不同角度衡量和阐释行政协议双方的地位。二者的差异是,前者强调形式和实质意义上行政机关与行政相对人的"平等且对等",后者注重形式与实质意义上的区分,即需要通过"平等且不对等"的制度设置,保障行政机关与行政相对人权益的实质平衡。因此,依据形式意义上的共性以及自然公正的要求,笔者认为行政协议诉讼中行政机关如若获得原告资格,须具备以下要件:[35](1) 行政相对人违反了法律法规或行政协议设定的义务规范;(2) 行政机关优益权受到限定;(3) 行政机关权益的受损与相对人违约行为存在因果关系;(4) 行政机关的诉讼权利能力来源于法律法规的设定。在诉权平等理论视角下,诉讼权利能力往往来源于法律法规的特殊设定。但是如若这一要件违反行政诉讼法的目的要求或影响行政诉讼法律权益的平衡,那么行政机关原告资格是否存在学理依据?

行政机关是否获得原告资格,取决于行政诉讼法确定的利益平衡结构。就我国来说,《行政诉讼法》第 1 条规定,"为保证人民法院公正、及时审理行政案件,解决行政争议,保护公民、法人和其他组织的合法权益,监督行政机关依法行使职权,根据宪法,制定本法。"从表面来看,行政机关原告资格的确立,似乎影响了公民、法人和其他组织合法权益的保障。第 12 条[36]、第 78 条[37]分别规定行政协议属于行政诉讼的受案范围以及行政机关违法变更解决行政协议的责任,更是从侧面反映出行政机关在行政协议中享有的优益权。以此类推,行政机关原告资格的确立就更可能影响行政相对人的法律权益。而从行政法的转型来看,随着公民对国家行政的多元参与以及现代行政管理方式的变更,现代行政法也从以前的"命令—服从"关系逐渐转向"合作"关系,行政机关越来越多地与行政相对人、利害关系人形成三方或多方关系。[38]故而,传统行政诉讼法体制设定的"不对等"关系被慢慢弱化,现代行政法就需要对多元、多方、多面的法律权益作出回应,转向多领域、多范围、多层次的利益考量与调整。确立行政协议诉讼中的行政机关原告资格,就是通过行政法体制、制度、

--------

〔35〕 一方担任行政诉讼原告,享有行政诉讼原告资格,须具备一定的条件。参见张千帆、赵娟、黄建军:《比较行政法——体系、制度与过程》,法律出版社 2008 年版,第 245 页。

〔36〕 《行政诉讼法》第 12 条:"人民法院受理公民、法人或者其他组织提起的下列诉讼:……(十一)认为行政机关不依法履行、未按照约定履行或者违法变更、解除政府特许经营协议、土地房屋征收补偿协议等协议的;……"

〔37〕 《行政诉讼法》第 78 条:"被告不依法履行、未按照约定履行或者违法变更、解除本法第十二条第一款第十一项规定的协议的,人民法院判决被告承担继续履行、采取补救措施或者赔偿损失等责任。被告变更、解除本法第十二条第一款第十一项规定的协议合法,但未依法给予补偿的,人民法院判决给予补偿。"

〔38〕 参见王贵松:《作为利害调整法的行政法》,载《中国法学》2019 年第 2 期,第 95 页。

机制等的现实回应,使得行政机关在行政诉讼中享有与行政相对人、利害关系人相对应的对待,从而形成双方或多方利益共生、权益共存、合作共赢的空间,这就使得行政机关作为诉讼的原告成为可能。

### (二)行政协议诉讼特殊性的需求

行政协议诉讼是基于行政机关与行政相对人之间的协议履行争议产生的诉讼行为,这种诉讼行为不仅建立在行政性之上,也建立在合意性之上。那么,行政法不能只限定行政权的行使而忽视了对行政权益的法治保障。从行政协议诉讼的特殊性角度来说,行政协议诉讼中行政机关原告资格的确立也存在一定的学理依据。

#### 1. 民事规则的适用

从行政诉讼适用规则的发展进程来看,历史上曾有相当多的民事规则或理念,被吸收到行政法中,成为行政诉讼适用的依据。《行政诉讼法》第 102 条规定的"本法没有规定的适用"也设置了民事相关规则适用的空间。一般而言,民法规则并不当然成为行政诉讼的适用依据,特别在民法规则与行政法规则相冲突的情况下,应首先适用公法规则,然后再准用民事规则。而由于公法领域并非均是权力服从关系以及民事规则与行政规则的兼容性,权利平等、意思自治就可能成为行政协议双方合意的理论基础。在公法规则适用之外,行政机关与行政相对人就有了受民事规则调整的可能,这在制度上体现为行政机关可以通过获得原告资格的方式参与到行政诉讼中去,并通过意思自治来获得权利救济,而并不当然发生与公法规范相冲突的问题。正如何海波教授在《行政诉讼法》建议稿中提出的那样:"人民法院审理行政合同案件,应当遵从当事人约定,但当事人的约定违反法律、法规的除外。"[39]从行政协议的内容组成来看,行政协议不可缺少行政机关与相对人的合意性要素。这种合意性可以在协议范围内形成协商余地,形成不触动法律边界的合意性内容,[40]而协商意味着相对人可以在没有压力情形下与行政机关进行"讨价还价"。[41]那么,出于双方合意性的考量,行政协议实质上可以体现为行政机关与相对人法律地位的平等。合意性要求行政相对人可获得原告资格参与行政协议诉讼,反之,行政机关亦可。因此,赋予行政协议诉讼中行政机关的原告资格,就意味着行政机关与行政相对人在诉讼上被一致对待。

#### 2. 协议审查的需要

行政协议审查的内容与深度,是影响行政机关与行政相对人利益关系的重要方

---

[39] 何海波:《理想的〈行政诉讼法〉——〈中华人民共和国行政诉讼法〉学者建议稿》,载《行政法学研究》2014 年第 2 期,第 17 页。

[40] 参见刘飞:《行政协议诉讼的制度构建》,载《法学研究》2019 年第 3 期,第 37—38 页。

[41] 参见章剑生:《现代行政法总论》,法律出版社 2019 年版,第 200 页。

式。实践中源于对行政协议审查的实际需要，法院不仅需对行政机关在行政协议诉讼中的行为合法性进行审查，亦不可避免地对行政协议中约定事项、违约状况等其他争议进行审查。这种审查并不是任意的、抽象的，而应是法定的、具体的。这就要求确立行政机关原告资格，以保障实现对此协议内容的审查。行政机关原告资格是基于行政机关利益与行政相对人一方产生的事实关系，有必要通过对法律的实质审查来保障与行政相对人相对应的法定权利。再者，赋予行政机关原告资格并不意味着行政机关的必然胜诉，通过对行政协议内容的多面审查，可更好地促进行政协议的履行，实现行政诉讼确立的诉讼目标。这里值得一提的是，反向保障相对人权益是协议审查的间接效果。行政协议的审理不仅涉及对行政行为合法性的审查，也涉及对责任认定、合同变更、价款补偿等合约性以及合理性内容的审理。然而前者与后者审理的不可分割性，决定了行政协议要通过合法性、合理性、合约性的审理予以解决，那么，赋予行政机关原告资格，就意味着可以形成新的诉讼框架以及行政机关反向提起诉讼的格局，法院既可以对行政协议履行行为的合法性进行审查，也可对行政协议的合约性、合理性进行审理，从而更好保障相对人的合法权益。

3. 相对人违反协议的可能

我国行政诉讼在立法之初就把行政机关设为被告，这主要是由于认为行政权具有优势地位，需要对相对人作出特别保障，以实质保障相对人权益，但行政协议诉讼的特殊性决定了其与一般行政诉讼的差异，因此行政协议诉讼就需要建立特别规则以体现其制度特质。从域外国家的实践来看，行政协议诉讼中行政机关并没有只作被告的惯例。那么，从诉权平等的角度，赋予行政协议诉讼中行政机关的原告资格，则有利于行政协议诉讼中行政机关地位的衡平，也有利于打破对行政机关恒定被告认识的固有观念，形成现代行政法视域下法律对等的理念。按照协议纠纷解决的基本特点，行政协议任意一方对协议所达成的要求不服，都可诉诸法院，而传统的单一构造却与行政协议的这种要求不相符合。[42]"协议"意味着双方对特定事项的协商一致，那么，行政协议本身也需考虑双方对议定事项的实际履行。根据行政协议履行实践，不少案例亦反映出，相对人违反协议是存在可能的。那么，无论是从规则的设计维度，还是从协议诉讼的构造维度，行政协议诉讼要把相对人违反协议的现实可能考虑进来，作为行政协议诉讼的必要组成部分。传统意义上的行政行为，源于行政机关的优益权地位，不存在行政相对人不履行协议的可能。但在行政协议中，由于行政相对人违反协议与行政机关权益之间受损的因果联系，行政机关原告资格与行政权益保护很大程度上就产生了不可分割性，进而使得赋予行政机关原告资格成为可能。

---

〔42〕　参见李栗燕：《论行政契约司法救济制度的定位与整合》，载《中国行政管理》2007 年第 6 期，第 102 页。

4. 行政权益保障的必要

"必要"意味着价值判断,是否要保障行政机关在行政协议诉讼中的权益须在个案中进行具体判断。无论是行政相对人还是行政机关,都应在法律上得到平等对待的机会,没有任何协议一方应成为行政协议诉讼的当然被告。行政机关应享有与行政相对人相应的权利,至少应在诉讼资格上得到一致对待。从诉讼利益角度,行政机关与相对人签订行政协议往往来源于社会公益或国家公益的要求,仅注重行政相对人权益,就很可能带来社会公益或国家利益的损失,特别是在相对人违反协议造成公共利益损失的境况下。但需要注意的是行政机关权益保障的真实与必要,作为不确定概念的"公益",仍然可能成为政府滥用权力的借口,〔43〕故而,在法院的审查判断中,应把行政机关主张的权益要求纳入考量内容,且对其必要性进行充分论证与严格约束。我国《行政诉讼法》第 97 条〔44〕尽管规定了强制执行和非诉执行制度。而行政协议与行政行为的差异性,意味着行政机关不能通过行政协议简单比照行政行为当然获得执行权。再者,没有强制执行权的行政机关,只能通过申请法院强制执行的方式,使得行政协议得到履行。这在理论上存在的困境是,行政协议本身无法为行政协议的非诉执行提供合法性依据。〔45〕 而按照行政协议司法解释第 24 条第 1 款规定,对于不履行约定义务且经催告仍不履行的,行政机关可直接要求其履行决定,相对人在法定期限内不提起诉讼或复议且仍不执行的,若协议具有执行内容,行政机关可以申请法院强制执行。这带来的解释困境是,规定赋予了行政机关在特定条件下的单方决定权,然而并未完全解决行政机关依据行政协议直接要求相对人履行决定的理论追问。那么,在此意义上,除了上述条款的规定,除非协议双方约定行政机关享有强制执行权或行政相对人自愿履行行政协议,行政协议的履行可能无法实现。故而,在这一话语前提下,要保障行政权益,纾解《行政诉讼法》第 97 条的适用困境,长远来看,在行政协议诉讼中,确立行政机关的原告资格,有利于为行政协议诉讼的继续履行提供法定思路,为行政协议争议的实质解决畅通路径。

## 五、行政协议双向性诉讼结构的制度构建

根据事务类型的逻辑特征,对相同或相似元素进行的判断、推理和建构,是人类

---

〔43〕 参见王景斌:《论公共利益之界定——一个公法学基石性范畴的法理学分析》,载《法制与社会发展》2015 年第 1 期,第 129 页。

〔44〕 《行政诉讼法》第 97 条:"公民、法人或者其他组织对行政行为在法定期限内不提起诉讼又不履行的,行政机关可以申请人民法院强制执行,或者依法强制执行。"

〔45〕 参见于立深:《行政契约履行争议适用〈行政诉讼法〉第 97 条之探讨》,载《中国法学》2019 年第 4 期,第 218 页。

理解客观世界的重要方式。[46] 按照一定标准,将客观化的事物进行理论或实践意义上的归类,并在理论层面寻找法律与现实之间的"最优解",此乃法治的内在要求与应有意涵。在我国行政协议诉讼制度的构建中,仅有少数学者认为我们应当建立行政协议双向诉讼制度。如余凌云认为,源于制度制定之初我们对行政协议认识的不充分,在制度上形成了以相对人权益保护为主的单向构造模式,要实现双方地位的平等,有必要对单向构造进行改造。[47] 梁凤云认为,单向构造不仅违背了合同的平等原则,也成为行政纠纷解决的阻碍。[48] 郑秀丽亦认为,行政机关在现有的行政法治环境下不可能强行按照自己意见化解纠纷,也要有获得法院救济的需要,这也就需要获得原告资格。[49] 从行政协议特殊性的维度来看,限定行政优益权的行使,规定行政协议诉讼中行政机关的原告资格具有必要性。而"建立双向性结构是比较务实的态度,而且在立法技术上也不难处理,只需在行政诉讼法之外规定一些针对行政契约审查的特别规则"。[50] 这也告诉我们,赋予行政协议诉讼中行政机关的原告资格、建立特别的规则,不仅具有必要性,也具有必需性。即通过赋予行政协议诉讼中行政机关的原告资格,构建双向性诉讼结构的制度,把行政协议履行争议纳入司法审查范围,强化法院对行政协议履行争议的审查力度,发挥司法对行政的监督功效,把行政权益保障和相对人权益的反向保障落到实处。

## (一) 程序设置

法治经验表明,程序是诉讼活动须遵循的步骤、方式、时限和顺序,其对于行政诉讼的开展有着独立且重大的价值,缺乏相应的制度设计,就很可能使得一方的诉权落空,从而影响诉讼目的的实现。程度设置是行政机关提起行政协议诉讼的必要条件,对行政机关参与诉讼、约束行政权行使具有指引功能。那么,在行政协议双向性诉讼结构的制度构建中,也需建立健全相应的程序,从行政机关提起诉讼的程序与行政机关行使权利的程序两个维度进行构建。一方面,在行政机关提起诉讼的程序设置上,应通过赋予行政机关在相对人不履行行政协议或部分履行行政协议条件下的程序启动权,以保障行政实体权益的主张。与此同时,在法院收到程序启动的主张之后,应保障行政机关在起诉过程、答辩过程、庭审过程中享有的程序权利,使其依照相应的程序规则参与诉讼。另一方面,程序设置也应对行政机关权利的行使

---

〔46〕　参见张斌峰、陈西茜:《试论类型化思维及其法律适用价值》,载《政法论丛》2017 年第 3 期,第 118—119 页。

〔47〕　参见余凌云:《论行政契约的救济制度》,载《法学研究》1998 年第 2 期,第 133 页。

〔48〕　参见梁凤云:《新行政诉讼法讲义》,人民法院出版社 2015 年版,第 79 页。

〔49〕　参见郑秀丽:《行政合同过程研究》,法律出版社 2016 年版,第 185 页。

〔50〕　余凌云:《论对行政契约的司法审查》,载《浙江学刊》2006 年第 1 期,第 142 页。

进行约束。行政机关在提起行政协议诉讼时,负有在指定期限举证证明其权益受损、实际损失、相对人不履行协议行为,以及不履行协议行为与受损之间具有因果关系等法律义务;行政相对人在一定期限提出对行政协议履行请求的反驳或质证后,须经法院审理确认,转化为对双方协议履行情况的客观认定。但如若行政机关在行政协议诉讼的期限内无法证明或不能完全证明相对人违约等事实,其须承担举证不能或不完全举证带来的不利后果。在行政协议诉讼履行争议中,行政机关必须遵循协议约定或法定程序的要求,遵守行政协议诉讼审理的步骤、时限、方式等规定,依照程序主张权益并为行政权益辩驳,而法院在收到行政机关关于行政相对人违约起诉的同时,也有义务对行政协议合约内容进行审查判断,并且对其相应程序主张如申请回避等作出判断。

### (二)行政诉讼内涵扩充

行政诉讼内涵扩充是行政机关原告资格确立的根本前提。现行《行政诉讼法》确立的单向构造等,使得行政机关目前暂无法成为行政协议诉讼的原告,而基于行政协议,相对人可提起行政诉讼,行政机关无法提起行政诉讼的难题所形成的差异化争议解决方式并不公平。从长远看,宜修改《行政诉讼法》,针对行政协议创立相应的审查规则。[51] 那么,要创立相应的审查规则,就需革新对行政诉讼概念内涵的理解,使得行政诉讼可解释并容纳行政机关提起的协议诉讼,这就要求对行政诉讼的内涵作出扩充,在内涵上把行政协议诉讼作为行政诉讼的特别规则。从立法与行政机关原告资格的关联上看,立法对行政机关协议诉讼特别规则的承认是将单向构造转变为双向构造最为直接的方式,而行政机关原告资格正当性的体现,表现在对行政机关提起行政协议诉讼的受理并将之纳入诉讼范围。我国现行《行政诉讼法》第2条、第12条分别规定了相对人的行政诉讼权和行政诉讼案件的范围。仅从第12条相关内容来看,行政协议诉讼已经被纳入法院审理的事项,那么,行政机关原告资格的确立就主要体现在行政诉讼内涵的理解上。要实现法院对行政机关提起的协议诉讼案件的审理,就需要扩充行政诉讼的内涵,把行政诉讼界定为一般意义上的行政诉讼以及行政协议诉讼,构建行政协议的特别规则,为行政机关原告资格的确立提供一定空间。行政诉讼内涵的扩充最好采用法律明确规定的方式。故而,长远来看,可通过对《行政诉讼法》第2条行政诉讼内涵的实质修正,使行政诉讼的范围涵括行政机关在特定范围条件下的起诉,从而为行政机关的协议诉讼奠定基础,更好地实现行政协议诉讼制度目标。

---

〔51〕 参见王敬波:《行政协议助推行政诉讼构造变革》,载《中国社会科学报》2020 年 6 月 5 日,第 5 版。

### (三) 实体权利保障

实体权利保障是确保行政机关提起原告资格制度运行的重要支撑。为确保行政机关权益的主张,应保障行政机关在行政协议诉讼中的实体权利。同时,为防止行政机关诉讼实体权利可能被滥用,应限缩行政协议诉讼中行政机关实体权利的内容,法院在收到行政机关的实体权利主张后,应对其进行严格审查,以从实质维度审查行政权益维护的必要性和反向保障相对人权益。现行《行政诉讼法》第 3 条规定了行政相对人的起诉权。那么,为构建双向诉讼制度结构,也应在法律层面承认行政机关在行政协议诉讼中的起诉权,为行政机关诉讼实体权利的主张提供法律上的正当性。就起诉权的启动而言,行政机关提起行政协议诉讼应满足四个要件:行政机关与提起的行政协议诉讼存在利害关系;有明确的被告;有具体的诉讼请求和事实依据;属于法院的受案范围和受诉法院管辖。

围绕行政机关的起诉权,还应在其他相关实体权利上作出规定,至少包括以下内容。第一,请求权。从民事诉讼的法理角度,可在限定我国行政机关优益权行使基础上,规定行政机关在特定条件下的实体请求权。一方面,请求权应限定在适用民事法理的行政协议违约诉讼中。另一方面,行政机关请求权是合同运行普遍规则在行政法适用的体现,是行政之债在行政协议中的反向推导。第二,和解权。和解权是行政机关与相对人权利对等的重要体现,规定行政机关和解权是合作行政的必然要求。故而,应在不违反公共利益的基础上,限定行政机关在特定条件下的和解权,为行政机关判断自身利益提供空间。现行《行政诉讼法》第 62 条规定的"原告撤诉权",实质上就是承认了和解的存在。[52] 通过和解的形式,使得双方的对抗、冲突转化为自愿自觉的理性协商,这样可以更好地促进行政协议矛盾争议的化解。从诉讼效果来看,比起行政机关的非诉执行,和解权的适用更能反映双方对沟通、协商这一非对抗式的选择。第三,其他诉讼处分权。为保证行政协议中的意思自治,提高行政效率,应承认和规定行政机关的诉讼处分权,如行政机关变更、放弃其诉讼请求以及参与诉讼调解。但为防止国家利益、社会公共利益受到损害,应遵循合法、公开的法律原则,对行政机关诉讼处分权的履行作必要限制。

### (四) 判决类型拓展

判决类型拓展是破解行政机关作为协议诉讼原告时法院审理困境的必要举措。为使法院能够对行政协议诉讼中行政机关的诉讼请求作出合法性、合约性和合理性审查判断,应从判断类型上对传统意义上的行政诉讼判决作出拓展。传统意义上的行政诉讼以行政行为规制为中心,关注行政行为的单方性、强制性,故而在判决上主

---

〔52〕 参见胡玉鸿:《对等权利与行政诉讼》,载《法学评论》2004 年第 1 期,第 158 页。

要规定了撤销判决等判决类型。然而社会变迁和国家任务的变化,双方乃至多方行政法律关系的形成,使得法院要对个人乃至集体等引起的诉讼作出审查判断。与单项诉讼构造所不同的是,双向行政协议诉讼则更为关注法院对行政权益与相对人权益的调整、行政机关与行政相对人权利的平等,注重不限于相对人权益的双方或多方权益保障。例如基于行政协议的特殊性,在德国,由行政机关与相对人约定的行政协议"假执行条款",可作为行政协议执行的依据,若情况发生重大变化且相对人拒绝履行的,行政机关可提起一般给付之诉,请求法院变更合同。[53] 为此,为回应双向性诉讼结构的制度需求,在确定行政机关原告资格条件下,应拓展行政机关提起诉讼的判决类型,做好与行政机关原告资格相关的判决制度设计。例如在发展方向上尝试构建行政协议双向诉讼、行政协议给付诉讼,[54]在判决类型拓展上,考虑设计相对应的"给付判决""准许判决""履行判决""变更判决",与传统意义上的判决类型相区别且联系起来。在传统判决类型基础上,应对行政诉讼判决进行概念、内涵上的扩充,把行政协议诉讼判决纳入判决类型的解释中去,通过对传统判决类型的转换、拓宽乃至改造,使行政机关提起诉讼的判决类型归入判决体系中,从而实现行政协议诉讼的判决类型法定化,避免判决类型的"无法可依"。

德国的行政协议立法以及实践经验亦表明,规定行政协议诉讼中的行政机关原告资格,具有一定的制度可行性。赋予行政机关的原告资格并不必然引起对行政诉讼整体结构的冲击,也不会造成司法权对行政权的干预。尽管学界对行政协议诉讼中行政机关是否应具有法人资格、我国是否应承认公法人理论等尚存争议,但是由于行政协议的特殊性、司法监督的理念以及对现行非诉执行制度的反思等,我们认为,借鉴德国的经验,赋予行政机关在行政协议诉讼中的原告资格,不失为我国规制行政权力和促进行政机关依法依约履行协议两者间的路径选择,故而,这种正当诉求在传统行政诉讼中得不到回应时,我们必然要在其之外建立特别规则,允许行政机关就协议纠纷提起诉讼,成为原告。[55] 因此,长远来看,修改《行政诉讼法》,赋予行政协议诉讼中行政机关的原告资格,是规制行政协议行政权行使的必然要求,也是实质解决行政协议争议的应有之义。

## 六、结语

从现行诉讼构造的维度来看,现行《行政诉讼法》确立的单向构造、立法者仅承

---

〔53〕 参见胡宝岭:《行政合同争议司法审查研究》,中国政法大学出版社 2015 年版,第 174 页。

〔54〕 参见刘飞:《行政协议诉讼的制度构建》,载《法学研究》2019 年第 3 期,第 45—46 页。

〔55〕 参见余凌云:《行政法讲义》(第 3 版),清华大学出版社 2020 年版,第 346—347 页。

认行政机关可提起民事诉讼以及学者对行政机关获得原告资格的质疑等现实困境，导致了行政机关无法提起行政协议诉讼。而从诉权平等理论以及行政协议特殊性维度考虑，行政协议诉讼中行政机关原告资格的确立具有一定的学理依据。考察域外国家关于行政机关原告资格设置的经验，我们认为，长远来看，借鉴德国的经验，确立行政协议诉讼中行政机关的原告资格，有利于规范行政权行使，从而促进协议争议的实质解决，这也在制度上回应了民事规则的适用、协议审查的需要、相对人违反协议的可能与行政权益的保障等制度需求。从历史维度来看，任何权利的赋予或确立都表明了对不同背景下权益主体权利义务的调整与平衡。现阶段对行政协议诉讼制度构造的不同观点，引发的多视角、多层次、多领域的讨论，使得行政协议诉讼制度的建立呈现了多元、多面、多维的观察维度。对于我国行政协议诉讼的理解，已经不能再局限于传统意义上行政协议是否成立的争论，而应在现代行政法背景中寻找一个更好指导、解释行政协议诉讼这一现象的理论所在。

中德法学论坛

第17辑·下卷，第137～151页

# 法学教育的德国经验：发展、革新与启示

杨大可*

**摘　要**：中国法学教育的积弊需要深刻改革方能根除。拥有先进理念和制度设计的德国法学教育值得关注和理性借鉴。经过改革，目前德国法学教育以培养"法官能力"为主要目标，并将培养律师等法律职业纳入目标体系。德国法学教育以先理论后实践的"双阶式"教育框架为指引，始终贯彻由大学教育、实习训练和国家考试组成的"标准法律人"培养模式。德国法学教育重视基础部门法知识的传授和法律思维的塑造，课程设置由讲授课、案例分析课和研讨课组成。两次国家考试全部为主观题并以案例分析为主，答题全过程有严格的格式、结构和论证要求。在其中的见习期要求学生在不同法律实务领域完成特定时长的工作训练，逐渐熟悉和掌握处理实务的方法和经验。在"博洛尼亚进程"的推动下，德国正在推行学制、学位制改革，法学专业的落实情况值得关注。

**关键词**：德国法学教育；法官能力；标准法律人；博洛尼亚进程

**Zusammenfassung**：Die Missstände der Juristenausbildung in China bestehen schon seit Langem und müssen überwindet werden. Dafür ist eine gründliche Reform erforderlich. Die deutsche Juristenausbildung mit fortgeschrittenen Ideen und Systemdesign verdient Aufmerksamkeit und rationale Anlehnung. Nach der Reform setzt sich die derzeitige Juristenausbildung in Deutschland hauptsächlich die „Befähigung zum Richteramt" zum Ziel und bezieht die Ausbildung von Rechtsanwälten und andere juristische Berufe in das Zielsystem ein. Die deutsche Juristenausbildung orientiert sich an der „Zweistufigen Ausbildung", die Theorie mit Praxis vereinbart，und setzt stets das aus dem Universitätsstudium, Referenda-

---

* 杨大可：同济大学法学院副教授，中德（国际）经济法研究所研究员，德国柏林洪堡大学法学博士。

riat und Staatsexamen bestehende Ausbildungsmodell „Einheitsjuriten" durch. Die deutsche Juristenausbildung legt großen Wert auf die Vermittlung der Kenntnisse der Grundlagenfächer und die Gestaltung des Rechtsdenkens. Der Lehrplan besteht aus Vorlesungen，Fallstudien und Seminaren. Bei der ersten Juristischen Prüfung und der zweiten Staatsprüfung handelt es sich ausschließlich um offene Fragen und hauptsächlich um Fallanalysen. Die ganze Darstellung der rechtlichen Lösung benötigt strenge Anforderungen an Form，Struktur und Argumentation. Während der Referendariat zwischen den zwei Staatsexamen müssen die Studierenden eine bestimmte Ausbildungsdauer in verschiedenen Bereichen der juristischen Praxis absolvieren und nach und nach mit den Methoden und Erfahrungen bei der Lösung praktischer Problemen vertraut machen und sie beherrschen. Im Zuge des Bologna-Prozesses setzt Deutschland Reformen des Studiengangs und des akademischen Grades durch. Der Ausführungsstand im Fachbereich Rechtswissenschaft ist noch zu untersuchen.

**Schlüsselwörter**：Juristenausbildung in Deutschland；Befähigung zum Richteramt；Einheitsjuristen；Bologna-Prozesses

# 引言

　　中国法学教育理论性教学与实践性教育"双不足"[1]的积弊需要深刻改革方能根除。虽然已经付出了很多努力并做出了多种尝试,例如通识课程的引入和不断强化,但各大高校目前为本科生开设的通识教育性质的课程似乎与设置此类课程的初衷背道而驰,学生有限的专业学习时间被挤占和割裂,进入专业学习的时间过晚,学习热情已被消磨殆尽,而好的学习习惯亦未能养成,这应当深刻反思和调整。

　　近代以来,中国法学教育一直"在学习"并不断改进,而德国法学教育凭借其世界范围内的良好口碑一直是中国同行关注的焦点。如何理性借鉴德国法学教育的先进理念和制度,已成为我国法学教育研究的核心议题之一。现有研究整体上已较为清晰地呈现了德国法学教育注重法学理论学习和法律思维培养的鲜明特色,同时也敏锐地发现了其培养目标的微妙调整,较为全面地阐述了德国法学教育为适应这种微调而在课程设置和教学形式层面所做出的改进。本文拟对当代德国法学教育的有益经验做一全面梳理和系统考察,以期为我国接下来的法学教育改革提供新的思路和借鉴。

―――――――――――――

〔1〕　参见葛云松:《法学教育的理想》,载《中外法学》2014 年第 2 期,第 304 页。

## 一、德国法学教育培养目标的夯实和完善

作为现代大陆法系的代表性国家，德国的法律文化和法学体系以崇尚思辨理性彰显其鲜明的民族个性，其法律规范虽因此而具有逻辑的严密性和法律用语的精确性及规范性，但亦由此给法律从业者在演绎推理能力和语言能力提出极高要求。德国法学教育即主要围绕这些所谓的"法官能力"（die Befähigung zum Richteramt）的培养而展开。[2]具言之，法官能力是指法学教育应以法律适用而非立法为核心，训练学生在利益冲突出现时尽可能中立地对诸利益加以权衡并探寻公正的化解方案，亦即应适用哪项法律规则、优先考虑何种利益。当然，对不同法律理由和观点的取舍和评价能力亦属于训练重点。虽然有学者认为德国法学教育的培养目标已经随着 2002 年通过、2003 年正式实施的《法学教育改革法》的颁布而转变为培养所谓具备"全方位工作能力的法律人"（allseits arbeitesfähiger Jurist），[3]但笔者认为德国法学教育仍然保持着以法官为训练榜样的教育模式，其重心仍在于对法律的正确适用。换言之，德国法学教育仍坚定不移地围绕法官能力的培养而展开，并始终以正确适用法律为核心。因为检察官、诉讼律师的主要工作都是围绕法院诉讼展开，非诉讼律师同样需要具备诉讼视角，仲裁员的工作更是在实质上与法院类似。《法学教育改革法》的出台亦并未在法律条文中明确规定法律人的培养目标，可见德国法学教育的主要（并非唯一）目标仍然是培养法官这一所谓"标准法律人"（Einheitsjurist）[4]，各项具体制度亦据此设置。当然，培养律师、法律咨询人员等相关法律职业也被纳入法学教育目标体系。[5]

具体来讲，培养法官能力主要是培养学生法教义学[6]上的知识与能力。由于法教义学的知识体系可以直接运用于司法工作（发现并解释法律的方法），所以法教

---

〔2〕 Reinhard Zimmer, Juristische Bücherdes Jahres: Eine Leseempfehlung, NJW 2011, S. 3557.

〔3〕 参见邵建东：《德国法学教育最新改革的核心：强化素质和技能》，载《比较法研究》2004 年第 1 期，第 110 页；喻玲：《从法官型人才向律师型人才转变——德国法学教育的发展及其对我国的启示》，载《法学教育研究》2019 年第 4 期，第 327、328 页。

〔4〕 "标准法律人"是指德国标准化的法学教育所培养出的标准化法律人才，与通过两次国家考试取得法律从业资格的"完全法律人"的语义近似，但更加强调从事法律相关职业的人均须经过相同的培养过程。参见张慰：《成为德国法官的教育之路——基于在德国联邦宪法法院的访学经历》，载《法学教育研究》2017 年第 1 期，第 291 页。

〔5〕 相似观点参见前注 1，葛云松文，第 293 页。

〔6〕 法教义学是指以法规范为研究对象，以阐明法规范的含义为主要任务的学科。参见前注 1，葛云松文，第 293 页。

义学成为法官的核心能力。另需注意,培养法官能力在于理想状态下的法官应有的知识和解释与适用法律的能力[7],而绝非对现实中法官的简单模仿。中国法律的相对粗陋反而对法官的法律适用能力提出更高的要求。德国的相关经验或可提供镜鉴,中国法学教育亦应将培养学生的法官能力作为核心目标,通过改进教学方法使学生掌握主要实体法、程序法的基本知识,并具备法律解释与适用的能力。

在强调训练学生法官能力的同时,亦不能放松对其法律理念和法治信仰的培育。法官的技能需要在法治原则和理念的支撑下充分发挥。对法治观念及其抽象理论的体认固然有益,但更关键的是法律人将法治的精神深刻地贯彻在解释适用法律的全过程之中。因而,如何将法律理念和法治信仰系统融入课程设置才是问题的关键。[8]

## 二、德国标准法律人培养模式及制度框架

在德国,所有法律人均接受标准化的法学教育,该培养模式一般由大学教育、实习训练和两次国家考试组成,顺利通过这一系列历练的法律人基本可以胜任所有法律相关工作。虽然这一教育模式近年来在德国高等教育改革的浪潮中遭受一定质疑,但正是这种被批评"耗时长、太僵化、难度高"的法学教学过程造就了一批又一批专业素养高、实务能力强的优秀法律人才。德国稳步推进的法治建设和社会机制健全亦立基于此。

德国法学教育的基本制度同样独具特色。诞生于 19 世纪的法治国家(Rechtsstaat)理论准确地表达出国家应"依法而治"的意义,并逐渐发展为现代法学界的共同语言。德国司法界与学术界互动频繁,大量法学教授同时兼任各级法院的法官,法官裁判时亦会与学者交流。培养法律从业者深厚的学术功底以及理论与实践结合的能力成为德国法学教育的关键。作为联邦制国家,法律教育由联邦层面的法律规范[9]总体把控,由各个州个性化实施。具体的教育方式和考试体系也因而体现出一定程度的差异化。然而,各州的法律教育基本框架大致相同,分为大学教育(以通过第一次国家考试为结束)和实习(以通过第二次国家考试为结束)两个阶段。前者以系统理论教育为主,苦练学生的内功;后者则把培养重心放在实践能力的提

---

〔7〕 同前注 1,葛云松文,第 295 页。

〔8〕 同前注 1,葛云松文,第 297 页。

〔9〕 《联邦高等院校框架法》(Hochschulrahmengesetz)和《德国法官法》(Deutsches Richtergesetz)。

高上。尽管经历本世纪初法学教育改革的调整，这种先接受理论后进行实践的"双阶式"[10]（又称"双轨制"）教育框架仍未发生根本性改变。[11]

## 三、德国法学教育的第一阶段：大学教育[12]

### （一）概况

德国法律人才培养始于大学教育。[13]目前法科生的平均学习期限是 10.4 个学期，20 世纪 90 年代则为 9.6 至 9.8 个学期。[14]南部和西部联邦州的学生完成学业的时间普遍较短。大学的规模、声望和师资配置对学习期限并无显著影响。20 世纪 90 年代引入的所谓"试考"制度（Freiversuch 或 Freischuss）在最初几年明显缩短了学习期限，但随后这一积极效果却逐渐减弱并最终几乎完全丧失。因为学生们逐渐认识到该制度只对部分考生有帮助，而且 2002 年的高等教育改革也对大学生的学业统筹安排提出了更高的要求。这一阶段的学习结束并通过相应考试后将获得相当于研究生水平的学位证书（Diplom，相当于中国的硕士研究生）。在学制方面，我国可以借鉴德国的成功经验，考虑在有条件的法学院中尝试对四年制本科和法律硕士项目

---

〔10〕　彭海青：《21 世纪以来中德法学教育实践性导向改革的比较与相互启示》，载《法学教育研究》2018 年第 1 期，第 357 页。

〔11〕　因为德国大学法学院非常重视理论与实践有意义的紧密结合，所以与医学院一样，法学院又有"专门职业学院"（Professionsfakultät）之称，参见 Hendrik Lackner：《以应用型人才培养为导向的德国法学教育——关于加大应用科学大学参与度的倡议》，载《应用型高等教育研究》2017 年第 4 期，第 71 页。

〔12〕　详见 Matthias Kilian：Juristenausbildung—Die Ausbildung künftiger Volljuristen in Universität und Referendariat：Eine Bestandsaufnahme unter besonderer Berücksichtigung der Anwaltschaft，Deutscher Anwaltverlag，2015，S. 75 ff.

〔13〕　自 20 世纪 90 年代后期以来，越来越多的高校开始设置和强化法学专业。有 70％的大学法科生有志参加第一次国家考试并在未来从事法律相关职业。近年来，各类高校中选择法学专业的学生数量一直在猛增。由于部分毕业生未获得法律职业从业资格（胜任法官职务的能力），越来越多的学生无法从事诸如法官、检察官、律师或公证员之类的传统法律职业，亦无法独立提供全职的法律服务。这导致这部分毕业生更多地选择进入企业、律师事务所、税务咨询师事务所和破产律师事务所担任职员。综合性大学法学专业学生（即潜在的标准法律人）数量的峰值出现在 1997/1998 学年。2008 年这一数字又回落到 20 世纪 80 年代的水平。近年来，由于兵役制的废止和中学学制的缩短，学生数量又开始逐渐回升。

〔14〕　Matthias Kilian：Juristenausbildung—Die Ausbildung künftiger Volljuristen in Universität und Referendariat：Eine Bestandsaufnahme unter besonderer Berücksichtigung der Anwaltschaft，Deutscher Anwaltverlag，2015，S. 292.

进行整合,试行本硕一体的学制,具体时长可根据学生具体情况个性化调整。[15]

　　具体来讲,德国大学法学教育阶段大概有五年的在校学习时间,又可细分为基础教育(Grundstudium)[16]和重点教育(Hauptstudium)两个阶段。在前一阶段,学生主要围绕民法、刑法、公法方向基础必修课以及法制史等法律基础理论课展开研修(Pflichtfächer),并且必须通过所谓的"中期考试"(Zwischenprüfung)[17]。在后一阶段,学生在继续复习和深化此前所学课程的同时需要选择自己的"重点研究方向"并在该领域内选修特定学分的课程。大多数学生在最后两个学期已经完成所有必修课程,并在最后一个学期全力备战第一次国家考试。德国之所以如此重视基础部门法课程,是因为其认为法律职业中最常用的就是这些部门法的内容,法律的方法和技能亦集中体现于此。深入学习方能扎实掌握未来开展实务所需的知识和技能,甚至基本的法学学术训练也须由此打下坚实基础。[18]

### (二) 第一次国家考试

　　前已述及,德国的司法考试分为第一次和第二次国家考试。[19] 虽有"国家考试"之名,但实际是由各州组织举行,考试时间、内容以及报考要求均由各州自行规定。考试由各州司法部下属的法律考试局主持,考官多为法官或行政官员。但自 2003 年起,经过改革,大学法学院也将在第一次国家考试中承担一定的考试任务。第一次国家考试由此形成新的格局:占总成绩的70%的州级国家统一必修科目考核(staatliche pflichtfachprüfung)和占总成绩的30%的由大学组织的重点研究方向考试(universitäre Schwerpunktbereichsprüfung)。[20] 两次考试的综合成绩合格者方

---

〔15〕 相似观点参见前注 1,葛云松文。

〔16〕 关于德国法学院专业课课程的设置,参见蒋志如:《试论法学教育中教师应当教授的基本内容》,载《河北法学》2017 年第 2 期,第 11 页。

〔17〕 中期考试包含两种形式,一种是每门讲座课(Vorlesung)结束后的笔试(Klausur);另一种则为小论文(Hausarbeit),由学生在假期自主完成。学生通过以上两种考试累积得到一定的学分,方可结束基础教育阶段,开始重点教育阶段的学习。

〔18〕 徐航:《法学教育的职业导向性》,载《比较法研究》2012 年第 4 期,第 139 页。

〔19〕 详见 Ann-Marie Kaulbach/Pauline Riecke, Die Juristische Prüfung auf dem Prüfstand, NJW 2017, S. 2805 (2805 ff.).

〔20〕 Matthias Kilian: Juristenausbildung—Die Ausbildung künftiger Volljuristen in Universität und Referendariat: Eine Bestandsaufnahme unter besonderer Berücksichtigung der Anwaltschaft, Deutscher Anwaltverlag, 2015, S. 127 ff.

被授予学位证书。[21]考试内容以民法、刑法、公法及诉讼法的基础知识为主[22]，以笔试和口试的方式进行。[23]

宽进严出作为德国高等教育的突出特点在法学教育中体现得淋漓尽致。基础教育阶段的考试通过率大都低于 50%，重点教育阶段通过率稍高，但也仅限于 60% 左右。这样的高校毕业率尊重了人才发展的规律，保证了法学人才的质量。与此同时，法学专业毕业考试以统一考试为考核标准，有效避免了因各大学毕业考试难易程度的差异而导致的毕业生水平参差不齐的状况，提高了法学毕业生的整体素质。[24]这一点在一定程度上值得我国借鉴，后文将予详述。

### （三）具体教学组织方式

经过最近一次法学教育改革，德国大学法学院均设置了重点学科阶段（Schwerpunktstudium），课程设置模式亦随之趋于一致，一般由讲授课（Vorlesung）、案例分析课（又细分为 Arbeitsgemeinschaft 和 Übung/Kolloqium）以及研讨课（Seminar）组成。[25]

讲授课由教授围绕该课程涉及的基础制度和原理进行概要式讲解，比较偏重理论知识的传授。此类课程与中国大学传统授课形式近似。主讲者通常由具有丰富实务经验和扎实学术功底的教授担纲，并一律用自己的个性化讲义作为教材，讲授过程中穿插若干生动的实例，授课内容极具个人特色。课堂随时有学生提问打断，教授们均予以耐心作答。这种以课堂对话引导思维的教学方法既要求教师具备渊博的知识与超凡的底气，又要求学生有沉着的应对与充分的准备。[26]尽管如此，学生的独立思考能力和探索积极性仍很难在讲授课上得到充分培养，大量案例分析课与研讨课的配合仍然必不可少，学生在讲授课上收获的理论知识也能在后两类课程中切实转化为处理实际问题的能力。

[21]　关于第一次和第二次国家考试的成绩和分数等级，可以参阅前注 11，Hendrik Lackner 文，第 73 页。

[22]　Hamburger Initiative, Stärkung der Grundlagen und Methoden in der Juristenausbildung, ZRP 2016, S. 205 (207 ff.).

[23]　关于各科目及考试方式的功能，参见 Ann-Marie Kaulbach/Pauline Riecke, Die Juristische Prüfung auf dem Prüfstand, NJW 2017, S. 2805 (2806 ff.).

[24]　葛晓莹:《德国大学"统一化法律人"培养模式及教学特点》，载《中国大学教学》2008 年第 11 期，第 93 页。

[25]　详见 Heinrich Weber-Grellet, Zwischen Humboldt und Bologna—Zukunft der Juristenausbildung, ZRP 2016, S. 170 (173 ff.).

[26]　参见张陈果:《德国法学教育的特色与新动向》，载《人民法治》2018 年第 18 期，第 28 页。

德国法学教育将法律思维的培育视为启蒙阶段的核心环节[27],作为大学法学教育最大特色的案例练习课的大量配置(甚至可称其为德国法学教育的灵魂),正是服务于此。[28]案例练习课围绕前述讲授课的教学纲领展开,形成如齿轮咬合般的紧密配合。此类课程通常由主讲教授的学术助手或博士生主持,旨在训练学生逐渐熟悉鉴定式(Gutachtenstill)案例研习模式,在格式、结构与思维三方面打下扎实的"案例分析法律意见书"[29]的写作基本功;此外,"请求权基础分析法"(Prüfung der Anspruchsgrundlagen)亦是需要借助此类课程的训练才能逐渐掌握的法科生必备技能。[30]法律人的思维模式和文字功力就是在这样持续系统的锤炼下最终形成的,"法律意见书"的完善程度亦随着个人法学素养的积累而日益提高。[31]案例练习课的另一个重点训练科目是上述请求权基础分析法,学生在课程主持人的引领下通读案例事实后从法律规范中寻找应予适用的法条,具体操作是将案件事实与法律规范中的构成要件逐一比对,运用三段论方式[32]讨论请求权能否成立。其间学生还需要思考不同学说可能对分析结论产生怎样的影响及其原因。

中国法学教育的积弊之一是"技能培育的全方位缺席"[33],授课只能增长学生的知识无法培养其技能,技能需要学生在教师的介入下自行练习逐步掌握。法学院应给予学生理解、适用、分析、归纳和评价法律的机会,在这一过程中教师应实时指出错漏并要求学生更正,以达到练习之目的。对于前述法官能力的培养,案例练习实质是让学生"扮演法官"对具体案件做出裁判,以使其逐步掌握作为法官实际判案

---

[27] Horst Konzen, Bologna-Prozess und Juristenausbildung, JZ 2010, S.241.

[28] Hamburger Initiative, Stärkung der Grundlagen und Methoden in der Juristenausbildung, ZRP 2016, S. 205 (206 f.).

[29] 法律意见书是各科结课考试(Klausur)的通用形式和第一次国家考试时的统一考查形式。

[30] 详见 Thomas M. J. Möllers, Wie Juristen denken und arbeiten—Konsequenzen für die Rolle juristischer Methoden in der juristischen Ausbildung, ZfPW 2019, S. 94 (94 ff.);夏昊晗:《鉴定式案例研习:德国法学教育皇冠上的明珠》,载《人民法治》2018 年第 18 期,第 33—35 页;前注张陈果文,第 28、29 页。

[31] Hamburger Initiative, Stärkung der Grundlagen und Methoden in der Juristenausbildung, ZRP 2016, S. 205 (208).

[32] 与被视为传统法学教育方法的"裁决式法学教育"(三段论演绎推理)相对,所谓的"预防式法学"(Kautelarjurisprudenz)教育近年来在德国法学教育中日益受到重视,详细论述可以参阅王轶、李昊:《德国预防式法学教育概观——以合同设计为例》,载《现代法治研究》2019 年第 3 期,第 106 页及以下。

[33] 何美欢:《论当代中国的普通法教育》,中国政法大学出版社 2011 年版,第 19 页;何美欢:《理想的专业法学教育》,载《清华法学》2006 年第 3 期,第 16—18 页。

时所应掌握的知识与技能。具言之，案例分析有助于引导学生养成主动"找法"的习惯，并在处理案件时掌握解释和适用法律的基本方法，最终将法律所蕴含的法治原则和司法职责内化为自己的法律思维。久而久之，学生将产生对社会和政策的敏锐洞察力并了解如何将其应用于法律解释。检索、阅读、归纳和评价法律资料的能力亦是在此过程中被逐渐掌握的。我们的学生普遍缺乏独立思考的习惯和交流观点的能力，案例练习可以有效弥补这一短板。是故，适度借鉴德国模式，系统设置案例练习课程应是根除我国法学教育积弊的有益尝试。[34]

理论与实务兼容、专业方向明确的研讨课是德国大学阶段法学教育又一不可或缺的课程形式。此类课程大多为具备相当理论基础的较高年级学生而设，由教授选取近期存在争议和讨论价值的较为宏大的热点问题并拆分为若干小题目予以公布，由学生按个人兴趣自选题目，在广泛收集相关资料的基础上展开深入研究，最终形成论文体的研究报告并在课堂上口头汇报。随后，全体学生针对报告内容及争议问题进行自由讨论，最后由教师和学生一起对报告优缺点进行评议、打分。这类课程有效训练了学生的口头和文字表达及思辨能力，有助于培养独立、自由的研究精神，为今后从事学术研究或具体实务工作打下坚实基础。[35]

讲授课、案例分析课与研讨课"三位一体"，共同构建起德国独具特色的大学法学教育基础培训体系。学生在这一体系的持续训练下逐渐具备标准化法律人才所需的各项能力。案例教学和研讨是对之前讲授课所学知识的凝练和升华，真正帮助学生把书本知识转化为解决具体问题的实用工具，这是我国目前法学教育亟须借鉴和引入之处。当然，具体方法和路径需要经过尝试探索和不断调试。限于本文篇幅，留作另文详述。

## 四、德国法学教育的第二阶段：实习与第二次国家考试

合格的法律职业从业者应当具备深厚的学术理论功底并将之运用到解决具体问题的实践中。是故，德国要求在校法学专业学生完成二到三个月的各类实习活动，并在两次国家考试之间强制加入了不少于两年的"见习期"[36]（又称"准备期实习"，Vorbereitungsdienst），学生必须在法律规定范围内自主选择实习单位，这样一来学生有机会以准法律人的身份在多个司法、行政机关或律师事务所等法律实务部

---

〔34〕　参见前注 1，葛云松文，第 307 页及以下。

〔35〕　参见前注 24，葛晓莹文，第 94 页。

〔36〕　Matthias Kilian：Juristenausbildung—Die Ausbildung künftiger Volljuristen in Universität und Referendariat：Eine Bestandsaufnahme unter besonderer Berücksichtigung der Anwaltschaft，Deutscher Anwaltverlag，2015，S. 201 ff.

门广泛接触法律实务。[37]实习期间,学生由州高等法院(Kammergericht)统一组织管理并由院长根据学生各阶段实习成绩给出综合评价。见习期考核合格的学生方可参加第二次国家考试。此次考试仍主要以考察学生的法律适用能力为主,同样采取口试和笔试形式。考试的通过率维持在 85% 左右,考试通过后即获得从事法官、行政人员及律师的资格,成为完全法律人(Volljuristen)。[38]

可见,德国法学教育的每一阶段均极其重视学生与法律实务的紧密结合[39],通过硬性要求学生在不同法律实务领域完成特定时长的工作训练,使之全面掌握应对各类实际问题的程序和方法,而学生亦由此增进了对法律职业的理解,培养了职业责任感。

我国法学教育体系下,法科生的毕业要求和标准由法学院系在教育部制定的框架性规定内具体确定,不与国家统一法律职业资格考试(以下简称"法考")挂钩,造成了我国法科学生与德国相反的"严进宽出"局面。法科学生在校学习期间几乎感受不到来自毕业的压力,但由于法学教育与实际需求的脱轨而面临巨大的就业压力。很多学生在毕业之前就已经下定了毕业后即转行的决心,并在应付法学专业学习的同时着手学习其他更易就业的本领。这不得不说是现行法学教育的无奈和悲哀。法学教育一定程度上应以满足社会需求为基本要求,因而在课程设置方面应当与作为法律职业从业门槛的"法考"紧密关联并设置相应的更高要求。与同样需要通过国家资格考试方可从业的医科学生一样,法科学生经过高标准的强化专业训练后,会相信自己真正掌握了非专业人士不具备的专业知识和思维方式,专业自豪感和自信心亦随之自然生成,毕业后大多会选择与自己专业相关的职业,合格法律人才的供给量势必大大增加。

如前所述,德国法科学生须通过第一次国家考试方可获得毕业文凭。若想从整体上切实提高我国法科毕业生的质量,当务之急就是要扭转目前"放水型"的毕业考核模式,可考虑像德国那样对毕业生的成绩分等,并在毕业证书上列明是否通过"法考"及其成绩。这样的改革必定给学生带来很大压力,但已是成年人的大学生应有能力将这种压力转化为苦练自身内功的动力,同时,法科毕业生的专业质量、就业竞争力以及入职之后的适用能力亦将大幅提升。

就"法考"的具体内容设置而言,如何充分体现参考者的基本法律素养和法律思

---

〔37〕 必须符合以下要求(以笔者攻读博士时居住的柏林的规定为例):实习为期二十四个月,其中在民事、刑事及行政单位各六个月,在律师事务所至少三个月。

〔38〕 Matthias Kilian: Juristenausbildung——Die Ausbildung künftiger Volljuristen in Universität und Referendariat: Eine Bestandsaufnahme unter besonderer Berücksichtigung der Anwaltschaft, Deutscher Anwaltverlag, 2015, S. 207 ff.

〔39〕 申卫星:《时代发展呼唤"临床法学"》,载《比较法研究》2008 年第 3 期,第 125、126 页。

维是需要考虑的首要问题。我国现行"法考"总体上可分为客观选择题和主观问答题两大类，后者虽然主要涉及案例解答，但是实难称为真正的案例分析题，因为考试对考生无标准格式和步骤的具体要求，甚至未强制要求列明法律依据（即具体法律条款），对论证说理的要求更是"点到为止"。[40]显然，目前考试内容仍然偏重客观题，内容和评判标准死板（部分原因是阅卷人员本身水平有限，而客观题的评阅对阅卷人员要求较低，所以出此下策），无法体现参考者的真实法律素养和法律思维（上一轮司法考试改革之前经常出现非法学专业考生的考试通过率甚至高于法科生的"诡异现象"），主观题亦无法体现司法实践的真实情况。反观德国的司法考试，考试内容全部为主观题并以案例分析为主，案例分析的全过程有严格的格式和结构要求，法律人必须能够对社会生活中的争端从法理的角度进行推理论证。具体而言，考生首先必须找到支持一方当事人主张其权利的法律规范（即法律条文的条款项，甚至有时需要精确到某句话的前半句或后半句），该法律规范就是请求权规范基础。案例分析的过程则表现为以法律后果为导向的一个三段式的寻找法条、解释法条并将其适用到具体争端的事实当中，最后得出结论的过程，其基本框架为：法律规范、要件、前提（Obersatz）→案件事实（Untersatz）→结论（Subsumptionsschluss）。[41]可见其考试内容能全方位考查考生的法律功底和法律思维，从根本上确保法律从业人员具备合格的法律素养。从这样的理念和思路出发，我国现行"法考"似乎应进一步大幅提高主观题比重，甚至可以考虑逐步去除客观题的考查。同时，主观题亦应以案例分析题为主并设置具体的分析格式和步骤，结合学界观点的论证说理亦不可或缺，整个分析过程应设置精细的评分标准，使学生在充分展示其法律素养和思维的同时，又能得到公正客观的评判。[42]当然，阅卷人员队伍亦应做相应调整，可考虑由高校教师、科研院所研究人员、司法人员、专业律师担任评阅人或至少担任评阅顾问。

## 五、德国法学教育的新近改革措施

德国的法学教育虽然极具特色且效果卓著，但也存在其弊端。最突出的一点是

---

〔40〕 从历年司法考试（包括法考）公布的标准答案可以清楚地看出这一点，其中案例分析部分，法条的适用和推理高度概括简洁。

〔41〕 参见贺栩栩：《路过德国 3 年——我眼中的德国法学和法学院》，载《研究生法学》2011年第 1 期，第 205 页。

〔42〕 相似观点见秦天宝、扶怡：《德国法学教育的新发展及对我国的启示》，载《江苏大学学报（社会科学版）》2014 年第 5 期，第 69 页。

教育时间过长，毕业生开启职业生涯过晚，在欧洲劳动力市场的竞争中处于劣势。[43]一方面，德国未对学习期限做出限定且实行免费教育，加之国内就业形势日益严峻，很多学生为避免"毕业即失业"的尴尬，宁愿尽量拖长其大学阶段的学习，通过学生身份在诸多方面享受优惠待遇。

### （一）围绕"博洛尼亚进程"开展的革新

为消除弊端，德国开始对其传统法学教育制度实施有针对性的革新。

第一项措施是调整法学教育的学位和学制。1999 年欧盟发起的"博洛尼亚进程"（Bologna Process）[44]旨在保证教学质量的前提下，根据各成员国的意愿和投入程度促进（但非强制）其学制、学位制趋向统一，即先采用国际上通行的学士（Bachelor）/硕士（Master）学位制度，再进一步统一博士学位制。[45]可见，博洛尼亚进程实质上旨在实现法学教育的欧洲一体化，以尽可能消除法律职业的国家局限性。[46]甚至有学者认为博洛尼亚进程的目的是回归建立于 11 世纪的古老的欧洲化法学教育传统。[47]

此项改革同样有助于使欧洲教育制度逐步与国际接轨。具体到大学法学教育，该进程希望各成员国采取必要措施增强大学法学课程的灵活性和兼容性，从而提高各成员国之间法学专业学分和学位的互认程度。各成员国需要通过制定或者修改国内法为落实该进程的建议创造法律依据。德国已加入该进程并开始着手具体落实。德国各州已原则上同意在 2009/2010 学年前后采用学士/硕士两级学位制，但落实进度各有不同。而对法学这种须具备特定从业资质的学科而言，目前德国采取前述传统国家考试学位制与学士/硕士两级学位制并行的做法，而且后一制度呈现跨学科培养的特点，也就是说采取将法学理论与经济法、欧洲法，甚至科技、政治及社会科学相结合的复合式培养方式，不强调对传统法学三大核心领域民商法、刑法和

---

〔43〕 通过第二次国家考试的学生平均年龄在 27 岁以上。而在欧洲其他国家，学生一般在 23 岁左右即可结束大学学习。

〔44〕 Matthias Kilian：Juristenausbildung—Die Ausbildung künftiger Volljuristen in Universität und Referendariat：Eine Bestandsaufnahme unter besonderer Berücksichtigung der Anwaltschaft，Deutscher Anwaltverlag，2015，S. 52 ff.

〔45〕 又称"博洛尼亚模式改革"，相关详细论述，可以参阅 Christiane Kison：Juristenausbildung in der Europäischen Union：Der Einfluss der europäischen Bildungspolitik auf die Regelungen der Mitgliedstaaten unter besonderer Berücksichtigung der Rechtslage in der Bundesrepublik Deutschland，2014，S. 69 ff.

〔46〕 Heinrich Weber-Grellet，Zwischen Humboldt und Bologna—Zukunft der Juristenausbildung，ZRP 2016，S. 170 (172).

〔47〕 Häberle，Europäische Verfassungslehre，2. Aufl. 2004，S. 143.

公法专业知识的系统传授。[48]由于上述两种学位制的根本教育理念存在极大差异，而且德国主流观点仍然认为只有传统教育模式才能使学生成为标准法律人从而具备法学执业资质，因此目前两种学位制并行的做法实际上只是德国为落实博洛尼亚进程目标建议而采取的权宜之计。两种学位制迥异的教育理念始终是各成员国法学教育统一的最大障碍。[49]德国后续的协调和解决方案只能拭目以待，笔者将持续关注。

第二项措施则是引入收费制。虽然这一举措最初遭受多方质疑，但随后逐渐得到所有联邦州的部分大学支持，只不过在收费对象和金额上存在差异。这项制度最初实施的十年曾有效激励在校学生尽早完成学业，但近年来随着学生运动的激烈反对和各州政党的轮值，收费制最终未能在全德范围内得到贯彻，各州目前已开始尝试通过其他替代措施逐渐取代收费制度。例如很多高校针对具体事项做出规定，如要求参加同一门课的考试不得超过三次，同样能够起到督促作用。

### （二）保障机制的日益完善

德国法学教育始终在一整套科学完善的保障机制的护佑下平稳运行。[50]这套机制包括三个层面：第一，法制支撑。[51]《德国基本法》《联邦高等院校框架法》《法学教育改革法》《德国法官法》等法律规范为法学教育理念和目标的践行与落实提供了坚实的法制支撑，各州的高校框架法和各高校的规章（Öffentlich-rechtliche Satzungen）亦据此做出具体规定。第二，政府支持。在德国，各州政府履行大学的举办和管理职责，享有重大事务、资金和人事管理的决定权。具言之，重大事务须经政府教育部门认可和批准方可实施；经费完全由政府划拨并依政府预算予以支出；作为公务员，大学教授的数量及人选亦由政府最终决定。正是在政府的大力支持下，德国高校在师资力量、科研经费和设备及其他基础设施等方面均得到保障。第三，教授自治。德国教授属终身制公务员，选任极为严格并接受政府管理。科研方面，教授们大多拥有自己的研究所，在政府资助下开展自主研究。教学方面，教授几乎完全掌控教学活动的具体安排。在德国法学教育的发展中，教授的学术自由和终身制对提高学科带头人的学术和社会地位、稳定学科队伍、保证教育质量等方面都发挥

---

[48]　参见前注 45，Christiane Kison 文，第 99 页及以下。

[49]　同前注 45，Christiane Kison 文，第 103 页。

[50]　详见前注 42，秦天宝等文，第 67、68 页。

[51]　关于德国法学教育的具体法律依据，参见韩赤风：《当代德国法学教育及其启示》，载《比较法研究》2004 年第 1 期，第 113、114 页；田士永：《法治人才法治化培养的德国经验》，载《中国政法大学学报》2017 年第 4 期，第 117—122 页。

着重要作用。[52]

　　然而,制度并不总是完美的,前述的保障机制亦存在缺陷。其一,政府的"大包大揽"几乎架空了大学的组织责任,大学缺少自主权,组织能力孱弱。其二,教授作为学术自治"真正的受益者",完全凭借个人的学术需要或喜好安排科研和教学,政府和大学对此无法发挥引导和组织作用,导致法学教育有时无法及时回应社会需求。为弥补上述缺陷,德国于本世纪初启动高等教育改革,推动法学教育的革新。首先,在《联邦高等院校框架法》的推动下增强大学的自主权并赋予其一定范围内的自我管理义务。具体体现在校长权限的扩大和大学决策责任的加强。前文提及的 2003 年开始的第一次国家考试改革[53]就属于这方面的典型实例,第一次国家考试改变了原来由州统一组织安排的模式,引入了由大学组织的重点研究方向考试并占总成绩的 30%。其次,国家引导社会对大学进行评价,使得大学日益重视并主动寻求与社会的联系,逐渐形成高校教学科研与社会需求联动发展的新态势。另外,德国政府成立了各类高等教育评估咨询机构,有意识地促进社会各界人士参与其中,希望借助企业和社会团体力量对高等教育的重大决策施加良性影响,社会的实际需求也借此得到反映,大学的教学和科研活动更加有的放矢。[54]

## 结语:我国法学教育改革的思路与可能路径

　　中国法学教育理论性教学与实践性教育"双不足"的积弊需要深刻改革方能彻底根除。德国法学教育围绕"法官能力"的培养这一主要目标扎实开展,培养法律从业者深厚的学术功底以及理论与实践结合的能力成为关键。德国借助先接受理论后进行实践的"双阶式"教育框架很好地协调了理论教学和实务训练的关系,通过"大学教育→第一次国家考试→见习期→第二次国家考试"的培养和考核流程将理论知识的学习、法律思维的培养以及实务问题的熟悉有机地贯穿融合在一起,形成了德国法学教育的鲜明特色,其中的先进理念和制度设计值得我国在新一轮法学教育改革推进过程中理性借鉴。

　　在学制方面,我国可以考虑在有条件的法学院中尝试对四年制本科和法律硕士项目进行整合,试行本硕一体的学制,具体时长可根据学生具体情况个性化调整。应将培养学生的"法官能力"作为我国未来法学教育的核心目标,通过改进教学方法使学生掌握主要实体法、程序法的基本知识,并具备法律解释与适用的能力。受到

---

〔52〕　参见前注 42,秦天宝等文,第 67 页。

〔53〕　经过改革的第一次国家考试其实被称为"第一次考试"更为合适,因为第一次国家考试已被分解为"国家(州)考试"和"大学考试"两个部分。

〔54〕　同样参见前注 42,秦天宝等文,第 67 页。

德国经验的启发，本科阶段的课程设置的权重应作如下递减式的安排[55]：基础部门法课程（如民法、刑法、行政法、民事诉讼法）及其配套案例练习课→法理学等基础理论课程→实务技能课程，具体课程设计和结课要求应当与作为法律职业从业门槛的"法考"紧密关联。具体课程类型设置方面，可以考虑引入德国讲授课、案例分析课与研讨课"三位一体"的大学法学教育基础培训体系，但具体方法和路径需要经过尝试探索和不断调试。

　　为了从整体上切实提高我国法科毕业生的质量，当务之急是要扭转目前"放水型"的毕业考核模式，可考虑像德国那样对毕业生的成绩分等，并在毕业证书上列明是否通过"法考"及其成绩，以督促学生苦练内功。就"法考"的可能改革方向而言，可以进一步大幅提高主观题比重，甚至可以考虑逐步剔除客观题的考查。同时，主观题亦应以案例分析题为主并设置具体的答题格式和步骤，结合学界观点的论证说理亦不可或缺，整个分析过程应设置精细的评分标准，使学生在充分展示其法律素养和思维的同时，又能得到公正客观的评判。阅卷人员队伍亦应做相应调整。

　　法治人才需要法治化的培养，而我国目前法学教育仍然"面临规范文件散、规范效力低、存在法律规制空白等问题"，可以借鉴德国法治人才法治化培养的有益经验，尝试构建涵盖基本培养模式及其学制、课程体系、考试以及实践教学等具体内容的法律规范体系，做到重大改革于法有据。[56]

---

〔55〕　相似观点参见前注1，葛云松文，第299页及以下。
〔56〕　详见前注51，田士永文。

# 法学经典

[德] 鲁道夫·斯门德 著　曾　韬 译

德国国家法中的市民与资产阶级

——1933 年 1 月 18 日柏林大学国庆庆典上的讲话

中德法学论坛
第 17 辑·下卷,第 155～167 页

# 德国国家法中的市民与资产阶级<sup>*</sup>

## ——1933 年 1 月 18 日柏林大学国庆庆典上的讲话

鲁道夫·斯门德<sup>**</sup> 著　　曾　韬<sup>***</sup> 译

  在一片阴郁的气氛中,我们庆祝帝国成立日(Reichsgründungstag)这一德国高校惯于为其举办庆典的重大民族节日。这与所有民族性节庆日在当下德国的际遇毫无二致。1871 年 1 月 18 日凡尔赛宫中的伟大历史事件对于我们而言已经日渐黯淡,而另一个发生在同一地方、我们至今依然生活于其阴影之中的历史事件尚不足以磨灭前者在我们心中留下的印记。自此,正如今日情境所示,学术界举办的 1 月 18 日庆典一直笼罩着政治上的惊惧和绝望气氛,战后的头几年也几乎一直为这种气氛所累。

  与幸运的民族乃至我们自身的既往相比,我们祖国的节庆日的特异之处不止于当下令人窒息的气氛。在巨变之前的年月里,我们这些年长者庆祝皇帝的寿辰或者色当大捷纪念日的时候,我们庆祝的是一种现实,一种由新帝制确立的国家统一和国家形态的现实,一种由一场无与伦比、上天佑护的大捷奠定的德国人民的权力地位和历史使命的现实。而且,这种现实对于我们而言是毋庸置疑的:我们或是认为此种现实为理所当然之存在,或是像海因里希·冯·特莱奇克(Heinrich von Tre-itschke)在其耗费毕生心血的史政巨著中所做的那样,怀着一种强烈的道德热忱赞颂此种现实。

---

  * 本文收录于:Rudolf, Smend, Staatsrechtliche Abhandlungen und andere Aufsätze, 4. Auflage, Berlin 2010, S. 309 - 325.

  ** 鲁道夫·斯门德 (Rudolf Smend):德国著名的国家法学家,曾执教于柏林大学等著名高校,也曾担任过哥廷根大学"二战"之后首任校长和哥廷根科学院主席之职。其所创的宪法的整合理论对于德国国家法学和德国宪法裁判实践具有重大影响,有德国联邦宪法法院的"家神""柱石圣人"之誉。

  *** 曾韬:德国科隆大学法学院博士候选人。

如今,1871 年 1 月 18 日的皇帝的荣光和战胜者的荣耀均已成过往。帝国的统一却依然保留给我们,尽管其已瘫痪,遭人诅咒,残破不堪。也许这个统一不过就是某种我们对其根本不存在共识之内容的形式或者容器,我们将其想象成或是资产阶级的,或是社会主义的,或是复辟主义的,或是革命性的,或是激进的,或是妥协的,无论如何我们的想法都是不在一条道路上的。如果说当下的统一对于我们而言只是达成众多如此各异的目的之手段而已,那么我们还有可能共同诚挚地庆贺这个统一的庆典日吗?

为使各位同学亲身体会到这个问题的重要意义,我或许应该进一步问:对于一个像当下的青年人一样,决绝地与一切"市民性"(Bürgerlich)划清界限的年轻人而言,〔1〕1871 年的历史事件是不是太过于"市民性"了,根本不构成任何值得庆贺的契机? 毕竟这个历史事件涉及的是德国市民阶级民族运动所承载之热望的实现。在这一历史事件中,德国的市民阶层和德国国家最终互相肯认了对方;俾斯麦擘画的帝国统一于我们而言似乎已成过眼云烟,且自尼采以降,特别是在当下的青年之中,俾斯麦一力促成的统一是一切灾异的渊薮:初年的繁荣和物质化,继之精神和道德上的荒芜化,商业化、大众化和威廉主义(Wilhelminismus)* 也纷至沓来,最终人们迎来了苦难的结局。

在此,我仅打算尝试针对这一问题之局部给予部分解答,只要其在我的专业内对于我而言是力所能及的。当然,历史学科的历史反思在此问题上已为我们提供了初步的答案。于俾斯麦的人物形象的描述及其功业的追述之中,人们清楚地感受到了此种历史反思的飞速进步,这当然不仅仅基于新近发现的为数众多的资料来源。而在我看来,此历史反思在叙述作为俾斯麦之对手、形象不甚明晰的德国市民阶级(Bürgertum)方面尚无同等水准的成果。在此方面,人们无法通过细枝末节之爬梳建构出整体的形象。当然,其原因也可能在于时间上相距甚近。在此方面,可能间或会出现其他方面的声音。法律人也在此之列,毕竟市民概念(der Begriff des Bürgers)也是法律人的囊中宝物。人的概念和形象(Begriff und Bild des Menschen)以及特定时代的市民,是该时代的法的思想前提。缺乏对此思想前提和人的形象的认知,人们根本无以理解相应时代的实在法。在此问题上法律人可能还具有一定的

---

〔1〕 关于此种拒绝态度的细分(发生于世纪之交、现已被人遗忘的骚动和反抗):Th. Geiger, Die soziale Gliederung des deutschen Volkes,1932,S. 131.

关于德国的概念和评价立场的发展演变的丰富的比较观察素材,例如:R. Joannet, Eloge du Bourgeois Francais,1924. 齐格勒(H. O. Ziegler)提醒我注意到了这个文献。

* 威廉主义一词指的是德皇威廉二世(1888—1918 年在位)统治期间,德国政治、社会、文化和艺术的具体特征和现象。——编者注

优势,因为其概念和形象必然较之历史学家的更为简单、清晰和持久。正如法体系本身,无论其起源有多么扑朔迷离,无论其细节有多么纷繁复杂,必须始终被认为是一个缓慢演化的整体。此种特定、完整的整体也以一种特定的、完整的和明确的人和市民的类型为前提:以其为考虑问题的基础,以其为理解自身规范的前提。对于历史学家而言,19 和 20 世纪德国市民阶级仍然是一种游移不定的现象,而法律人则有权乃至必须用具备持续性的观念内容使之确定下来。

　　想必大家都很清楚,"市民"和"市民的"这两个词在许多情境中是何等地为人鄙薄。在当今绝大多数德国人的心中,二者就意味着市侩(Bourgeois)这种资本主义时代的精致的利己主义者。他们既无爱人之心,亦无任事之勇,既无审美之能,亦无勃勃生气。他们是旧时代之人,对于建设一个富有活力的新时代而言,人们不能对其抱有丁点指望。也许此种批判性意见主要是针对一个阶级,或者主要是针对一类人,也许此种批判性意见起源于青年运动,或者来源于普罗大众及其无阶级社会的主张、新道德的追求、高尚的主人翁精神,乃至源于活力论上的和美学上的批判风尚,其在任何地方都标示出有史以来市民和市民阶级思想的价值贬损曲线的最低点。这不禁令人联想起某些历史上赫赫有名的货币的名字:它们起初用于标称分量极重的黄金,但在其流通史的最后阶段却最终一文不值。起先,完全和真正意义上的人只是市民,经典的希腊伦理就是市民的伦理,而非人本身的伦理。甚至在希腊文明式微之际,《新约》仍将基督徒生活的内容和意义称为他们在天国中就拥有的市民性(politeuma),而其市民性不仅仅意味着其所享有的市民权(Bürgerrecht),而且是其全部生活的现实,及其经历过的历史,正如路德所翻译的那样。[2] 如今,市民性在很大程度上已经指的不再是生活尤其是有价值的生活,而是行将灭亡的缺乏活力、面目可憎、无耻僵化和故步自封的一个社会阶层。

　　回到自身的问题上,我们应该要问,在古代的市民到当下的市侩的发展历程中,19 和 20 世纪的德国国家法学扮演了什么样的角色? 我们的这种国家法学是市民的国家法学,还是市侩的国家法学? 我们拥有过的宪法是不是通往堕落和市侩之路的引领者和真实写照?

　　我们提出这一问题不是沿着马克思主义一个著名的论断的意义:国家是不是有产阶级镇压无产阶级、资产阶级镇压普罗大众的组织? 相反,我们所要追问的是宪法赖以为自身基础且使宪法可予理解的人的形象。此种形象主要来源于宪法的一个部分,也即宪法规定的基本权利:从涌现于德国大地的为数众多的 1789 年法国《人权宣言》的效法者到魏玛宪法第二篇中的《德国人的基本权利和基本义务》。

―――――――――――

〔2〕 然而,在《腓利比书》第 3 章第 20 节中有时候也被解释为形式意义上的市民权。

这里呈现了一个令人惊异的第一印象:在迄今一百多年的文献中,人们更多的是在市侩的意义上理解基本权利,而非在古代市民的意义上。

在早期,也即在早期的德国君主立宪主义(der deutsche Frühkonstitutionalismus)这一点便已现端倪。且不论一个如今"法国的人权是市侩精神的写照"这一日渐流行的观点[3]正确与否,在德国特别是在南部德意志邦国,基本权利的观念和制度的确是沿着此种方向的。尽管法国人生活中的个人主义权利哲学[4]在德国的任何地方均从未获得过主导地位,然而,德国基本权利观念的实际作用较之法国的更为个人主义。德国的基本权利观念缺乏法国那里的对基本权利的个人主义有对冲作用的民主的人民主权。基本权利只在法国被视为民主的人民主权的另一面,在欧洲反封建运动中,其未曾像在法国那里那样成为运动的旗帜。在德国,基本权利只留有个人一定程度上从国家中得到解放、面对国家享有一定保障的要素,只意味着保留给个人的国家之外的私人领域(außerstaatliche private Sphäre)。在这个时代的政治静物画之中,不存在与基本权利相对应的国民(Staatsbürger)踊跃参政的领域。在起始时代,罗特克(Rotteck)就将基本权利理解为个人拥有的先国家之物或者国家之外之物。[5]在这一发展历程的末端,舒尔茨-迪利奇(Schulz-Delitzsch)要求北德意志邦联宪法规定此种意义上的基本权利。[6]

如果我们审视一下其预设的人的类型,此种思维方式的弱点就暴露无遗了。在其关于法律之中的人的研究[7]中,古斯塔夫·拉德布鲁赫描画出作为 19 世纪所有法律思想和几乎整个法秩序的前提的人的类型:精明、自利的个人。简言之,市侩的理论模本。老派自由主义(altliberal)的基本权利理论就是以此类型的人为根基的:他们需要获得相对于国家的安宁,因为其精明的自利主义能自动地以最为有利的方式利用此种安宁。其与蕴含着革命性理性主义信仰激情的法国人权宣言有云泥之别。人们似无必要大费周章地庄重地颁布基本权利宣言。此种个人主义——市侩式的基本权利理论最终在理论层面彻底地消解了基本权利,这丝毫不令人感到意

---

〔3〕 z. B. H. Planitz in: Die Grundrechte und Grundpflichten der Reichsverfassung, hrsg. von H. C. Nipperdey, III 607, Voegelin Ztschr. f. öff. Recht 8, 120. 其显然没有受到另外一个论述的影响(J. Jaurès, Hisloire Socialiste 1789—1900 I 302 s.)

〔4〕 so E. R. Curtius in Curtius-Bergsträßer, Frankreich, I 180.

〔5〕 statt aller Belege Planitz a. a. O. S. 613.

〔6〕 Fr. v. Holtzendorff u. Bezold, Materialien der Deutschen Reichs-Verfassung I 536.

〔7〕 Recht und Staat, Heft 46, 1927, S. 8 f. Für das Staatsrecht S. 10 f., der Gegentypus S. 11 .12 ff.

外。过去 19 世纪最后几个世代的形式主义国家法学认为，基本权利只意味着业已无
实际对象的废除历史上的、封建主义和专制主义对个人自由的限制之要求，如今则
认为基本权利只意味着禁止无法律授权的干预和法治国家原则所要求的依法行政
原则，实质上也就是使个人获得免于警察恣意的保障。〔8〕宪法是何其堂皇和积极地
宣告，个人得享自由、平等和所有权，有权按照自身的信仰和信条生活，有权自由表达和
相互结社；而如今人们对其之理解又是何其畏葸和消极：这些只意味着相对于警察的私
人领域的自由。是在这一神圣的安宁领域中消极遁世，还是穿着睡裙、拖鞋享受着莱布
雷希特·许欣(Lebrecht Hühnchen)式的小幸福，抑或在经济斗争中肆意妄为，无论个
人以何种方式填充此种自由领域，都与国家没有丁点儿关系。卡尔·施米特
(Carl Schmitt)极富创见且在公共生活和政治讨论中广受关注的宪法学说构成了这
种发展方向的必然结局。基于对 19 世纪宪法史的回顾，他将基本权利连同权力分立
理解为与政治无涉的市民性个人主义的《大宪章》、宪法中政治无涉的部分、市民法
治国(bürgerlicher Rechtsstaat)〔9〕——更为尖锐的话，可称其为市侩法治国。

　　然而，"市民"法治国这个作为政治无涉的防御体系和内心厌烦政治、排斥国家
的市民阶层的逃遁心态的概念，既不符合我们的宪法史事实，也不符合我们当下的
国家法。这是一个带有贬低色彩的概念，可以肯定地认为，这个概念被用来衬托一
个与之截然对立、更具政治性的概念世界：民主制、威权式或独裁式国家治理以及众
口一词的"全面"国家(„totaler Staat")。

　　我们在 62 年前的今天实现了民族统一的德意志国家的梦想，其在处理与市民的
关系问题之时，或是采用在各个君主制邦国的宪法中规定基本权利的保障方法，或
是采用帝制帝国时代的用于实现基本权利的单行立法的方法，以及采用魏玛宪法中
规定基本权利和基本义务的做法，但无论其采纳何种方法，始终根本没有承认此种
市侩主义逃避政治的畸形心态的意愿，更遑论将其永久地确定下来。

　　当现代宪法国家的制度纷纷在各个德意志邦国得以确立——特别是其中的基

<hr>

　　〔8〕　最新的总结，P. Laband, Staatsrecht des Deutschen Reiches 5. A. I, 151 Anm. 2. 与之
对立的观点，O. Gierke in Schmollers Jahrbuch 7，1885，1132ff.(基尔克在此文中也没有完全阐明
形式主义概念扭曲的弊病)。"不尊重宪法上的臣民的自由是拉班德国家学说的一个特点"(E. Ke-
hr, Die Gesellschaft VI 2，1929，S. 257 f.)，这个看法是不正确的。凯尔在此问题上引证了基尔克
的文献，但基尔克并无相关言论。观点较为正确的有：H. Heller, Rechtsstaat oder Diktatur?
(Recht und Staat Heft 68)1930，S. 8 f., S. Neumann, Die deutschen Parteien 1952, S. 19.其激进
的技术化特征未被人们正确地认识到，此趋势也在马克斯·韦伯那里有所体现(参见梅尼克对这
一点简明扼要的论断：Fr. Meinecke, Geist und Persönlichkeit, 1933, S. 163 f.)。
　　〔9〕　Verfassungslehre S. 125 f., 158 f., 165 ff., 175.

本权利,这些制度进入了一个与其母国法国完全不同的情景之中。在法国,基本权利是一场革命的产物,是激进主义、世俗主义的个人解放的体现,其在德国只意味着现有状况的改良,同时其也绝非与此种状况的社会伦理基础骤然断绝。

这意味着什么,人们可以在德国法制史较早的一个历史进程中一窥端倪。众所周知,1794 年的《普鲁士一般邦法》仍然坚持传统的三阶级划分,但并不是将其作为一种事实固定下来,而是在国家之中的理性分工这层意义上将其理性化为一种使命性义务的体系。"贵族阶层依照其属性主要负责国家之防卫、国家外部尊严和内部秩序之捍卫。""城市的功能主要在于为从事天然作物的加工和深加工以及商贸活动者提供居留之所。""任何农民都有义务耕种其土地,此项活动也同时服务于公共利益,国家为此目的可对其采取强制手段。"〔10〕即便是专制国家也无法仅仅打着重商主义的旗号将此种理性主义强制性任务体系提升为法律义务——倘若传统的基督教的天职伦理尚未已然将其化育为一种法律义务。

人们也应该如此理解最先期引入的立宪主义宪法。或许,为其摇旗呐喊者的意识形态是启蒙运动和个人主义自然法的或者古代良善之法上的等级制的,或许,保障基本权利的君主的意识形态是君主主义或者法国 1814 年宪章意义上的,而在人民的意识中,其效力前提依然寓于其与既有的社会伦理的契合之中。洞悉这一点,最简单的方式莫过于将其理解为基督教传统的三等级学说之——无论当时是有意识地还是无意识地——续造:政治者(politicus)、传道者(ecclesiasticus)和经济者(oeconomicus),也即政权等级、神权等级和商业农业等级。〔11〕早期的立宪主义者所面对的就是这样一种观念世界。在当时人民眼中,立宪主义在此观念世界中就当作此解,只是轻薄文人的看法与之不一。因此,立宪主义绝不意味着法国大革命那样以革命为手段的激进的新秩序建构,而是将被赋予参政权的臣民安置于既有的社会伦理体系之中。人们可以这样说,臣民如今也成为参政者、政治使命阶层。其新获的权利,特别是基本权利,可谓此种新使命的等级权利——正如官员们特殊的权利和义务是该使命阶层的等级权利。相反,我们在这段岁月的德意志邦国宪法之中根本找不到基本权利被设定为先国家的(vorstaatlich)或者国家之外的(außerstaatlich)权利的痕迹。在此之前,特定的等级身份以特定的等级义务、荣誉为手段达成每一个体的社会定位。如今,普遍的国家公民表现为唯一的阶级,依据权利、义务和荣誉,其法律上的地位得到了基本权利上的配置。国家公民阶层所有此种权利绝非被保留

---

〔10〕　Teil Ⅱ Titel 9 § 35, Titel 8 § 86, Titel 7 § § 8/9.

〔11〕　für diese statt vieler E. Troeltsch, Soziallehren d. christl. Kirchen (Ges. Schriften 1 1912) 522 ff.

的私人领域,而是国家之中的基本权利上的地位,正如梅特涅所精辟地指出的那样,此种权利是"个人政治上的存在""德国人的权利",故而此种权利也应该成为联邦的职权和联邦的司法体系的对象。[12] 私人领域之保障,尤其是所有权之保障,在任何地方都不是目的之本身,相反,都只意味着政治解放的一个方面。这是一种理所当然的保障。哪里政治自由的基础——国民社会、经济和个人领域——不是不可侵犯的,哪里就不存在真正的政治自由。然而,在此种主要是消极的意义之外,如今的人们又体会到其积极意义:恰恰是国民之个人和社会境遇熏染出国民之素养。改革者的国民教育理念强调这一点,绝非教条主义或不经之谈。斯坦因就曾在其《拿骚回忆录》中将土地所有权视作个人与祖国的纽带,他还曾在其所谓的政治遗嘱中将土地所有权、市民工商业和宗教团体并称为与国家相联结的纽带,且将其当作代议法的基础。[13] 这些表面上看私人性基本权利的领域在任何地方都不是隔绝

---

〔12〕 H. v. Gagern, Mein Anteil an der Politik, 1823 ff., II 213, zit. von F. Gilbert in seiner Ausgabe von J. G. Droysens polit. Schriften (1933) S. 4 Anm. 1.

〔13〕 G. H. Pertz, Leben des Ministers Frhn. vom Stein, 1849 ff., I 425, II 311. Vgl. G. Ritter, Stein, 1931, überall, z. B. I 297 f., 300, 407, 432, und statt vieler noch H. Ullmann, Das werdende Volk, 1929, S. 87, 94.在此聊举博延的"一个出于精神和道义双重动机而参与国家生活的国民,其在军队之中只是以被武装的国民的身份参与军事事务的"思想为例(K. Wolzendorff, Der Gedanke des Volksheeres im deutsdien Staatsrecht, 1914. S. 3t, in etwas schärferer Pointierung gegenüber Fr. Mcinecke, Leben des G. F. M. H, v, Boyen II 1899 S. 171 ff., 538 ff.)。

——关于当时市民阶层普遍的宗教和道德风尚,参见 Fr. Brüggemann, Dtsch. V.J.Schr. f. Lit.-Wiss. u. Geistesgesch. 3 (1925) 102 ff. 126.

眼下我打算搁置这一问题:是否以及在何种程度上这里涉及的只是新教伦理在新教区域的影响。对于如今的天主教而言,19 世纪的历史风云使其自身立宪主义岁月的开端不堪回首,因而如今沉湎于传统的"市侩式"思潮,只在基本权利之中找寻使国家最小化的理据(H. Rommen, in: Die berufsständische Ordnung, hrsg. v. J. van der Velden, 1932, S. 18)。另一方面,德国天主教徒国家政治使命伦理的口号(当然其被论述得极不充分)来源于德国天主教人民协会(|A. Pieper| Der Bürger in Staat, Nation und Partei, Gesammelte Vorträge, hrsg. vom Volksverein, 1923, Nr. 9. S. 8)。

对于 19 世纪下半叶有标志性意义的是,国家法上的教育手段不再是基本权利,而是公共义务。我们仅需看一下一个经典言论:"民族兴亡的关键之处在于,是否存在那些日复一日、年复一年、代复一代地向社会晓谕国家义务意识,并将义务之履行转变为理所当然的习惯的制度。选举义务、债务、纳税义务、市镇生活中的自立性教育了整个民族,并使其傲视群雄。而其他社会之国家则因社会之重构有沉沦之虞。" R. Gneist, die Eigenart des Preußischen Staates, 1873, S. 27. Ähnlich Yorck an Dilthey 7. 5. 1879, Briefwechsel zwischen Wilhelm Dilthey und dem Grafen Paul Yorck v. Wartenburg 1877— 1897, 1925, S. 13.

——关于德国和法国在同质性方面的差异以及由社会伦理导致的社会分层,参见 z. B. bei H. Naumann, Deutsche Nation in Gefahr. 1932, S. 17 ff.

于国家的一种保留,而是一种作为政治上的能力而与其相联结的纽带。人们曾经认为,基本权利上的言论自由是私人的自由,对于意见竞争而言其为一种必要的存在,而且,依据自由主义对此竞争的建设性力量的信条,最佳的言论一定会胜出。[14] 只需提醒大家回忆一下阿伦特《使铁生长的主啊》这首歌,我便可以指出,"大无畏的勇气"和"自由论争的壮怀激烈"绝非市侩之气质,也绝非私人的美德和善,而是公共生活的禀赋、美德和善。似乎听起来有点像斯坦因政治遗嘱之口吻的是,直到 1918 年,我们的国歌一直将"自由人之热爱"作为国家秩序的支柱性基础:此种基本权利上的自由绝非市侩式远遁国家,而是国家的市民性根基。

　　构成魏玛宪法第二篇之核心的如今的基本权利之含义也是如此。人们一直争论,"德国人的基本权利和基本义务"到底是资本主义的还是社会主义的,抑或是被人轻蔑地称之为"超党派政党纲领"的、囊括了所有政治色彩的马赛克拼图。提出此种问题本身就是一个彻头彻尾的错误。出于编辑技术的缘故,宪法被划分为两个部分,而基本权利与第一部分也即国家机关法之间的密切关系却由此被忽略了。此种关系与一百年前别无二致:在此关系之中,基本权利在很大程度上是德国国民自身的使命性权利(Berufsrecht)。在此我打算用几个例子做进一步的说明。宪法赋予工人阶级结社自由和一系列其他的社会权利和保障,其目的不是社会政策性的(sozial-politisch),而是宪法政策性的(verfassungspolitisch):在一个拥有最广泛的民主基础的国家中,只有工人阶级不仅享有形式上平等的民主投票权,而且也有能力成为自由和主动的民主制的国民,其宪法上的参政权才能得到切实的保障。同样,所有权保障并不意味着一种民法制度的宪法保障,而是一种对狭义的市民阶层的社会基础的一定程度的保障。此外,宪法上的公务员权利并不主要意味着现有公务员法的自由化,而是鉴于公务员的依附性在民主制度中会不可避免地得到强化,确保其享有被宪法提升之自由度的前提。因此,帝国宪法中的基本权利的出发点和一个重要的构成部分在于,其为不同的国民群体配备了自由和保障。对于各个群体而言,这些自由和保障是真实的而非形式上的国民自由的前提。对于形式民主制而言,行使这

------

[14]　C. Schmitt, Geistesgeschlichtl. Lage des heutigen Parlamentarismus² 1926, S. 50.
　　德国基本权利之表述未将其与法国基本权利的差异有效表达出来,关于这一点,参见 A. Wahl in der Festgabe Karl Müller z. 70. Geburtstage dargebracht, 1922, S. 271 f.

些自由和落实这些保障也极为必要。[15]

　　显而易见，人们很容易对此提出诘问。难道这种作为国民整个公共法律地位之意义基础的所谓国民道德使命的法学思想，不是一种空洞的意识形态吗？难道近几十年来我们所见所闻的德国市民，在总体上不是彻头彻尾的市侩吗？难道斯坦因的国民教育事业——尤其是其中的城市秩序——不是其所不欲、为其拒绝的吗？难道

---

　　[15]　相对于"作为一个独立的实质体系的基本权利"的观点，我在此处建议的在个人政治使命权利的意义上的基本权利之解释和适用（只要此种解释和使用实际上是可能的）必须享有优先地位。多年来，前一种观点已经得到国家法学一个派别的富有成效地论述，我自身在这个问题上也坚定地支持这个派别（neueste Übersicht wohl bei G. Giere, Das Problem des Wertsystems der Weimarer Grundrechte, Abhandlungen der Rechts-u. Staatswiss. Fakultät d. Univ. Königsberg Heft 3, 1932, Literaturverzeichnis, u. bes. S 86 ff., 100 ff.）。相对于卡尔·施米特更为实质化的学说，特别是制度性保障（Institutionelle Garantie）、制度和既得利益之类的保障，情况亦是如此。在我看来，"制度保障（Institutsgarantie）"的理解方式过于照搬私法的方式（Freiheitsrechte und institutionelle Garantien der Reichsverfassung—Festschrift der Handels-Hochschule Berlin 1932—S. 13），制度保障和制度性保障对于所涉群体的中的个人的施惠作用极为有限（das. S. 11 f.）。施米特援引的以第 159、165 条为依据做出的判决（Handbuch des deutschen Staatsrechts, Hrsg. von Anschütz u. Thoma II 584. Anm. 43）更应该被理解为针对个人利益的解释，而非实质的自由主义的解释。

　　实质化的，特别是施米特式的基本权利解释的结果在基希尔曼的《魏玛……还有呢？》（O. Kirchheimer, Weimar... und was dann? 1930, S. 25 ff.）中得到了绝佳的展示。按照这样的解释方式，同样的基本权利在不同时代具有截然不同的含义（S. 29 f.），且为运行着的国家机器以及国家机器所服务的即将形成的——无论其内容如何的——社会秩序提供合法性的外观（Schein der Legalität, S. 46），基本权利是"没有决断之宪法"的最具标志性的部分。按照某实质上自成一体的政治思想体系做出决断，这并非宪法的真正意义，其真正意义在于将活跃的人汇聚成政治性共同体。

　　卡尔·施米特正确地意识到了必须重新审视魏玛宪法中的基本权利部分与国家机关部分的关系问题。其纯粹辩证法式的二选其一的思考方式没有探查二者之间历史和内在的关系。以一种以非纯粹形式性的宪法概念为基础的思考必然能够体察到此种历史和内在的关系，连黑尔施这样的法律外行人也能洞悉这一点（Staat und Kirche im 19. und 20. Jahrhundert, 1929, S. 47 f.）。在解释基本权利的时候不考虑此种关系的辅助作用将会导致何种鲁莽的结果，在施米特的论述中（Handbuch Ⅱ, 583）以及诺伊曼的阐述中（Fr. Neumann, Koalitionsfreiheit und Reichsverfassung, 1932, S.47 ff.）得到了绝佳体现。

　　如果说从起源上看，基本权利起先（只要是可能的）被理解为个人主义的，那么在我看来人们不应该纠结于"民族主义的"还是"个人主义的"这个二选一的问题，而是应该考虑，是应该在自由主义的意义上界定"市民性"，还是应该国民主义式地在国民使命资格这层意义上理解"市民的"。对此毫无影响的是，从伦理和技术上看，这里牵涉到的某些基本权利不应该只保留给国家的属民。然而人们尚需就此进行深入的法制史方面的研究。自然而然的是，以上论述并不否认基本权利的其他功能，那些本文提到的范畴未涉及的功能更不可能为本文所否定。

曾经的政治理想主义者在毕德麦耶儿时期（Biedermeierzeit）和经济腾飞时期没有堕落为市侩吗？难道德国市民政治意志中的万丈雄心和浩然正气没有投降于俾斯麦以令人眼花缭乱的方式实现的民族统一吗？难道德国市民没有自甘于新生国家在很多涉及整个民族的大是大非问题上作壁上观？[16] 难道德国的市民没有在日渐繁荣的经济形势中，以及出于对普罗大众政治运动的恐惧，愈发被动地躲进威权和权力国家的庇护之中，直至与其决裂？

在可以预见的未来，尚无人书写作为一种社会和伦理现象的近几百年的德国市民阶层历史。[17] 然而，其中的一个问题很容易得到极为明确的答案：在这段时期内，对于我们的国家生活有规范性的主导作用的，是面对国家身负道德义务市民的思想，还是远离国家的市侩的思想？

回答这个问题，我们首先可以从一个世纪以来的人物传记的素材入手。当然，这并不是说我们将要采用统计学的方法归纳出这个时期德国市民普遍的精神面貌。我们也不应将目光局限于这个时期的政治思想家和哲学家的作品，这些人走的往往是独来独往的道路。相反，我们需要问的是那些在这个时代的普遍的法感和道德感上有代表性的人物。根据我的观察，这些人在这个时期所做的任何努力都与约翰·古斯塔夫·德罗伊森于 1844 年精辟地总结的一种意识相契合：人们能够服务于国家的不止于税款和服从。[18] 稍晚时期的景象对于我们这些年长者而言依旧是生动的记忆。我时常回忆起那些被马克斯·韦伯不无鄙夷地称为贤达（Honoratioren）的人，他们是地方上具体的公共性、政治性工作的承担者，在过去也是旧式政党的真正

---

〔16〕　H. Ullmann a. a. O. S. 52 ff.

〔17〕　引人注意的是德国 19 世纪的市民阶层的历史在不同的作家那里，基于不同的语境，受到各不相同的历史分期处理。在我看来，只有梅尼克的一个观点是唯一正确的看法：个人自由之保障与国民主动性地安置于国家之中自始就是交织于立宪主义的主张之中的（Preußen und Deutschland im 19. und 20. Jahrhundert. 1918, S. 158）。与之截然对立的是一个过于受到南德意志轻薄文人影响的观点：相对于根本性的早期个人主义的自由主义，道义上的积极作为和现实政治的意义是后来和次要之事，且与民族统一的理念密不可分（z. B. A. Salomon, Die Gesellschaft 9, 1（1932）S. 378 ff.〔erster der beiden gleich gezählten Bogen〕ähnlich wohl H. Oncken, Rudolf v. Bennigsen I, 1910. S. 2）。后来在评价问题上的分歧与之相似。萨勒蒙试图标记滑向市侩的开端（Salomon a. a. O., S. 381. S. Neumann. Parteien. S. 19 f.）。

关于早期自由主义，亦可参见：E. Spranger. Volk. Staat. Erziehung, 1932, S. 188：“从源头上看，德国的自由主义部分地来源于康德—费希特的义务思想，部分地来源于斯坦因男爵式等级自由主义。二者在很大程度上都含有自由的、也即道德上要求的和自我认同的约束。”

尤其是在这个世纪的下半叶，这个问题在海外德国人的特殊境遇中体现得更为清楚；vgl. etwa M. Spahn, Elsaß-Lothringen, der Rhein und das Reich, 1932, S. 41 ff.

〔18〕　Polit. Schriften, hrsg. v. F. Gilbert. 1933, S. 4.

主人。在他们中间，的确也时常可见庸人之陋乃至相当危险的举动。但他们中间没有多少人胆敢否认，他们的公共地位只是以公共福祉为准则的义务性国民责任的体现。我时常忆起我在行政部门实习时遇到的一些案例。在这些案例中，这些人极为正确地以这一理由捍卫自身基本权利上的自由和平等；其所担负的公共性荣誉和义务地位要求其必须如此主张权利。我们的父祖——无论其党派属性如何——在公共生活中效仿的德国人的形象是自豪的和有荣誉感的，而不是像当今狭隘又盲目地煽动仇视情绪、歪曲性的历史叙事所讲的那样，[19]既窝囊无能又招人鄙视厌烦。

市民在道义上与国家休戚与共的思想，过去和现在都是在我们中间实际有效的，并可由此得以体现：此种思想是我们实在国家法的一个前提条件。19世纪的时候便已是如此。假如人们将19世纪的宪法史理解为新崛起的社会力量与君主和官僚阶层争夺权力和主权的历史，那么其宪法就只是一种半成品、一种搁置了一个关键问题的妥协：谁是真正的胜利者和主权者？[20] 然而，如果人们将其理解为不同官职、不同种类的分工的并立秩序，那么其中没有什么是未完结的、悬而未决的和妥协——其实际真意便是如此。魏玛宪法在此方面情况同样如此。如果人们市侩式地将其理解为这样一种状态的秩序：在此状态中，人人仅汲汲于自身的利益，丝毫不为整体着想，亦不觉得应向整体负担什么义务，那么宪法就只是一种多头对立的组织，[21]实际上也就是政治群体之间非政府状态下的并立格局，或者像人们时常形容的那样，是各个政治群体之间的一种权宜之计，一种停火状态或者阶级斗争的策略性局面。若是这样的话，那么宪法第二篇为各人民群体提供的保障不过就是所有权人、工人阶层、中产阶级、妇女群体、公教人员、教会和工会在魏玛所做的一个交易的

---

〔19〕 在这一点上，库提乌斯的说法是无可争议的。在当下我们考虑的德国法律和社会史的这个领域上，社会主义的研究理应承担一种特殊的任务。一部分社会主义者研究这个问题的方式使得库提乌斯激烈的反对具有一定的正当性（jetzt in: Deutscher Geist in Gefahr, 1932, S. 79 ff., bes. 94 f., 99）。比如说针对1813年解放战争的、国防军勋章上的口号（"上帝保佑吾王吾国"）所做的研究。在西蒙看来（H. Simon, Neue Blätter f. d. Sozialismus 3, 1932, 586），这个口号不过是"威廉式的口号"和"神话"，而且会令人回想起"致命性的声音"。这就是从普鲁士的首相嘴里说出来的话，此君不久之前还是德国高校政策方面的主管。此君是这个时代的一个标志，其肆意歪曲历史真相和滥用宏大的词汇的诸般作为是这个时代令人作呕但又屡见不鲜的例子。

〔20〕 C. Schmitt, Verfassungslehre, S. 289, Hugo Preuß, sein Staatsbegriff usw. (1930), S. 7.

〔21〕 C. Schmitt, Kantstudien 35, 41, Hüter der Verfassung. S. 63.

结果。[22] 各个群体的运气可能不尽相同。例如,狠薅了一把羊毛的市侩式的退休者,(用时下流行的技术话语来说)"以帝国宪法的效力"确保了此种利益,且以此法律地位为基础,观望或者参与人人对抗人人的斗争。毫无疑问,此种不同利益集团之间的交易的书面记录绝不是宪法,绝配不上官员和士兵向其宣誓。[23] 人们只有在这里委任受道义约束的市民,在整体的框架内,依据其各自的特点,向其指派特定的国民性使命和阶层权利,宪法的一个根本思想才能够得以保留:为人民赋予一种成为一个行动统一体、借此实现自身的历史使命的形式,一种于其中我们共同勠力于我们作为一个民族的共同的历史和道德使命的形式。

市民的时代已经终结,我们已经身处新时代缓缓合上的铁门之后。在我们的市民时代,臣民逐渐化为国民,他们创造了德国市民的理念和类型,并因此为后世留下了不可估量的政治和道德遗产。当今的年轻人似乎无意接手这笔遗产。他们对待父辈弱点的态度过于严苛;他们认为,父辈们在政治上从来没有扮演过什么光彩的角色,父辈们总是表现得幼稚和畏缩,父辈们最终(将德国)引向了世界大战和无尽苦难的道路。新时代对待市民阶层经历过的发展历程的态度是不公道的,这一历程是市民阶层在各种掣肘、僵局以及不断变幻的政治命运的逼迫之下所走的无奈之路。新时代对市民阶层特有的美德,特别是对——正如如今被打翻在地的自由主义者所形容的那样——融合了奉献和人道主义的克制的精神不屑一顾。当下,在政治信仰的狂热信徒之中,在大规模政治运动排他的、宗教迷狂式的呼号之中,国民已坠入堕落的深渊。

于当下的局势中,对于1月18号这个日子我们还有什么好谈的呢?

这是德国人民重新致力于自身政治使命的日子。几百年来,德国人民不仅被剥夺了这个机会,也屡遭外部世界之忌害。在德国统一之前,人们一再引用兰克的言论:一个伟大民族的民族国家意识要求在欧洲范围内获得与之相称的地位;任何民族国家都会意识到这一点,倘若其应有的地位是可望而不可即的。此言论蕴含的不仅仅是天然的扩张欲、权力渴求和豪情壮志,其中还潜藏着不能致力于自身历史使命的道德困苦,毕竟拥有和忘身于这样的使命是任何一个民族的续命空气,正如每

---

[22] 有一种最极端的观点认为,只有1919年参与了具体行动的人才能获得基本权利的保障,只有当时拥有公职的人才能享有第129条规定的既得权利。唯一持有此种见解且同时暴露此种观点的荒谬之处的是:E. Friesenhahn. Wirtschaftsdienst. 4 .7 .1930, S. 1145.

[23] 施米特精准地描述了此种多元主义对国家和宪法的摧毁性作用。宪法忠诚的真正问题正寓于此中:宪法是否真正地得到认真对待。宪法忠诚的标准不是共和国家观念这一人们在甄选宪法忠诚的政党、高校教师等时常用到的标准。恰恰是在共和主义的圈子中,宪法时常被当作一种策略性的局面,参见 statt Anderer O. Kirchheimer a. a. O., z. B. S. 17, 20.

个人的生活任务之于其自身的意义。在我们这里,此种道德困苦的含义发生了变化:从根本上讲,《凡尔赛条约》对我们伤害最大的地方在于,同时也是比所有损失和负担乃至战争罪责控诉都令人难以忍受的地方在于,德国人终于在1871年夺回手中的自身的历史使命再次被人剥夺,而且还是以一种羞辱性的方式,如同通过刑事法官的判决褫夺公共名誉的方式。

因此,帝国成立日这个庆祝1871年发生于凡尔赛宫中的伟大事件的庆典,不可避免地成为对1919年发生在凡尔赛宫中的另一个历史事件的抗议。帝国成立日成为对那时成功地和基于历史机缘以及道德上的必要性实现的民族历史使命的效忠告白,纵然此种使命在1919年被有法律效力的刑事判决剥夺。

倘若只是一味地怨恨《凡尔赛条约》,喟叹命运,斥责我们遭遇的所有苦难,那我们就是懦弱之辈。我们应该思考自身的任务、机会和力量之所在;我们期冀过、奋斗过的19世纪的先辈在这个方面是我们的伟大表率。使此种民族历史的力量源泉助力我们新的征程,是学术思考永恒的任务。我们既不可能意识到、也不可能完成自身的历史使命——假如我们不曾明了使命何其艰巨,在观念上塑造德意志民族国家思想以及为之而奋斗到底使我们付出了多么大的代价。于今日建设新的国家,我们再一次承担起思想观念创新和外在政治行动方面有所建树的任务。虽然与我们父祖的历史任务的内容已不相同,但同样艰巨。面对他们的失败与功绩,精神的、人道主义的和道德上的财富,他们的命运,他们面临那么多的失望、歧途时所表现出的冷静的力量,以及表面上毫无指望的试错耐心,倘若我们非但不从中汲取有益的经验和教训,反而对他们的市民的世界冷嘲热讽,那么我们就既不明智,也不公允。

暂时我们还无法看到庆贺德国再次变成幸福和统一的德国的那一天、庆贺作为当下现实的德国统一的那一天。我们已经分裂了,当下的庆典只是为了一种情结和希望的庆典,而非为了已有之物的庆典。让我们再次重提荷尔德林的抱怨:

> 你的提洛斯岛、奥林匹亚所处何方,
>
> 在最隆重的节庆我们于此相聚?

然而,出于对我们历史使命的确信,一如其于1871年1月18日所获的形态那样,让我们用荷尔德林的语言呼唤我们为之庆贺的德意志:

> 啊,民族神圣的心灵! 啊,祖国!

# 纪念克劳斯·缇德曼教授

孙国祥
经济刑法的奠基与建构者
——悼念梯德曼教授

［德］克劳斯·缇德曼 著　徐凌波、赵　桐 译
欧洲的经济刑法
——以 2010 年《西班牙刑法典》修订为契机的评价性阐释

［德］克劳斯·缇德曼 著　马春晓 译　徐凌波 校
竞争作为刑法的保护法益

中德法学论坛

第 17 辑·下卷,第 171～180 页

# 经济刑法的奠基与建构者

## ——悼念梯德曼教授

孙国祥 *

晚近以来,经济刑法学在全球俨然已经成为一门显学。对经济刑法多少有点了解的人都会提到该概念源自"德国"。而德国经济刑法研究的奠基性人物,非克劳斯·梯德曼(Klaus Tiedemann)[1]教授莫属。德国学者指出:"20 世纪 60 年代的社会变化引起了一场经济犯罪改革运动,这场运动将经济犯罪改革提上了科学和政治日程。德国法学教授克劳斯·梯德曼是一个关键性的人物,在随后的几十年里他影响了经济犯罪改革的发展。"[2]作为经济刑法研究的开创性人物,早在 1969 年,梯德曼完成的教授资格论文《附属刑法中的构成要件功能》(Tiedemann, *Tatabestandsfunktionen im Nebenstrafrecht*),成为经济刑法学这门新兴学科的奠基之作,他的经济刑法教科书(《经济刑法总论》和《经济刑法分论》)是经济刑法学的扛鼎之作。1972 年的德国法学家大会上,梯德曼提出了有关经济犯罪的专家意见,这引发了深入的讨论和政治活动。"[3]因此,梯德曼教授在学界享有"经济刑法之父"的称誉,[4]是现代经济刑法学研究无法绕开的一个名字。

20 世纪 80 年代的改革开放之初,梯德曼教授的经济刑法的概念和理论以我国

---

\* 孙国祥:南京大学法学院教授,博士生导师。

〔1〕 "Klaus Tiedemann"在中文中有不同的翻译:除梯德曼外,还有替德曼、蒂德曼、泰德曼等译名。本文正文统一沿用梯德曼,注释尊重原译者的译名。

〔2〕 [德]马克·恩格尔哈特(Marc Engelhart):《德国经济刑法的发展与现状》,徐剑译,载陈兴良主编:《刑事法评论:刑法规范的二重性论》,北京大学出版社 2017 年版,第 306 页。

〔3〕 前注 2,恩格尔哈特文。

〔4〕 德国马普国际和外国刑法研究所周遵友博士在其翻译的梯德曼教授的《德国经济刑法导论》中对作者所作的介绍。参见赵秉志主编:《刑法论丛》第 34 卷,法律出版社 2013 年版,第 1 页。

台湾刑法学家的著作为媒介,转道进入到大陆,[5]并借助于改革开放的社会背景,很快落地生根。通过 40 年的发展,现如今中国经济刑法学虽不能说枝繁叶茂,但也已经成为刑法学研究的重要分支。在经济刑法的著作和论文中,梯德曼教授的学术观点有着深刻的影响。略显遗憾的是,我国经济刑法学的研究重要特点是重具体经济犯罪而轻经济刑法的基础理论。[6]我于上世纪 80 年代末开始研究经济刑法,参考的也都是由台湾学者介绍的梯德曼教授经济刑法基础性理论。特别羡慕当时台湾学者能够从频繁的学术交流中获得最新的经济刑法研究成果,也特别希望有一天能够到德国向梯德曼教授当面请教。

天遂人愿,2012 年夏天,我应德国弗莱堡的马普外国与国际刑法研究所邀请,作为访问学者来到慕名已久的刑法学研究圣地,用两个月的时间从事经济刑法的研究和交流。马普所中国部主管周遵友博士特别联系梯德曼教授与我相识。其时,梯德曼教授已经荣休,住在离弗莱堡约 20 多公里一个叫施陶芬(Staufen)的小城。他是时任马普所所长乌尔里希·齐白(Ulrich Sieber)教授的学术导师,并且与周遵友博士也有密切的交往。周遵友博士正在组织翻译梯德曼教授的经济刑法学论文和著作。这正是意外的惊喜和收获,我即请遵友博士帮助联系梯德曼教授,希望有机会向他当面请教。没隔几天,遵友博士告诉我,梯德曼教授非常乐意来马普所与我一晤。那天,梯德曼教授的太太英格·梯德曼(Inge Tiedemann)开车与梯德曼教授一早就到了马普所。梯德曼太太是个著名的律师,老太太非常开朗热情(似乎与大多数德国人的矜持不一样),跟我太太和小女也是一见如故,当下开车就带她们到马普所旁边黑森林转悠去了。而我则在遵友博士的帮助下开始向梯德曼教授请教经济刑法的一些疑惑(或许,在梯德曼教授看来,是一些基础性的问题),梯德曼教授作了详细的解答。在此期间,我也简单介绍了经济刑法在中国的发展,引起了梯德曼教授的兴趣,特别问了中国刑法中关于单位犯罪的规定。中午,我邀请他们到弗莱堡市中心的香港餐厅吃中餐,记得梯德曼夫妇对餐厅的扬州炒饭非常感兴趣。也许,比起品种不多的德餐,中国的美食确实要丰富得多。

2014 年夏天,我再次到马普所访学两个月。在此期间,我在马普所作了一次演讲,齐白教授主持,梯德曼教授亲自驱车从施陶芬小镇赶过来,为我的演讲作了热情洋溢的点评。隔了几天,梯德曼教授和太太邀请我和遵友博士两家到他家做客。我们到施陶芬后,梯德曼教授到车站迎接我们,作为导游介绍了这座歌德笔下浮士德曾经生活过的古镇的风土人情,英格女士为我们准备了丰盛的家宴以及当地的一

---

〔5〕 其中,我国台湾地区著名刑法学者林山田教授的《经济犯罪与经济刑法》(台湾三民书局1976 年版)和林东茂教授《经济犯罪之研究》(台湾"中央"警官学校犯罪防治学系 1986 年版)两本著作,虽然今天看来较为简单,但当时可谓大陆经济刑法研究的启蒙教科书。

〔6〕 参见孙国祥:《改革开放以来经济刑法基础理论述评》,载《武汉大学学报》2019 年第 5期,第 107—118 页。

宝——白葡萄酒。施陶芬是个美丽的古镇,梯德曼教授 2009 年写的小传中曾介绍他在小城居住了 35 年,到 2018 年离世应该居住了近 45 年,大半辈子都在这个宁静的富有诗意的小镇上。梯德曼在自己撰写的小传中富有诗意地写道:"我十分喜爱各种参天古木。现在从我的家园也可以望见附近一条小河边的树木,这条河的名字源自古老的凯尔特传说。伴随着它静静的水流声我听着古巴歌手易普拉欣·费雷尔(Ibrahim Ferrer)的民谣。"〔7〕在古镇上,我们确实能够感受到梯德曼所描述的意境以及作为一个学者的"诗和远方"的情怀。

2018 年新年,我们打电话到梯德曼教授家里,英格女士告诉我们,梯德曼教授的身体欠佳。我们虽然有点不安,但真诚祝愿他老人家逢凶化吉,早日康复,并期望有机会再到德国看望他。之后,当从周遵友博士处得知克劳斯·梯德曼教授于 2018 年 7 月 22 日逝世的消息后,我们感到无比伤痛。

梯德曼教授经济刑法研究的学术生涯可以追溯到 20 世纪 60 年代,当时的社会变化引发了一场针对经济犯罪的改革运动,"实务界首先对这个运动予以接纳,因而采取措施大力打击违反现行法的可罚行为方式。于是,德国从 1968 年起设立了负责经济犯罪案件的专业检察机构,并将经济犯罪诉讼程序集中于州级法院的经济犯罪合议庭"。这场改革引起了学术界的兴趣。先在吉森大学后转到弗莱堡大学任教的梯德曼成为这场新运动的先驱思想家。〔8〕 德国联邦司法部设立的专家委员会从 1972 年到 1978 年对经济犯罪改革进行了讨论,梯德曼教授作为专家组成员起草了改革提案,并促使 1976 年和 1986 年出台了两项重要的旨在打击经济犯罪的立法。而 21 世纪以来,随着经济犯罪的日益严重化,经济犯罪和经济刑法受到了前所未有的关注。〔9〕 梯德曼教授对经济刑法倾注了其毕生的精力,而他的研究"总能超越时代,具有重要的推动作用和先见之明。"〔10〕

梯德曼教授学术成果丰硕。择其要者,他在经济刑法的学术成就体现在以下几个方面。

### (一)经济刑法学科的创设

事实上,在梯德曼教授研究经济刑法之前,经济刑法和经济犯罪的概念也已经

〔7〕《克劳斯·蒂德曼(Klaus Tiedemann)》,徐凌波译,载[德]埃里克·希尔根多夫主编:《德语区刑法学的自画像(下)》,社会科学文献出版社 2019 年版,第 569 页。

〔8〕 [德]汉斯·阿亨巴赫(Hans Achenbach):《德国经济刑法的发展》,周遵友译,载《中国刑事法杂志》2013 年第 2 期,第 124 页。

〔9〕 前注 2,恩格尔哈特文,第 304 页。

〔10〕 [德]乌尔里希·齐白:《全球风险社会与信息社会中的刑法》,周遵友、江溯等译,中国法制出版社 2012 年版,第 236 页。

产生,但最初更多的是从犯罪学中的犯罪人角度研究,缺乏刑法教义学的研究。例如,美国著名犯罪学学者萨瑟兰提出了"白领犯罪"的概念,经济犯罪的实施者是那些具有较高社会地位的人。在梯德曼教授看来,此种界定是相当模糊的,它不符合通过犯罪构成要件,而非通过犯罪者来实现刑法明确的宪法性要求。[11] 按照梯德曼教授自己的介绍,他的经济刑法是从附属刑法研究开始的(梯德曼的教授资格论文是《附属刑法中的构成要件功能》),专注于附属刑法中与经济相关的部分,"一个全新的学术领域经济刑法就这样应运而生了。""在不到十年的时间里,经济刑法从一个不起眼的边缘领域逐渐变成显学。经济刑法在大学课程中也有了自己的教科书、有了自己的国家司法考试试卷以及各种案例选集。"[12]当然,经济刑法之所以能够成为一个独立的学科,在于经济刑法不仅仅有着传统的刑法教义学的特点,还有着自身的特性和目标。梯德曼教授指出,虽然普通刑法和附属刑法的效力同样适用于经济刑法,但经济刑法在因果关系、不作为的义务(企业所有者的保证人义务)、如何基于现代经济分工而确定正犯、经济刑法领域中的正当化事由(如保住职位以及社会相当性能否作为正当化事由)、错误(经济刑法中典型空白刑法条文的填充规范的错误)、概括条款如何解释、是否设定法人或者其他社团的可罚性等方面,都有一定的特殊性。[13] 正如德国学者所指出,经济刑法的独立性已经在德国得到了认可,认为经济刑法的对象具有确定的边界,它的方法具有特殊性,它在研究中具有自身的目标。[14] "经济刑法往往成为刑法教义学和刑事立法之最新的领跑者和发动机。"[15]

## (二) 经济刑法的保护法益和危害性

梯德曼提出了一种被广泛认可的关于现代经济刑法的概念。现代经济刑法的概念建立在对于超个人法益的保护的基础上。[16]梯德曼指出,尤其是对于经济刑

〔11〕 Klaus Tiedemann, Wirtschaftsstrafrecht: Einführung und Allgemeiner Teil, 2014, Rn. 28.

〔12〕 前注 7,希尔根多夫书,第 571 页,第 579 页。

〔13〕 [德]克劳斯·梯德曼:《经济刑法总论"序言"》,周遵友译,载陈兴良主编:《刑事法评论:犯罪的阶层论》,北京大学出版社 2015 年版,第 330 页。

〔14〕 [德]克劳斯·梯德曼:《经济刑法的概念和历史发展》,周遵友译,载赵秉志主编:《刑法论丛》总第 47 卷,法律出版社 2016 年版,第 406 页。

〔15〕 [德]克劳斯·梯德曼:《德国经济刑法导论》,周遵友译,载赵秉志主编:《刑法论丛》第 34 卷,法律出版社 2013 年版,第 18 页。

〔16〕 Vgl. Klaus Tiedemann, Wirtschaftsstrafrecht: Einführung und Allgemeiner Teil, 2014, Rn. 45.

法而言,许多规范都呈现出抽象的法益,此等法益带有越来越浓的法秩序与经济秩序的社会性,越来越难以掌握。经济利益与社会利益的地位是独立的自我目的,并非仅是为了别的直接目的才做的技术性安排。[17] 换句话说,在梯德曼教授看来,"经济刑法或其他行政刑法体系,可以独立于个人法益所成的刑法体系。将经济法益予以抽象化,并且将对经济秩序的维护与保护列为刑法的另一'自我目的'。"[18]针对一些学者质疑经济刑法概念上的超个人法益可能助长刑法的扩张,梯德曼教授进一步分析指出:"在当今的复杂经济过程中,诸多中间利益(Zwischenrechtsgüter)游移于国家的利益与个体经济者以及消费者的利益之间。在当今的经济秩序中,金融交易和资本市场之有效运作是一种正当的超个人利益,在经济法上长久以来享有公认的利益,这种利益也有被保护的必要。"[19]现如今,德国学者普遍认为:"从实体法的角度看,打击经济犯罪更具有保护集体法益而非个人法益的特征。"[20]这不仅是梯德曼教授最重要的理论贡献,也是今天经济刑法发展最重要的学术资源。毕竟,无论采用何种经济体制,经济的发展都需要在一定的法律框架内运行,市场经济制度也需要相关的行政法律和刑法来进行保障和调控。当然,梯德曼教授也认识到,基于传统的观点,"在刑法上对各种经济机制的承认由于纯粹的意识形态观念以及对复杂经济过程缺少足够的了解而受到阻碍"。[21]

梯德曼教授从犯罪学的视角,对经济犯罪研究得出的结论是,经济犯罪具有巨大的社会危害性。经济犯罪不仅造成物质损失,非物质损失也十分严重,尤其是通过犯罪的传染和拉动效应造成非物质损失。晚近以来,美国 WorldCom 公司、美国 Enron 公司、意大利 Parmalat 公司以及德国 FlowTex 公司的倒闭证明了梯德曼的结论,即经济犯罪可能导致大公司的垮台,还会给全社会造成重大损失。[22] 各地发生的经济犯罪所引发的严重后果证实了梯德曼研究的结论。"多年来,警方数据已经表明了同样的事实——经济犯罪仅占案件的一小部分——但是它所带来的损失却约占所有犯罪损失的一半。"[23]如在 2012 年,经济犯罪仅占全部被报道犯罪的1.4%,但是其所带来的损失却占到全部损失的 48.9%,即 37.5 亿欧元。[24] 自 1972

〔17〕 Klaus Tiedemann，Tatbestandsfuntionen im Nebenstrafrecht. S. 119.

〔18〕 参见陈志龙:《法益与刑事立法》,陈志龙自版 1997 年三版,第 144 页。

〔19〕 前注 15,梯德曼书,第 8 页。

〔20〕 前注 2,恩格尔哈特文,第 305 页。

〔21〕 前注 7,希尔根多夫书,第 580 页。

〔22〕 前注 10,齐白文,第 237 页。

〔23〕 参见德国联邦刑事警察局网站(www.bka.de)上公布的官方报告:Bundeskriminalamt，Bundeslagebild Wirtschaftskriminalität 2013。

〔24〕 前注 2,恩格尔哈特文,第 306 页。

年开始,梯德曼教授作为德国联邦司法部任命的"惩治经济犯罪专家委员会"的参与者,根据其经济刑法研究的成果形成了诸多改革建议,推动了德国联邦司法部改革委员会刑事政策的改革。立法机关在改革建议的基础上形成了德国 1976 年《第一次反经济犯罪法》和《第二次反经济犯罪法》。

## (三)公司刑法

某种意义上,经济刑法规制的主要对象是公司(企业),因而也是公司(企业)刑法。在德国,受制于个人责任的罪责原则,"公司的刑事责任是不存在的,因为这被认为是与宪法和刑法上的个人责任概念(法人不能犯罪)不相符合"。[25] 但是,《德国违反秩序法》规定了公司违反秩序法的责任,对于因公司缺乏应有的监督而导致员工实施犯罪行为,公司要负相应的责任。这一结合使得公司可能需对刑事犯罪负责。对此,梯德曼教授在公司的组织过错(Organisationsverschulden)基础上建构公司刑法。早在 1996 年,梯德曼就为公司刑法向德国立法机关建言:针对公司建立一种制裁法,即并列于个人刑法的"第二轨道""集体刑法",该法应当被规定在《刑法典》中,而且应当拥有有效的惩罚机制。[26] 公司的刑事责任基础是组织过错,梯德曼教授认为:"相对于针对个人的刑罚制度而言,一种针对公司的制裁制度在进行制裁裁量时,不仅能够考虑个别的——避免使员工犯罪成为可能的——监督措施,还能够对公司的合规措施进行整体考量。进行个别考量时,使用的是严格的理由标准;而在进行整体考量时,依据的是对于组织过错的评价。"[27] 或者说:"倘若企业被视为对于第三人的危险来源,那么企业所有者和领导者就具有了防止其员工针对第三人实施犯罪行为的保证人地位(Garantenstellung)。"[28]

晚年,梯德曼教授与时俱进地"研究了发源于美国的合规计划(Compliance-Programme)在德国具有何等意义,合规计划影响了由他研究的公司刑法"。[29] 他通过组织过错理论对合规计划作了相当敏锐的分析。齐白教授对此评价道:"梯德曼关于组织过错的学说引导出重要而有力的原理和结论。在此基础上,相对于针对个人的刑罚制度而言,一种针对公司的制裁制度在进行制裁裁量时,不仅能够考虑个别的——避免使员工犯罪成为可能的——监督措施,还能够对公司的合规措施进行整

---

〔25〕 前注 2,恩格尔哈特文,第 319 页。

〔26〕 前注 10,齐白文,第 271 页。

〔27〕 前注 10,齐白文,第 260 页。

〔28〕 前注 15,梯德曼文,第 24 页。

〔29〕 前注 10,齐白文,第 236 页。

体考量。"[30]梯德曼教授对合规制度的分析,对当下中国刑法理论界刑事合规的研究极具启发意义。[31]

梯德曼教授认为合规计划值得肯定的是,通过合规计划可以给企业员工比刑法更加具体的指导,使得刑法抽象、复杂的犯罪构成要件具体化。但合规需要注重实效,在他看来,一些企业犯罪大案,如安然公司(Enron)、世通公司(Worldcom)和西门子公司(Siemens)的犯罪案件,这些公司也都曾经拥有详细又完备的合规项目,却没有能够阻止后果严重的伪造财会报表行为,合规计划往往成为一个"公开的摆设"。[32] 合规归根到底是"旨在通过自我约束进行犯罪控制的制度"。[33]

## (四) 附属刑法与空白刑法

梯德曼的教授资格论文《附属刑法中的构成要件功能》(1969 年于图宾根出版)奠定了经济刑法领域若干著作的坚固根基。梯德曼认为:"经济刑法的大部分内容都是附属性的(akzessorisch),也就是依赖于刑法之外(比如经济法等方面)的规范;禁止规范与许可规范均蕴含于——不含有刑罚条款的——刑法之外的行为规范中。"[34]经济刑法分散在经济行政法中,这就涉及经济刑法与经济法的关系。经济刑法之所以呈现扩张趋势,与经济刑法的附属性有直接的关系。"尤其是在(《刑法典》之外的)附属刑法上,总会有新的法律出台,从而增加了新的保护要求,创设了新的法益。"[35]

经济刑法,在构成要件方面的特点是空白刑法的运用。空白刑法是全部或者部分"开放"的,换言之,它们依赖于(准立法者制定的)其他法律规范(或者行政命令)对其进行的填充和补充。即"在构成要件方面,运用部分或全部开放而赖其他法规范(或行政命令)予以补充之空白刑法之情形,对经济刑法而言,极为普遍"。[36] 由此形成了行为规范与制裁规范在外表上的分离现象,并提出了理论上的一个问题:"刑法的和经济法的(刑法之外的)行为规范究竟是一致的还是——至少部分——有

---

〔30〕　前注 10,齐白文,第 260 页。

〔31〕　参见孙国祥:《刑事合规的理念、机能和中国的构建》,载《中国刑事法杂志》2019 年第 2 期,第 16 页。

〔32〕　前注 13,梯德曼文,第 329 页。

〔33〕　前注 10,齐白文,第 236 页。

〔34〕　前注 13,梯德曼文,第 324 页。

〔35〕　前注 15,梯德曼文,第 8 页。

〔36〕　[德]替德曼:《西德经济刑法——第一和第二防制经济犯罪法之检讨》,许玉秀译,载《刑事法杂志》1988 第 2 期,第 73 页。

别的。"在梯德曼教授看来:"后一种意见看起来更有道理,这是因为刑法上的禁止类推与确定性原则仅适用于犯罪构成要件,并不适用于经济法。"[37]同时,经济刑法中的构成要件,最终要援引刑法之外的规范进行解释,即使是诈骗、暴利、强制与勒索等犯罪的构成要件,也不是就其文字本身的含义进行解释的,而是常常默认为要援引法律之外的规范,尤其是交往习俗,包括行业习俗。这些行业习俗既含有实践经验的要素(行业惯例!),也具有价值规范视角(经济道德!),是通过社会规范以及司法判例和法律学说共同塑造出来的。[38]

## (五)经济刑法中法律规避的处理

在国际私法和民事法领域,法律规避是一个常用的概念。第 13 届国际刑法大会决议在经济刑法和商业刑法的概念和原则中特别提出,"应当研究防止规避法律的方法"(Ways to prevent circumvention of the law should be studied)。[39] 梯德曼教授对此进行了专门的研究,针对经济刑法领域存在的法律规避(Gesetzesumgehung)现象,提出了相应的处理原则。"规避法律的行为有意避免使自己的行为承担刑事责任。这种行为不符合立法意图,甚至应受指责,但是,一般也不符合刑法所明确禁止的行为构成特征。"[40]"既然行为人未实现犯罪构成要件,而有意避免可罚性之实现,则原则上不受处罚,纵然规避法律之行为人,其行为可能不被允许并且违背经济刑法法规之目的,只要法律未明白规定规避条款,即应免罚。"[41]梯德曼教授明确反对法院试图通过对犯罪构成要素的实质解释以解决法律规避的案件。不过,他也强调:"法律规避行为都要与纯粹的虚假业务行为区分开来:在法律规避的情形下,行为人对于所从事的业务是要真心的;而在虚假业务情形下,行为人对于业务不是真心(比如实际上并未发生的虚假出口)。"[42]

## (六)经济犯罪的刑事政策

梯德曼教授早期对经济刑法的研究侧重于学理性的刑法教义学。但随着研究

---

〔37〕 前注 15,梯德曼文,第 19 页。

〔38〕 前注 13,梯德曼文,第 325 页。

〔39〕 参见"第 13 届国际刑法大会决议",《国际刑法大会决议》,中国法制出版社 2011 年版,第 270 页。

〔40〕 王世洲:《德国经济犯罪与经济刑法研究》,北京大学出版社 1999 年版,第 162 页。

〔41〕 前注 36,替德曼文,第 75 页。

〔42〕 前注 15,梯德曼文,第 20 页。

的深入,他意识到当代经济刑法的核心问题应该是刑事政策性的改革问题。由此,他转向经济刑法改革的政策性研究,参与了德国联邦司法改革委员会的工作,撰写了相关研究报告。经济刑法的发展受到一些自由派学者的批评,因为他们坚持对刑法的适用进行限制(即非犯罪化),认为即便出现新的、值得保护的利益,刑法也不应当被扩张适用。如有德国学者不无忧虑地指出:"在经济刑法领域立法活动的特定基本原则已经弱化。"[43]但是在梯德曼教授看来:"当刑法之外的其他预防措施常常无法发挥效果时,就可以采取刑法手段来抗制各种经济生活中的权利和权力的滥用。"[44]例如,"国家的直接财政支出有一大部分用于补贴。这些补贴在所有的现代国家里发挥着特别的作用",[45]但针对补贴金的诈骗行为也广泛存在,这些诈骗行为给国家公共福利乃至欧洲共同体带来了沉重的负担。20世纪70年代初,梯德曼教授接受德国联邦司法部的委托,针对补贴金滥用行为所可能采取的各种刑事和行政手段进行了梳理和评价,提出了相关立法建议。[46]这项立法建议得到立法机关的采纳,刑法中增设了补贴诈骗犯罪,1998年,《欧共体财政保护法》吸纳了该罪并加以扩展。按照梯德曼教授的解释,"这些构成要件主要只限于诈骗行为的实施,并不要求出现财产损失,也不要求提供该损失的证据。之所以要将刑事保护前置化,其主要理由是保护公众。"[47]不过,梯德曼教授对经济刑法的扩张也持一种积极谨慎的态度,如关于经济刑法中的抽象危险犯,梯德曼教授指出:"抽象危险犯之规定,实意味着可罚性之重大扩张,此种扩张,唯有当抽象之危险在刑事上已属应罚之情形下,方能被容忍。"[48]

梯德曼教授关于经济犯罪的刑事政策思想在国际上也有广泛的影响。正如他在自传中提道:"在许多国家,尤其是西班牙、南美洲、东亚以及希腊和土耳其,我所提出的刑事政策建议,结合各国具体的社会经济情况或是针对可预见的发展(例如计算机),而使各国具体的刑法改革方案受到了相应的调整。"

在研究方法上,梯德曼教授的学术视野非常开阔。特点是"以广泛的方法研究问题":"克劳斯·梯德曼自成'学派',其特点在于其研究方法,这种方法不仅吸收了刑法教义学(Strafrecthsdogmatik),还囊括了犯罪学、比较法学和跨学科研究。"[49]

〔43〕 〔德〕托马斯·魏根特:《德国刑法向何处去?——21世纪的问题与发展趋势》,张志刚译,载赵秉志主编:《刑法论丛》(第49集),法律出版社2017年版,第381页。

〔44〕 前注7,希尔根多夫书,第576页。

〔45〕 前注15,梯德曼文,第11页。

〔46〕 前注7,蒂德曼文,第572页。

〔47〕 前注13,梯德曼文,第334页。

〔48〕 前注36,替德曼文,第69页。

〔49〕 前注10,齐白文,第236页。

在梯德曼教授看来,经济刑法的研究首先应当具备经济法方面的知识。"经济刑法绝对不只是研究刑法典中诸如诈骗、背信、贿赂以及暴利等众所周知的犯罪构成要件,它还要经常(最终)研究刑法之外的规范。"[50]

梯德曼教授是有着世界声誉的刑法学家,一生担任了许多重要的职务,也获得了许多荣誉。他曾担任国际刑法学协会(AIDP)副主席以及该协会德国分会主席,国际社会防卫协会副主席,以及日本刑法学协会荣誉成员。此外,他被国外八所大学授予荣誉博士学位。1995 年获得"马普研究奖"(Max-Planck-Forschungspreis,由德国马普协会与德国洪堡基金会共同决定),2014 年获得"耶赛克奖"(Hans-Heinrich Jescheck Award,由国际刑法学会与德国马普刑法所共同设立)。在 2008 年为梯德曼教授 70 寿辰出版的祝寿文集中,齐白教授满怀深情地写道:"在经济刑法领域,老寿星已经为未来时期国际的刑法学提出了堪作典范的目标与方法。"[51]

尽管梯德曼教授已经驾鹤远行,本文也无法完全系统梳理和还原梯德曼教授丰富的经济刑法理论。但他的经济刑法目标和方法为刑法学开拓出一片蓝海,他实现的经济刑法理论启迪以及建构的框架体系,他的一些原创性思想和基础概念,如"超个人法益""组织过错""附属刑法"等,将永远推动着经济刑法的研究与发展。

谨以此文表达对梯德曼教授的崇高敬意和深切缅怀。

2012 年 8 月摄于德国弗莱堡马克斯-普朗克外国与国际刑法研究所

---

〔50〕　前注 13,梯德曼文,第 323 页。

〔51〕　前注 10,齐白文,第 272 页。

中德法学论坛

第 17 辑·下卷,第 181~196 页

# 欧洲的经济刑法

## ——以 2010 年《西班牙刑法典》修订为契机的评价性阐释

〔德〕克劳斯·缇德曼* 著　徐凌波、赵　桐** 译

尊敬的寿星汉斯·亚亨巴赫一直致力于经济刑法的研究。由于在这一热点领域有着共同的研究兴趣,我们曾经多次见面——如在科英布拉为他伟大的导师克劳斯·罗克辛教授所举行的研讨会以及在奥斯纳布吕克举行的以经济刑法为主题的刑法教师论坛上。与在对银行刑法新规的解释上一样,我们在法庭科学实践上也有过交锋,但这无损于我们的友谊与对彼此的尊敬。

汉斯·亚亨巴赫最近正准备出版一部融合了他在违反反垄断秩序行为领域的评注、与他人共同编写的《经济刑法手册》以及对理论与实践都大有裨益的判决评论为一体的对经济刑法的发展进行整体性的回顾与展望的著作。这体现了作者具有极其精深的专业知识与客观判断能力。汉斯·亚亨巴赫的最新著作与他对公司罚的持续热情使我们希望他对当今的经济刑法,特别是欧洲的公司刑事责任进行比较性的概览,促进对欧洲各国国内法的解决方案的适当性进行比较,而不同方案之间的分歧往往会促使对这些解决方案的反思。***

一

在过去十年间,经济刑法经历了出乎刑法学者预料的蓬勃发展。虽然全球化与

---

　*　克劳斯·缇德曼(Klaus Tiedemann):德国弗莱堡大学法学院荣休教授。

　**　徐凌波:南京大学法学院副教授,中德法学研究所研究员。赵桐:南京大学法学院博士研究生。

　***　以下内容基于作者在《西班牙刑法典》2010 年 12 月 23 日修订以及西班牙与德国学者建立交流关系的百年之际,在 2010 年 11 月底于马德里科学中心(Residencia de Estudiantes)所做的演讲报告,我谨以此次演讲向寿星汉斯·亚亨巴赫献上诚挚的祝福。

金融危机首先是经济生活的最新体现,但跨国企业与离岸金融业务已经较早地成为经济犯罪学的特殊研究重点,[1]这些问题传统上只在会计犯罪或其他文书犯罪——主要在破产的情形下——中才会被经济犯罪数据统计。[2] 然而通过始于萨瑟兰的关于垄断犯罪的实证研究、凯伦对于破产犯罪的实证研究以及在韦伯指导下的波恩的博士论文,关于经济犯罪的犯罪学研究已经由公司犯罪扩展到了公司越轨行为,这种扩展也为吉尔兹所倡导。[3] 相应的,经济刑法学无论是在理论研究还是实践立法上,都仍然受限于其历史渊源,抵抗国家公权力介入"自由"的经济领域。在双重意义上,它属于行政刑法:它的内容是国家遇到的危险,尤其是在金融危机时期,它的制裁手段是由行政机关所施加的秩序罚(Ordnungsstrafe),除了关停营业、职业禁止、剥夺收益等典型的行政手段之外还增加了罚款。1949 年和 1954 年的德国经济刑事立法与荷兰 1951 年的《经济犯罪法》都是这种情况的典型例证。[4]

　　西方经济系统的发展与自由化给经济参与者与国家都造成了大规模的损害,在传统的经济犯罪体系中(造成)个人与社会财产损害(的行为)主要被归为财产犯罪,尤其是诈骗罪。然而,这一罪名诞生于 19 世纪,且完全是以 2—3 人之间的私人经济交易为原型的,因此在刑事司法对最新的经济越轨行为进行评价时就需要扩展至其最外的边界。法国关于诈骗看似较具限制性的规定,以及《意大利刑法典》中同样看起来较为狭窄的诈骗罪规定,在法院实践中几乎等同于对普通的撒谎行为进行处罚——对于法国法来说这更为严重,因为 1810 年《法国刑法典》在诈骗罪中放弃了对

---

　　〔1〕 参见 *Tiedemann* (Hrsg.), Multinationale Unternehmen und Strafrecht (1980) mit Beiträgen von *Bacigalupo*, *Delmas-Marty*, *Kamiyama*, *Pedrazzi*, *Rajan*, *Shibahara und Sieber*, *Tiedemann* in Gedächtnisschrift Sasse Bd. II (1981) S. 629 ff und: Wirtschaftskriminalität und Wirtschaftsstrafrecht in den USA und in der Bundesrepublik Deutschland (1978).

　　〔2〕 典型的如 *Wirtschaftskriminalität*, Zirpins/Terstegen (1963),以及 *Gössweiner-Saiko*, Wesen und Probleme der Bilanzdelikte (1970).

　　〔3〕 理论发展参见 *Tiedemann* in Festschrift Lange (1976) S. 541 (542 ff) und in Festschrift Pallin (1989) S.445 ff, je mit Nachw.;立法发展参见 Achenbach Jura 2007, 342 ff.

　　〔4〕 综述于 Eb. *Schmidt*, Das neue westdeutsche Wirtschaftsstrafrecht (1950);*Achenbach* ZStW Bd. 119 (2007) S. 789 (792, 799 f), *Jescheck*, JZ, 1959, 457 ff und *Tiedemann*, GA 1969, 71 ff sowie ÖJZ 1972, 285 ff. Zur Entwicklung in den Niederlanden *de Doelder*, in Schünemann/Suárez González (Hrsg.), Bausteine des europäischen Wirtschaftsstrafrechts, Madrid-Symposium für Klaus Tiedemann (1994) S. 311 f und zuvor A. Mulder, Wet op de Economische Delicten, 2. Aufl. 1970, sowie ZStW Bd. 88 (1976) S. 281 (284 ff).

出现实体性损害要素的要求。[5] 完全类似的还有英国 2006 年的《反欺诈法案》也不再要求损害的出现,而且对欺骗行为的规定也尽可能的宽泛,在受到以默示方式或违反法义务的不作为而实施的"虚假表达"这一概念的影响下,欺骗行为也可以包括机器或系统的欺骗,甚至可以包含就法律问题的欺骗。[6] 相反,德国、瑞士、奥地利的诈骗罪构成要件则使用了财产损害的限制性要素,不过这一要素在判例上也借助经济性考察的视角得到了极大的扩张,最近借助"财产危险"与"缔约诈骗"的概念才得到了一定的限制。[7] 德国关于欺骗行为的定义虽然排除了就法律问题与未来事件的欺骗,想要形成与保证有一个理性的判断基础,但通过纳入目的、确信等"内心"事实的方式,又在很大程度上作出让步。而与德国诈骗罪非常接近的希腊法则并不承认对内心事实的欺骗。[8] 在被害人存在重大过错的场合,德国法认为此时作为诈骗罪加以处罚是不恰当的,在被害人没有采取可期待的自我保护措施,或者被害人本身具有特殊的交易经验的场合,判例借助瑞士法中关于行为人使用"奸计"的要求而否定了诈骗罪的成立。[9] 但随之而来的必然是对被害人的调查,以及在大规模诈骗场合,如果行为人未能认识到个别的被害人,那么显然仍会有诈骗未遂的刑事责任,这些在瑞士法中都被认为是体系上的缺陷。[10] 相对温和的只有西班牙法中关于诈骗罪的规定,它参照了法国 1995 年《刑法典》的模式主张,诈骗罪的成立以行为人实施了适于(geeignet)引起认识错误的欺骗行为为前提。[11] 德国联邦

---

[5] 详见 T. *Walter* Betrugsstrafbarkeit in Frankreich und Deutschland (1999) S. 80 ff, 239 ff und zuletzt *Pradel/Danti-Juan*, Droit Pénal Spécial (5. Aufl. 2010) Nrn, 872 ff S. 515 ff, Nr. 890 S.527 f. (Verletzung der Dispositionsfreiheit als "préjudice"). -*Antolisei/Grosso*, Manuale di Diritto Penale Parte Speciale Bd. I(15.Aufl. 2008) S.367 f ("la semplice menzogna" als "raggiro").

[6] 对此有 *Farrell/Yeo/Ladenburg*, Blackstone's Guide to the Fraud Act 2006 (2007) Rn. 2. 32 ff; *du Bois-Pedain*, ZStW Bd. 122 (2010) S. 325 (328 ff).

[7] 综述于 *Tiedemann*, in Strafgesetzbuch Leipziger Kommentar, 12. Aufl. 2011, §263 Rn, 168 ff 及引注。

[8] *Bitzilekis* in Festschrift Hirsch (1999) S. 29 (40 f); *Tiedemann* (Fußn. 7), Rn. 60 Vor §263 及引注。

[9] 综述于 *Arzt* in Basler Kommentar Strafgesetzbuch Ⅱ (2003) Art. 146 57 ff; *Hurtado Pozo*, Droit Pénal Partie Spéciale (2009) §40 Rn. 1180 ff, 及各自引注。

[10] *Arzt*, in Festschrift Tiedemann (2008) S. 595 (598 ff).

[11] 对此有 *Ludwig*, Betrug und betrugsähnliche Delikte im spanischen und deutschen Strafrecht (2002) S. 21 ff; *Bajo Fernández*, Los delitos de estafa en el Código Penal (2004) S. 38 ff; *Pérez Manzano*, in Schünemann/Suárez González (Fzßn. 4) S. 213 ff; *Vives Antón/González Cussac* in Vives Antón et al., Derecho Penal Parte Especial (2. Aufl. 2008) S. 413 ff 及引注。

最高法院也采用了这一公式,但在广告内容表面上真实且针对有目标地选中的群体发放的场合,很难实现彻底改变其判例立场的目的。[12] 如果按照文献中的观点,由于《欧洲经济共同体第 84/450 号指令》针对广告的规定与《欧共体 2005/29 号指令》针对"不诚实的交易实践"的规定会导致在对国内法规定进行与欧盟法相适应的解释时,必然会削减对具有中等理性的消费者的保护,德国关于诈骗罪的理论就有必要作出改变。[13] 在这种情况下,要区分公众欺诈与个人欺诈,这在刑事政策上是有意义的,因为后者是更加危险的而被害人也更加需要保护。[14]

## 二

至少在这一点上,欧盟作为法源的影响以及对欧洲经济刑法发展的比较研究的意义更为凸显。在一个货物、服务以及支付自由流动的一体化经济区域内,这两个要素导致广泛的犯罪构成要件应协调化,这是 2009 年年底《里斯本条约》所要求的。

《欧盟运行条约》所列举的刑事职能目录,如在超国家层面禁止限制竞争等,触及了刑法分则的内容。但受限于实际的情况以及不同成员国具有的不同法律传统,这些规定只能被解释为针对特定领域的总则性规则。[15]

首先,总则是刑事判决与刑法理论的主要领域。在这一领域中,自启蒙运动以来理性法学思维的抽象化与系统化已经形成了一系列关于适用范围、归责以及规范效力优先顺序的原则,这是整个欧洲共同的"哲学"上的精神财富,并在当今欧洲各国的刑法典中得到了体现并有所分化。

---

〔12〕 BGHSt 47, 1(5); auch BGHSt 46, 196 (199) und OLG Koblenz NJW 2001, 1364; zust. *Beukelmann* in v. Heintschel-Heinegg (Hrsg.), StGB Kommentar (2010) § 263 Rn. 9 und *Fischer* StGB Kommentar, 58. Aufl. 2011, § 263 Rn. 14.

〔13〕 如 *Hecker*, Strafbare Produktwerbung im Lichte des Gemeinschaftsrechts (2001) S. 322 ff; *Janssen* in Achenbach/Ransiek (Hrsg.), Handbuch Wirtschaftsstrafrecht, 2. Aufl. 2008, Kap. V 1 Rn. 65 ff; *Ruhs* in Festschrift Rissing-van Saan (2011) S. 567 (576 ff); *Soyka* wistra 2007, 127 ff; *Satzger* in Satzger/Schmitt/Widmaier (Hrsg.), StGB Kommentar (2009) S. 297 ff; *Wohlers*/*Kudlich*, ZStW Bd. 119 (2007) S. 366 (368 f).

〔14〕 *Tiedemann*, LK (Fußn. 7) Rn. 40 Vor § 263 und bereits Festgabe BGH Bd. Ⅳ (2000) S. 551 (555).

〔15〕 *Tiedemann*, Wirtschaftsstrafrecht Besonderer Teil (3. Aufl. 2011) Rn. 54 und in Festschrift Jung(2007) S. 987(1002 f),此外也已见于 Festschrift Geerds(1995) S. 95 (110 f); zust. H. *Stein*, Die Regelungen von Täterschaft und Teilnahme im europäischen Strafrecht am Beispiel Deutschlands, Frankreichs, Österreichs und Englands (2002) S. 7 f 及引注。

1. 在经济刑法领域，将上述规则与原则统一称为超国家的经济刑法总则，这一任务对于位于卢森堡的欧洲法院（EuGH）来说首先是它的判决需要处理《欧盟反垄断法》和《欧州煤钢共同体条约》中的秩序违反法领域的溯及力与紧急情况问题，因为欧洲共同体自成立之初就在这一领域拥有制裁权以及对"受损害"企业进行重组的权利。在深入的法比较基础上，欧洲法院数十年的司法实践在司法上承认了罪刑法定原则与罪责原则，并对正当防卫与紧急避险的条件进行了准确的界定（以法国法为基础），并且采取了扩张的正犯概念，这集中体现在欧盟内部以及（部分）外部的集中企业（Konzernsgesellschaften）在经济上的企业统一体概念中。[16] 1995 年以由巴奇加卢波（Bacigalupo）、格拉索（Grasso）、蒂德曼提出的草案为基础，欧盟委员会 1995 年 12 月 18 日第 2988/95 号规章就"非规制性"进行了部分的法典化。欧盟委员会作为欧盟运作的核心部门还以 1995 年制定、2002 年生效的《欧盟关于保护欧共体金融利益条约》（PIF-Übereinkommen）为根据，规定了企业领导者的刑事责任。[17]

2. 这个问题对于经济刑法尤为重要。早在 1972 年第 49 届德国法学家大会上诺尔（Noll）就已经将这一问题引入德国学界的讨论中，即借助当时引发关注的瑞士联邦法院"布尔勒案"（Fall Bührle），[18]在德国与瑞士讨论了企业主（甚至是母公司）的刑事责任，以及企业高管对于其他公司成员所实施犯罪的刑事责任问题。现在除了奥地利之外，德语区法学普遍承认公司高管具有基于其领导权力与组织责任而产生

---

〔16〕 *Achenbach*，GA 2004，559（568）spricht zu Recht von dem "Modell eines gemein-schaftsweit geltenden Rechts der ahndenden Sanktionen". Übersichten bei *Dannecker / Biermann* in Immenga/Mestmäcker（Hrsg.），Wettbewerbsrecht EG/Teil 2（4. Aufl. 2007）Rn. 112 ff Vor Art. 23 VO 1/2003；*Kindhäuser* in Frankfurter Kommentar zum Kartellrecht（Stand：2009）Art. 81 Rn. 97 ff；*Tiedemann* Wirtschaftsstrafrecht Allgemeiner Teil（3. Aufl. 2010）Rn. 259 ff und in Festschrift Jescheck（1985）S. 1411 ff，及各自引注，综述于 Kartell-Bußgel-recht der EU bei *Achenbach* in Achenbach/Ransiek（Fn. 13），Kap. Ⅲ 6 Rn. 10 ff.

〔17〕 规章和条约也被印刷在 *Tiedemann* Wirtschaftsstrafrecht Allgemeiner Teil（Fußn. 16）Anhang I. 1. und 8. S. 131 ff，147 ff.

〔18〕 SchwBGE 96（1970）Ⅳ 174 ff；下述的瑞士判例和文献中的讨论参见 *Heine*，SchwZStrafR Bd. 121（2003）S. 24（29）und *Hurtado Pozo*，Droit Pénal Partie Générale（2008）Kap. 18 § 3，4 E Rn. 1333 及大量附加的引注。

的保证人地位,最近西班牙语文献中也有学者采纳了观点。[19] 法国刑法上的他人责任概念(responsabilité d'autrui)与英国刑法上的替代责任(vicarious liability)概念都表明,这种对他人行为承担作为正犯的答责性(Täterverantwortlichkeit)显然是符合事实的。2000 年在戴尔玛斯-马蒂教授领导下提交的法律提案以及 2002 年蒂德曼发表的欧洲一构成要件建议都持这一观点。2006 年罗克辛在卢塞恩大学所做的报告中正确地认为这是一种间接正犯的独立形态,[20] 而德国联邦最高法院的刑事审判委员会则显然已经开始确立基于"公司内的组织支配"而成立的间接正犯概念,其中直接实施行为者是出于善意还是恶意、他们的可替代性以及企业主是否对具体的每个犯罪行为有认识都并不重要。[21] 当幕后人在事实上扮演着"领导角色"时,《荷兰刑法典》第 51 条作了类似的规定;而在此之前荷兰最高法院(Hoge Raad)就已经承认"在有组织的场合存在功能性的正犯"。[22]

3. 伴随着企业顶层的领导者与决策者的刑事责任问题而来的,是公司本身的刑事责任与处罚问题。《德国秩序违反法》第 30 条只是规定了,在公司内的机构或领导人员实施了犯罪或秩序违反行为包括《德国秩序违反法》第 130 条所规定的违反监督义务行为时,可以对公司施加罚款。[23] 意大利也只是对人合组织体设置了类似的刑事责任。在欧盟的推动下,欧洲范围内掀起了向英美法传统学习,设置法人刑事责任的浪潮,1951 年荷兰、1994 年法国新《刑法典》、2003 年瑞士,随后比利时、奥地利、葡萄牙、斯堪的纳维亚半岛、芬兰、东欧都进行了相应的改革,最近西班牙于 2010

---

〔19〕 德文文献参见 *Achenbach*(Fn. 16),Kap. I 3 Rn. 32 ff 及引注;*de Doelder* in Festschrift Tiedemann(Fn. 10) S. 563 (570 f);*Hurtado Pozo* (Fn. 18);*Tiedemann* (Fn. 16) Rn.185,及各自引注。详细的参见 H. *Stein* (Fn. 15) S. 31 ff (Deutschland),116 ff(Frankreich-"responsabilité pénale du fait d'autrui"),190 ff( Spanien),253 ff( Österreich),326 ff (England-"vicarious liabil-ity"). 补充 *Greve* in Schünemann/Suárez González (Fn. 4),S. 313(317 ff-"ansvarplacering");*Crespo* Responsabilidad penal por omisión del empresario(2009),*Lascurain* in Schünemann/Suárez González (Fn. 4),S. 35 ff und *Nieto Martin* in Festschrift Tiedemann (Fn. 10) S. 485 (496);意大利和德文文献参见 *Nisco* Controlli sul Mercato Finaziario e Responsabilità Penale(2009) S. 139 ff,及大量引注。

〔20〕 *Roxin* SchwZStrafR Bd. 125 (2007) S. 1 (17 ff) 及引注。

〔21〕 BGHSt 48,331(342);49,147(163 f) mit Anm. *Tiedemann* JZ 2005,45 ff;BGH wistra 1998,148(150) und NStZ 1997,544;反对观点尤其参见 *Roxin*(Fn. 20) S. 19 f 及 *Rissing-van Saan* in Festschrift Tiedemann(Fn. 10) S. 319(401 ff),及各自的引注。

〔22〕 对此参见 *de Doelder* (Fn. 5),S. 312("feitelijk leiding geven"),(Fn. 19),S. 565 ff (theory of "the functional offender in an organisational context") 及引注。

〔23〕 对于规范接收者和行为人的范围,参见 *Achenbach*(Fn. 16),Kap. I 2 A Rn. 1 ff und wistra 2002,441(443),对于相关行为参见 § 130 OWiG Kap. I 3 E Rn. 38 ff 及大量引注。

年 12 月 23 日也进行了部分的改革,而德国与意大利则落后于这个趋势。[24] 瑞士与西班牙模式的对比尤其引起了教义学上的关注:西班牙以法国的规定为蓝本尝试采用一种"传统的"解决方案,即将处罚的对象局限在法人,而作为连接点的犯罪行为则——参考商法进行谨慎的扩张——可以是公司内的机构与拥有事实上或法律上权限的经理(《西班牙刑法》第 31 条至第 1 款)。对于行为范围,西班牙的立法者显然以素材作为归责模型的基础(替代模型,modelo vicarial),《德国秩序违反法》采用的也是这一模型,[25]如果不是像在《德国联邦最高法院刑事判例集》第 37 卷第 106 (114 页)中以及德国联邦最高法院在《刑法新周刊》1997 年第 544,545 页中认为的那样,商品的生产和销售清理垃圾本身是公司的行为。其与《德国秩序违反法》的相同之处还在于,西班牙的最新规定将这些人员视同为负有监管义务的人员,由于他们没有进行必要的监督而使得下级职员能够实施犯罪行为。为了新规的可操作性,对于完全证明因果关系的要求显然受到了损害。与之完全不同的是,瑞士刑法的新规定(《瑞士刑法典》第 102 条)从一开始针对的就是组织所存在的缺陷,这种缺陷并不仅仅是归责的理由,而是构成要件上的连接点,以此为前提才能对公司——不仅限于具有法人形式的公司——施加刑事处罚。《瑞士刑法典》明确地将公司本身作为义务主体,其负有义务采取合适的组织措施来阻止其职员与雇员违反自己在公司内的职位要求而实施的犯罪,因此在缺少监管的场合(有缺陷的风险管理)就可以肯定公司的可罚性。这样一来瑞士就奠定了独立的公司责任(Unternehmensver-schulden)。实践中要证明这种公司责任,与 2001 年意大利最新的《行政制裁法》(法律规程第 231/01 号)、2011 年英国的《反贿赂法》一样,要求对公司结构及其防范犯罪的机构与措施作出全面的说明。[26] 而西班牙的最新规定也认为法人存在独立的责任,因为立法明确地规定,否定自然人的刑事责任对于法人的刑事责任来说并不

---

〔24〕 当前的概况(除了西班牙)参见 *Kelker* in Festschrift Krez(2010) S. 221 ff;此前有 *de Doelder* / *Tiedemann*(Hrsg.), Criminal Liability of Corporations(1995)(以及非欧洲和欧洲国家报道,包括比利时、芬兰、法国、意大利、荷兰、葡萄牙、瑞士和联合国),另外:*Delmas-Marty*, *Greve*, *Rostad*, *Ruiz Vadillo* und *Schünemann*, in Schünemann/Suárez González(Fn. 4):Dänemark, Norwegen und (überholt) Spanien. 奥地利有 *Schick* in Festschrift Tiedemann(Fn. 10), S. 851 ff.

〔25〕 典型的如 *Achenbach*(Fn. 16), Kap. I A Rn. 3 und 5,以及 Frankfurter Kommentar(Fn. 16), Rn. 47 vor § 81 GWB; zust. *Tiedemann* (Fn. 16) Rn. 244(也参见法国的 Code Pénal). 新的对于西班牙刑法的讨论见 *Rodriguez Mourullo* in Festschrift Tiedemann(Fn. 10), S. 545(557 zur Entwurfsbegründung, Gesetzestext in deutscher Übersetzung S. 558).

〔26〕 *Geiger* Organisationsmängel als Anknüpfungspunkt im Unternehmensstrafrecht (2006); *Hurtado Pozo* in Festschrift N. Schmid (2001) S. 204 (206 f); *Macaluso* La responsabilité pénale de l'entreprise (2004) S. 148 ff.; *Pieth* in Festschrift Jung (Fn. 15), S. 717 (724 ff),及各自引注。

重要(《西班牙刑法典》第 31 条第 3 款)。后者是一种社会责任,即对自我组织义务
(Selbstorganisationspflicht)的违反,在过失犯与不作为犯中,其在规范上是以交往
中的注意期待与行为期待为导向的,具体内容需要根据组织体的组织与监督义务,
其规模、市场地位、业务类型以及商业政策等内容来确定,这也符合欧盟委员会按照
法国行政法的"服务过错"(faute de service)理论所实施的实践。[27] 在欧盟委员会
的实践中,故意、目的等心理状态在自然人的场合是查明的,而在法人的场合这种心
理状态则是在规范上被归属的——鉴于故意在归属于公司的行为中的体系位置,因
此从德国的角度,这并不违反体系。整体上看,根据我们的评估,"组织责任"在西班
牙与在瑞士刑法中一样也是公司刑事责任的正当化根据,但与瑞士和意大利不同的
是,"组织责任"对于公司罪责来说并不是决定性的构成要件要素。《西班牙刑法典》
也并不要求证明公司机构与代理人所实施的犯罪中存在组织上的缺陷。

　　整体而言,德国法为新的立法解决方案提供了正当性论证的帮助,按照《德国秩
序违反法》的规定采取必要的监管措施的义务被首先视为作为企业拥有者的人合组
织的义务,而不是整个组织的义务。[28] 西班牙、瑞士、意大利的文献也援引了我们
于《新法学周刊》1988 年第 1169 页以下发表的关于《德国秩序违反法》第 30 条经过
《第二次抗制经济犯罪法》修订后的最新规定以及组织缺陷作为组织责任正当性基
础的论文。[29]

　　4. 对于具备一定程度以上规模的企业而言,在经济活动中必要的组织措施无疑
也包括合规计划,合规计划是作为一种排除刑事责任的出罪可能性从美国继受而
来,它虽然并不是法律规则,却可以间接地产生法律上的效果。[30] 合规计划的前

---

　　〔27〕　参见 nur *Nieto Martin* (Fn. 19), S. 499; *Paliero* in Festschrift Tiedemann(Fn. 19), S.
503 (522 ff); *Pieth* (Fn. 26), S. 725. Zur EU-Praxis *Dannecker/Biermann* (Fn. 16), Rn. 169 ff
und *Kindhäuser*(Fn. 16), Rn. 36 ff,及各自引注,综述于 *Tiedemann*(Fn. 16), Rn. 244 a und 270.

　　〔28〕　*Achenbach* (Fn. 16), Kap. I 3 E Rn. 42, (Fn. 25), Rn. 68 ff und in Coimbra-Symposi-
um für Claus Roxin (1995) S. 283(288); *Englhart*. Sanktionierung von Unternehmen und Compli-
ance (2010) S. 415, 509 f; *Tiedemann* (Fn. 16), Rn. 248 und NJW 1988, 1167 (1173), 29,及各
自引注; a.A. *Schünemann* in Festschrift Tiedemann (Fn. 10), S. 429 (437).

　　〔29〕　参见 nur *Bajo Fernández/Bacigalupo* Derecho Penal Económico(2. Aufl. 2010), Kap.
V Rn. 21 ff und 89; *Hurtado Pozo* (Fn. 9) Rn. 1260 und 1265 sowie (Fn. 26), S. 205; *Nieto
Martin*(Fn. 19), S. 498 (ff); *Paliero* (Fn. 27), S. 507 f (S. 511 zum Entwurf *Grosso* zu einer en-
tsprechenden Regelung im Allgemeinen Teil des Codice Penale); *Rodriguez Mourullo* (Fn. 25), S.
559.

　　〔30〕　详细的参见 *Sieber* in Festschrift Tiedemann (Fn. 10), S. 449 (468 ff),以及 *Nieto*
(Fn. 19), S. 489 ff und *Tiedemann* (Fn. 16), Rn. 8a und 8b,及各自引注;同时包括 *Engelhart*
(Fn. 28), S. 502 ff (sektorspezifische Pflichten).

身,是跨国公司的自愿行为守则,除了在背信罪中的义务违反性判断上发挥着重要的作用外,在一般性的过失犯和不作为犯的义务违反判断上也是如此。《德国股份有限公司法》第 161 条正确地推荐公司采用"德国公司治理准则",但要求公司在年度财务报表中作为公开披露内容的组成部分,公布公司是否遵守了准则的规定以及相应的理由,若公开披露的内容不正确,就会产生《商法典》中相关会计犯罪的刑事责任,例如联邦最高法院 2009 年首次在"教会诉德意志银行案"中所作出的决定。[31] 2008 年"西门子行贿案"中,联邦最高法院认定向他人支付回扣的行为构成背信罪也是以西门子公司违反了合规计划的规定为基础的。[32]

5. 对各国经济刑法总则中的共性进行的比较法考察暂告一段落,或者可以以产品刑事责任领域中的一个近乎轶事的例子来结尾:在产品刑事责任领域中,当产品的使用经常地伴随着健康损害甚至死亡结果的发生,而因果规律甚至其中的有害物质完全无法查明时,在刑法理论上因果关系问题始终没有得到解决。1990 年德国联邦最高法院在"皮革喷雾剂案"中认为,对于产品的使用与身体损害之间的因果关系,只需要由事实审法官排除了所有其他可能的替代原因即可,而没有必要解释"为什么"损害会发生。[33] 在德国文献中,这一判决中的程序性解决方案与此前瑞士最高法院关于"布尔勒案"中的判决一样受到了激烈的讨论。几年后,西班牙最高法院的刑事审判委员会审理更为严重的"菜籽油案"时,审判委员会的调查员专程赴弗莱堡研究正反双方的理由。最终西班牙刑事审判委员会采纳了他们的德国法官同事与大部分对此持赞同意见的刑法学者的见解。这份 1992 年 4 月 23 日作出的判决的德文译本发表在《刑法新周刊》1994 年第 730 页以下。

## 三

在刑法分则领域,首先需要堵截因技术发展而变得可被操纵的漏洞。

其中最为著名的例子是在操纵计算机的场合,缺少人的认识错误使得诈骗罪的构成要件无法介入。除了法国刑法认为只需要有系统运营者的抽象错误认识即

---

[31] BGH ZIP 2009, 460 (464); 参见 *Tödtmann/Schauer*, ZIP 2009, 995(999)及引注——另见 § 331 Nr. 1 HGB *Achenbach*, NStZ 2005, 621 (625).

[32] BGHSt 52, 323(335) mit Bespr. *Ransiek* NJW 2009, 95 ff, *Rönnau* StV 2009, 246 ff 以及 in Festschrift Tiedemann (Fn. 10). S. 713 (712)和 *Satzger* NStZ 2009, 297 ff. 同时参见 BGHSt 50, 331 (336)(Mannesmann, Vorinstanz LG Düsseldorf ZIP 2004, 2004 ff mit Anm. *Tiedemann*).

[33] BGHSt 52, 323 (335) mit Bespr. *Beulke/Bachmann*, Jus 1992, 737 ff, *Kuhlen* NStZ 1990, 566(f) sowie JZ 1994, 1142 ff.

可之外,〔34〕大多数欧洲国家的刑法典都增设了专门的构成要件,由于文书犯罪对于文书可视性的要求,增设专门的构成要件对于文书犯罪也是必要的。国家的立法者通过新增一系列犯罪构成要件以应对以新的技术形式以及侵入信息系统的方式(黑客攻击)——也伴随着窃取计算机与软件信息的目的——非法获取数据(网络钓鱼)以及侵入并改变数据(计算机破坏),按照 2001 年欧洲委员会关于计算机犯罪的条约(《网络犯罪条约》与多项欧盟指令的规定),这是各成员国的义务(当前备受争议的《欧盟关于规制侵犯计算机信息系统的指令》的草案对此进行了总结与协调)。全自动的非现金支付也受到了特殊的保护,在使用信用卡、贷记卡、旅行支票的场合由于民法的规定同样缺少(合同相对方)的认识错误。本文认为《瑞士刑法典》第 148 条的规定在一定程度上可视为典范,西班牙在 2010 年进行部分修订时才采纳了这一模板,并被多个国家所模仿,而在德国则毫无理由地将保护的范围仅限于信用卡。〔35〕

2. 在银行证券领域,推动增设新的犯罪构成要件或者修订原有犯罪构成要件的动力,在瑞士主要是来自其作为金融中心的经济地位以及发生在 20 世纪 60 年代末 70 年代初的金融丑闻,而在欧盟成员国则主要来自欧洲委员会的一系列指令。在古典欧洲一直不引人注意的洗钱罪——在瑞士常常被认为是"美国法",以及同样继受自美国的证券交易中的滥用内幕信息罪,以及国内更为熟悉的操纵市场罪等罪名一直没有引起欧洲学者的注意。这或许是因为最新的洗钱罪可罚性也是以打击有组织犯罪的国际公约为基础的,而证券市场犯罪则并没有被规定在刑法典中(但被规定在《瑞士刑法典》与 2010 年修订后的《西班牙刑法典》中),而是被规定在附属刑法(在德国是《证券交易法》)中。但是,随着洗钱罪适用范围日渐扩大以及国家对私人业务的参与程度逐渐增加,对于洗钱罪的批评也日渐升温,与此同时也需要对于洗钱罪等罪名所保护的法益进行广泛的国际性讨论,并且对欧盟范围内缺少有效的构成要件协调所带来的结果进行比较。〔36〕

在滥用内幕信息与操纵市场的行为中,投资者的财产很少是以实现诈骗罪或背

---

〔34〕 *Pradel/Danti-Juan* (Fn. 5) Nr. 873 S. 515; *T. Walter* (Fn. 5), S. 435 f, 及各自引注。

〔35〕 对于法律保护范围扩张的合理论证可参见 *Möhrenschlager* in LK (Fn. 7), §266 b Rn. 4

〔36〕 详细论证见 *Vogel*, ZStW Bd. 109 (1997) S. 335 ff; 此外: *Bajo Fernández/Bacigalupo* (Hrsg.), Politica criminal transnacional para la lucha contra el blanqueo de capitales (2009); *Gentzik* Die Euro-päisierung des deutschen und englischen Geldwäschereistrafrechts (2002); *Jacsó-Potyka* Bekämpfung der Geldwäsche in Europa (2007); *Pieth* Die Bekämpfung der Geldwäsche in Europa (2002); *Siska* Die Geld-wäsche und ihre Bekämpfung in Österreich, Deutschland und der Schweiz, 2. Aufl. 2007; auch *Yenisey*, in Festschrift Tiedemann (Fn. 10), S. 1191 ff (Türkei).

信罪而受到损害的，[37]但至少现在应当抛弃将经济犯罪等同于财产犯罪的理解，或者至少有所补充，正如《德国对外贸易法》对于违反禁运行为的分类或者在卡特尔协议中区分有利于消费者的和对消费者中立的规定。

3. 理论上通往正确解决方式的第一步是关于"中间法益"的认识，中间法益位于个人的有价值的利益与最顶层的、不能适用刑罚维护的共同利益之间，并且具有相对的独立性。[38]法兰克福学派与相当一部分意大利学者拒绝承认这种中间法益，认为它们在术语上容易被滥用（博洛尼亚的布里科拉学派认为中间法益并不总是具有宪法上的相关性）。[39]

第二步则需要一方面强调国家以及其他金融性的共同财产及其并不直接服务于经济活动的社会目的，毫无疑问具有超个人的属性，另一方面与亚亨巴赫教授的观点一样，应当强调当今的经济生活中特定的工具如非现金支付、信贷，尤其是来自银行或者供货商的业务贷款具有不可放弃性。当然反对意见会认为，这仍然是财产保护的问题，社会财产的整体考察归根结底还是个人财产的综合。[40]

认识上的第三步在于将上述原则整合到自莫里斯·豪里乌开始在法学思维中

---

〔37〕 *Fischer* (Fn. 12)，§ 263 Rn. 13 und 13 a，§ 266 Rn. 52；*Tiedemann* in LK(Fn. 7) Rn. 323 sowie Wirtschaftsstrafrecht und Wirtschaftskriminalität 2 (1976) S. 69 及引注；*Vogel* in Assmann/Schneider(Hrsg.)，Wertpapierhandelsgesetz，5. Aufl. 2009，Rn. 14 und 15 Vor § 38，及各自引注——对瑞士情况的补充见 *Hurtado Pozo* in Schünemann/Suárez González (Fn. 4) S. 407 (411，aber auch S. 413 f).

〔38〕 *Tiedemann* Tatbestandsfunktionen im Nebenstrafrecht (1969) S. 119 ff，400 f u. ö. sowie：Wirtschaftsstrafrecht und Wirtschaftskriminalität I (1976) S. 50 f，83 ff und in LK (Fn. 7) § 265 b Rn. 14；zust. *Bottke* in Schünemann/Suárez González (Fn. 4)，S. 109(112) und *Lampe* in Festschrift Tiedemann(Fn. 10)，S. 79 (101) sowie *Schünemann*，JA 1975，793 (798)；详细的，见 *Hefendehl* Kollektive Rechtsgüter im Strafrecht (2002) S. 175 ff 及引注——部分见 *Martinez-Buján Pérez* Parte General del Derecho Penal Económico (1998) S. 100 ff. 针对改革的问题的意义见 *Achenbach* in Festschrift Tiedemann (Fn. 10)，S. 47 (57) 及引注。

〔39〕 *Hassemer* Theorie und Soziologie des Verbrechens (1973) S. 75，77 und JuS 1990，850，auch *Hassemer/Neumann* in Nomos Kommentar Strafgesetzbuch，3. Aufl. 2010，Rn. 108 ff vor § 1；*Manes* ZStW Bd. 114 (2002) S. 724 ff 及引注；dazu bereits *Tiedemann* Tatbestandsfunktionen (Fn. 38)，S. 121 und Wirtschaftsstrafrecht I (Fn. 38)，S. 86. Wie hier (aus der *Bricola/Sgubbi*-Schule) *Nisco* (Fn. 19)，S. 91 ff mit weit. Nachw.

〔40〕 参见 BGHSt 36，130 (131) mit Anm. *Kindhäuser* JR 1990，520 ff；此外，相反意见已经有 *Tiedemann* Tatbestandsfunktionen (Fn. 38)，S. 118 und in LK (Fn. 7) § 265 b Rn. 14；zust. *Hefendehl* (Fn. 38) S. 262；ebenso *Wohlers* in Münchener Kommentar zum Strafgesetzbuch (2006) § 265 b Rn. I mit weit. Nachw.——关于意大利储蓄和投资（"risparmio"）作为超个人法益的草案见 *Nisco* (Fn. 19)，S. 91 ff ("mercato finanziario come istituzione").

得到规定的制度概念之中，制度作为一种社会现象不仅仅在社会学意义上存在，而且必须在经济学与法学上得到承认，从而获得刑法的保护。重要的例子包括受到经济宪法保障的竞争及其在市场价格形成中的自由、负有发放信贷与保障支付任务的银行业务、通过资产负债表和会计账簿对债权人进行商业核算、为劳动者提供的社会保障，以及针对企业经营或其他（经济或生命的）风险所提供的商业保险、服务于社会目的的国家财产收支系统等。[41] 外在形式上这些机制是通过监管法性质的机构来运作的，最近也出现了类司法性质的裁决机构对其进行管理（"独立的行政主管部门"，例如在德国是联邦反垄断局、联邦金融监管局等）。

刑法的任务在于，根据机制在社会价值体系中的顺位，保障这些机制运行的基本条件。因此刑法规定的专门构成要件通常都与相应的行政法上的、制度性的特殊义务相关联，例如证券市场中关于信息公开（公开性与透明性）的行为义务，[42]这些构成要件按照宪法上的合比例性原则也是正当的，因为诈骗罪以及其他一般性的犯罪构成要件所提供的刑法保护并不充分或者并不合适，特别因为（这些构成要件）首先涉及的并不是个人的经济上的财产损失，而且每个机制中都存在特殊的易受损害

---

〔41〕 *Lampe* in Festschrift Tiedemann (Fn. 10), S. 90, 98 ff; *Tiedemann* Wirtschaftsstrafrecht Allgemeiner Teil(Fn. 16), Rn. 45 und 58 sowie bereits Tatbestandsfunktionen(Fn. 38), S. 122, 372 u. ö. und Wirtschaftsstrafrecht 1 (Fn. 38), S. 51, 84 f; *Vogel* in Schünemann (Hrsg.), Strafrechtssystem und Betrug (2002) S. 89 (101); *Wohlers* Deliktstypen des modernen Präventionsstrafrechts(2000) S. 159 ff und (Fn. 40) § 264 Rn.8. Entsprechende Ansätze schon in den "Wertgebilden" (Staat, Kirche, Rechtswesen) bei Erik *Wolf*, Die Typen der Tatbestandsmäßigkeit(1931) S. 56. *Roxin* in Festschrift Hassemer (2010) S. 573 (588) benennt Staatsverwaltung, Währungs-und Steuersysteme sowie "Ökosystem", gerät damit aber ähnlich wie *Wolf* teilweise in unmittelbare Nähe zu obersten Gemeinwohlwerten. *Hassemer/Neumann* (Fn. 39), Rn. 131, 134 und 140 bezeichnen als Universalrechtsgut immerhin die Datenverarbeitung und benennen als Institutionen neben Eigentum und Rechtspflege Versicherungen (sic!) und paoschal die Wirtschaft. Die "phänomenologische" Sicht *Achenbachs* ergibt sich zusammengefasst aus Jura 2007, 342 f (Kaufmännische Rechnungslegung, Scheck und Wechsel). Eine "überindividuelle Dimension" sicht der Jubilar bei § § 263, 266 StGB zutreffend im Groß-und Massenbetrug sowie der entsprechenden Untreue(vgl. § § 263 Abs. 3 Nr. 2, 266 Abs. 2 StGB); ebenso *Tiedemann* (Fn. 15), Rn. 1.

〔42〕 比较法及德国法见 *Seminara* in Festschrift Tiedemann(Fn. 10), S. 1085 ff und *Ziouvasin* Festschrift Tiedemann (Fn. 10), S. 123(133 ff), S. 140 ("institutionelle Sonderpflichten")；西班牙刑法中的相应内容见 *Arroyo Zapatero* in Schünemann/Suárez González (Fn. 4), S. 387(388 ff) und *Bajo Fernández/Bacigalupo*(Fn. 29), Kap. XⅢ Rn. 405 ff 及引注。对于欧洲之外国家的证券刑法的具有代表性的规定典范有，*Vogel*(Fn. 37), Rn. 20 ff Vor § 20 a und Rn. 5 ff Vor § 38.

性(马里努奇的米兰学派提出的"可侵犯性")。在这个意义上,证券犯罪的保护法益,在于证券市场上透明的价格形成机制以及市场参与者的机会平等,在招投标过程中以竞争为方式的程序性价格形成机制也居于优先位置,正如西班牙最高法院[43]与德国联邦最高法院所强调的,这属于"与程序相联"(verfahrensgebundenen)的犯罪。[44] 如果认为,价格形成程序受到损害本身就已经构成财产损害,[45]那么诈骗罪这一一般性的罪名就足以解决问题,否则就需要增设专门的构成要件,英国、法国、比利时、荷兰、意大利、西班牙与德国均采取了后一种观点。[46] 在西班牙刑法中对于价格(形成)操纵的空间关系的规定在体系上值得注意。在德国、奥地利的判例上以及瑞士的部分文献中,基于难以确定的、假设的市场价格而肯定了诈骗罪中的财产损害,瑞士的文献中根据《瑞士联邦行政刑法》中的规定讨论了是否构成"给付诈骗"的问题。[47] 逃税与骗取补贴由于涉及财产也可以成立诈骗。但是这里所涉及的是公共财产作为一种机制而需要特殊的保护,这种机制也使得特殊的行为规则在税收与补贴法律关系中具有特殊的地位。[48] 这类财产有特定的规范目的制约,除了财税刑法的专门规则之外,在德国、意大利、西班牙的理论中,有相当一部分学者主张通过设置专门的构成要件以涵盖补贴目的落空的情形,当前大部分国家的立法者都作出规定,欧盟对此也有专门的规定,因为超国家的补贴更容易受到操纵,并且很难通过人为的手段进行限制。亚亨巴赫正确地指出,在"通过补贴进行的经济调控"中是"很容易发生犯罪的"。[49] 但是在奥地利、瑞士、英国、瑞典等国家,骗取国家补贴的行为则仍被置于普通诈骗罪的规制范围内,在瑞士诈骗罪只能规制骗取州政府补贴的行为,而骗取联邦的补贴资助则只适用于法定刑更轻的行政刑法。

---

〔43〕 参见 *Bajo Fernández/Bacigalupo*(Fn. 29),Rn. 460 及引注。

〔44〕 BGHSt 49,201 ( 209 ) im Anschluss an T. *Walter* GA 2001,131 ( 140 ); zust. *Tiedemann* in LK(Fn.7),§ 298 Rn. 9 及引注。

〔45〕 So OLG Frankfurt a. M. NJW 1990,1057 ( 1058-Rheinausbau I ) im Anschluss an *Tiedemann* Weltbewerb und Strafrecht (1976) S. 17 ff(und jetzt in LK [Fn. 7] § 263 Rn. 165 及引注).

〔46〕 *Bender* Sonderstraftatbestände gegen Submissionsabsprachen (2005) S. 201 ff (法国),218 ff (意大利); *Tiedemann* in LK (Fn. 7),Rn. 11 ff Vor § 298 (奥地利,法国,意大利,西班牙,英国和荷兰). 对于法国补充的内容见 T. *Walter*(Fn. 5),S. 314 ff.

〔47〕 *Arzt* (Fn. 9),Rn. 85; *Tiedemann* in LK (Fn. 7),Rn. 11 und 12,及各自引注。

〔48〕 *Berger* Der Schutz öffentlichen Vermögens durch § 263 StGB (2000) S. 6 ff; *Tiedemann* (Fn. 15),Rn 92,98,122 und 133 sowie bereits Wirtschaftsstrafrecht 2 (Fn. 37),S. 118 f. 比较法见 *Morales Prats* in Gómez Colomer/González Cussac(Hrsg.),La reforma de la Justicia Penal — Festschrift für Klaus Tiedemann (1998) S. 49 (64 ff) (也同时涉及社会保障法).

〔49〕 *Achenbach* (Fn. 16) GA,S. 565 (im Anschluss an *Tiedemann*).

与之相反,合法获取欧盟的补贴,但在事后目的落空的行为在几乎所有的欧盟成员国都被单独分离出来置于刑罚威吓之下,因为这些行为既不能被诈骗罪——除了英国与法国之外——也不能被侵占罪、背信罪规制。[50]

4. 经济腐败无法受到诈骗罪规制,且只能部分地受到背信罪的规制。基于经合组织公约的要求,国家公职人员犯罪的范围参照 1977 年《美国海外反腐败法》的模式扩展至外国的公务员,例如 2010 年《英国反贿赂法》。而私营经济企业的雇员与职员的受贿与行贿行为则受到单独罪名的规制。在大陆法系国家的刑法秩序中,这类罪名在传统上是不被认可的,因此在欧盟立法者强制要求成员国设立这类罪名时受到了一定的抵制,但 1999 年的《欧洲委员会反腐败条约》与 2003 年《联合国反腐败条约》都对此作出规定。设置这类罪名的目标在于保护纯洁的、用更现代的说法是公正的市场竞争,按照自 2003 年 7 月 23 日签订的欧盟框架协议(德国有义务实施该协议但超出期限尚未执行),这类罪名还用于保护业务关系,即属于背信类的犯罪。在此之前,除了瑞士之外(在联邦法典中规定违反公平竞争的犯罪)、法国(《拿破仑法典》)以及荷兰也持这一观点。[51] 在当前的德国司法实践中,对于大型商场的采购人员收取利益的行为(飞利浦集团的"美地亚电器商场案")以及社会保险的合约医生(此前的健保医生)收受利益的行为("通益制药案")的定性负有争议,其中尤其有争议的问题是在何种情况下,收受的利益是不公平的。这种援引商业伦理的做法亦被欧盟立法者所采用,作为德国法参考对象的是 1906 年英国的《预防腐败法》,直到其被 2010 年的《反贿赂法》取代之前,都使用了"腐败的"表述。但与欧盟采用的义务违反概念一样(其内容超出了雇佣合同明确约定内容的范围),援引商业伦理的做法同样是高度不确定性的。相应地,在西班牙的理论中,[52]有学者建议通过解释限缩普通背信罪的范围,按照这一观点,对于经济活动中的腐败行为也须要求存在严重的义务违反,且收受利益者应当具有一定的决策权与影响力,正如其在前述国际性法律文件中所提到的理由所显示的那样。[53] 在这种合宪性解释与符合欧盟法的解释方面,希腊刑法的最新规定(3560/2007 号立法)完整地列举了所涉及的法义务来源,这种立法列举的方式相比于法官的限制解释而言更有助于构成要件的明确性。此外另一个普遍的问题是,雇主的承诺(或知悉)能否排除刑事责任(按照欧盟的规

〔50〕 参见 *Tiedemann* in LK (Rn. 7),§ 264 Rn. 20 - 21 a.

〔51〕 概况见 *Tiedemann* in LK (Rn. 7),Rn. 22 ff Vor § 298 und *Vogel* in Festschrift Weber (2004) S. 395 ff.

〔52〕 *Bajo Fernández/Bacigalupo* (Fn. 29),Kap. XIII Rn. 68;*Muñoz Conde* in span. Festschrift Tiedemann (Fn. 48),S. 137 (149).

〔53〕 *Tiedemann* in LK (Fn. 7),§ 299 Rn. 46 及引注 und in Festschrift Rissing-van Saan (Fn. 13) S. 685 (690 ff).

则在适用背信罪的实践中是可以得出肯定结论的），以及当采购人员指定的商品、医生开具的药物具备了特定的质量时，是否可以借助欧洲法院判决（关于出口双重用途的商品的判决）中所确立的合比例性这一宪法原则否定刑事责任，在德国理论中有相当一部分观点就采取这一立场而反对持续的判例观点。[54]

5. 在抽象危险犯中危险的排除是否具有重要性这一问题上，我们又再次回归到总论的内容。现代经济刑法的另一工具，所谓的适格犯也是如此。适格犯通常出现在公众特别是消费者的保护领域，在大部分国家的法秩序中，诈骗罪对于个别被害人的保护通常都极为有限（如前文第一部分所述）。此时，适格犯发挥着堵截性构成要件的作用，它并不要求损害结果出现，而重在考察向公众所提供的产品是否在一般情况下具有误导一个具有中等理智的消费者的属性（在西班牙刑法中取消了专门的罪名，因为适格要素在诈骗罪中已经将欺骗行为限制在了会引起损害的欺骗范围之内）。当使用了引起损害，包括引起健康损害的适格性概念时，难以查明的个别因果关系——例如在使用不安全的产品与身体损害乃至死亡结果之间的因果关系（正如前述第二部分第 5 点中所提到的德国与西班牙的例子中那样）——就被一般性的、基于统计数据支撑的因果关系所取代。这种适格犯的立法同样出现在环境刑法中——当无法确定临界值时，[55] 以及经济刑法诸如虚假广告，销售伪劣食品、化妆品、饲料、药品、日用品以及葡萄酒制品等传统罪名中。认定具有"误导性"的关键标准在于"消费者的期待"，而在欧盟成员国中主要通过大量刑法之外的欧盟指令与规章来界定这种消费者期待，例如《欧共体第 834/2007 号关于有机食品生产与有机食品标识法规》（德国国内法主要是 2008 年 12 月 7 日通过的《有机农业法》第 12 条与第 2009 年 1 月 20 日通过的《有机产品标识法》）。

在消费者保护领域，欧盟关注的重点是信息与程序，而非报应，在预防失效时，

---

[54] 参见 BGH NJW 2006，3290（3298）（Allianz Arena München）mit abl. Bespr. *Gercke/Wollschläger* wistra 2008，5 ff，*Kienle/Kappel* NJW 2007，3530 ff，*Klengel/Rübenstahl* HRR S 2007，52 ff und *Tiedemann* in Festschrift Gauweiler（2009）S. 533（541 f）. 关于文献中对尤其是出于销售目的而行贿情况的限制解释，见 *Tiedemann* in LK（Fn. 7），§ 299 Rn. 41 und Rn. 42 及引注.—针对第 299 条扩张化趋势的批评总结，*Lüderssen* in Festschrift Tiedemann（Fn. 10），S. 889 ff.（意大利或西班牙）文献中对于诚实、忠诚等的"空白构造或普适性语句"的批评，见 *de la Mata Barranco*，in Festschrift Tiedemann（Fn. 10），S. 869（872 f）及引注.

[55] 对于各种规范模型，*Tiedemann* Die Neuordnung des Umweltstrafrechts（1980）S. 23 f；比较法见 *Knaut* Die Europäisierung des Umweltstrafrechts（2005）S. 146 ff（奥地利），S. 151 ff（瑞典），S. 156 ff（葡萄牙），S. 160 ff（丹麦），S. 169 ff（芬兰），S. 179 ff（瑞士），S. 185 ff（法国），S. 201 ff（比利时），S, 204 ff（意大利），S. 210 ff（希腊），S. 217 ff（荷兰），S. 221 ff（英国）.对于西班牙和德国环境刑法中的适格犯，见 *Silva Sánchez* in span. Festschrift Tiedemann（Fn. 48）S. 151（163 ff）.

后者仍然毫无疑问是刑法对于规范违反的回应。对此,最近的例子一方面来自知识产权以及工业产权的保护,另一方面则来自对劳动力市场与劳动者的保护。由于国际范围内广泛存在的产品与商标侵权行为,欧盟在 2004 年要求其成员国针对严重的犯罪行为施加刑事制裁,而罗马法系国家传统理论上所关注的劳工刑法则首先是通过《里斯本条约》的规定而被纳入欧盟刑事权限的范围内,通常涉及劳动者的居留权问题。[56] 特别是在涉及外国人的偷渡行为的领域,与其他经济犯罪一样,也与有组织犯罪问题相重合。

---

〔56〕 对此,见 *Achenbach* (Fn. 3), S. 343 und 346; *Böxler*, wistra 2011, 11 ff. 对于劳动者保护领域的比较法研究,见 *Arroyo / Nieto* in Tiedemann (Hrsg.), Wirtschaftsstrafrecht in der Europäischen Union—Freiburg-Symposium (2002), S. 199 ff, 213 ff. 对于知产保护和劳动力保护两个领域的总结,见 *Tiedemann* Wirtschaftsstrafrecht Besonderer Teil (Fn. 15), Rn. 600 ff.

中德法学论坛

第 17 辑 · 下卷,第 197～206 页

# 竞争作为刑法的保护法益

[德] 克劳斯·缇德曼* 著　马春晓** 译　徐凌波 校

经济中的竞争是否是值得刑法保护的法益,这是分则领域最为热门的基础性问题。立法者通过 1997 年的《德国反腐败法》在《德国刑法典》中设置了第 26 章,该章的标题为"侵犯竞争的犯罪",由此看来对于这一问题立法者显然想要给出肯定的答案。政府草案中给出的立法理由是一贯的。[1] 但理论上仍有相当一部分观点[2]以及在立法过程中被反复地提出来的观点[3]认为,这是对财产的保护、属于财产犯罪,而与通说保持一致的观点也认为,在解释与实践使用中,保护竞争以及将其归为竞争犯罪不能毫无限制。[4] 因此下文将要讨论的问题是,刑法分则中作为保护法益的竞争究竟具有何种内容。

## 一

即便是在刑法之外的领域,在德国,竞争这一概念的历史也相对较短。根据 1893 年《帝国法院民事判例集》,在著名的"萨克森州木材工厂协会案"中,竞争仍从属于职业自由(Gewerbefreiheit)。因此对于得到普遍承认的联营自由(Kartellfreiheit)

---

　　* 克劳斯·缇德曼(Prof. Dr. Klaus Tiedemann):德国弗莱堡大学荣休教授。

　　** 马春晓:南京大学法学院特任副研究员。

　　[1] BTDrs. 13/5584 S. 12 f.

　　[2] Maurach/Schroeder/Maiwald, BT 2, 8. Aufl. 1999, § 68 Rdnr. 2; Möllering, WRP 1997, 933 (934); Pieth, ZStW 1997, 756 (773) mit weiteren Nachw.; 质疑观点参见 Schroth, Strafrecht Besonderer Teil, 2. Aufl. 1998, S. 154.

　　[3] Lüderssen, BB 1996, 2525 (2527), StV 1997, 318 (320 f.) und: Entkriminalisierung des Wirtschaftsrechts (1998) (mit Bspr. Tiedemann, JZ 1999, 783 f.).

　　[4] Diehl, BauR 1993, 1 (2); Otto, wistra 1999, 41 (46).

原则而言,其法律上的限制只有民法上的违反善良风俗与刑法上当时成立范围仍较为狭窄的强制罪。而在法国以及其他大陆法系国家,立法者则很早就——紧接着法国大革命之后——认为经济领域的联营、合并、价格协定等若影响了"供需关系之间自然的相互作用关系",就可以构成犯罪(1810 年《拿破仑法典》第 419 条)。但是长期以来,垄断协议已经导致或将会导致"人为地升高或降低价格"这一额外的成立条件始终是决定性的。[5] 特别是法国的判例很快地在"好的"与"恶的"垄断协议的区分中提出了公共利益连接点。[6] 在整个反垄断(刑)法的最近历史中,都不同程度地强调了涨价(刑法上构成某种财产犯罪)、违反竞争(违反规则)以及市场支配力或技术进步(作为对规则违反的整体经济评价)等三个方面,并辅之以严重性标准——最新的法国刑事判例就是这样做的。而美国法在 19 世纪末(1890 年《谢尔曼法》)便原则上认为单纯的规则违反便是可罚的,除了一般设置的经济理性例外之外,定价协议、市场份额分配与生产限额协议等都持续地被美国联邦最高法院的判例视为"本身非理性的"。[7]

　　这一强有力的发展路线,在 1923 年魏玛共和国时期的《反垄断规章》第 17 条关于刑事责任的规定中便有所体现,其内容几经变化后也被二战之后的德国立法有所妥协地吸纳(1957 年《联邦反限制竞争法》),并在基本法上从政治—宪法的意义上得到了论证与升华:"若无权力的去中心化,则政治民主与市场经济都是无法想象的。"[8] 此外,历史上还有一条特殊的但至少同样有效的财政预算法进路,即以价格思维为导向的发展进路,这条路线在 19 世纪通过竞争性招标的方式发展公共采购而几乎在整个欧洲建立起来,且由于公共机关具有天然的自我保护利益而从一开始就受到了刑法上的保护。与其他欧洲国家的立法者一样,普鲁士的立法者在 1851 年《普鲁士刑法典》中直接采用了《拿破仑法典》第 412 条的做法,针对在公共采购招标竞争中的操纵行为设置刑罚威吓以保护国家的采购利益(公共财产的使用要物有所值)。[9] 尽管帝国时期(以及后来的联邦时期)的法律都未能对招投标制度作出全面的规定,但在 20 世纪的所有刑法改革草案中,直到 1962 年的政府草案和 1975 年打击经济犯罪专家委员会的建议中,这方面的内容仍然是活跃的。[10] 在国外也往

---

〔5〕　Vgl. Tiedemannn, Kartellrechtsverstöße und Strafrecht (1976) S. 47 f. mit weiteren Nachweisen zum romanischen Rechtskreis

〔6〕　Tiedemann a. a. O. (o. Fn. 5) S. 50.

〔7〕　详见 de Frenés, Das US-amerikanische Kartellstrafrecht (1984) S. 33 f

〔8〕　BTDrs. 7/76 S. 14.

〔9〕　概要见 M. Dreher, in: Immenga/Mestmäcker, GWB, 3. Aufl. 2001, Rdnr. 1 vor §§ 97 ff.

〔10〕　概要见 Otto, ZRP 1996, joo (301).

往是与对公开销售的保护相结合的(参见 1962 年政府草案第 270 条第 1 款)。其不仅强调了财产关联,也强调了竞争作为(寻找商品服务之正确价值的)程序所具有的工具性价值。

另一条刑法上的特殊路径始于 19 世纪末但存在于刑法典之外,因此几乎完全没有受到德国刑法理论的关注——除了宾丁(Binding)[11]和克里格斯曼(Kriegsmann)[12]。自 1896 年,《德国反不正当竞争法》便设置了一系列的罪名(1909 年又额外增加了第 1 条民法上的一般条款),其保护的首先是参与竞争的市场主体(竞争者)免于受到不诚实的广告、对企业雇员的行贿、经济领域的剽窃等行为的损害,而非经济上的公共利益与整体福祉。但是之所以设置专门的罪名提供刑法保护,其主要的理由并非法益上的衡量,而是在适用一般性的刑法罪名时所存在的证明困难。[13]竞争者的财产利益在这里迅速地被上升为"公平"竞争这一独立的价值,使得特定的手段显得违反竞争原则而不正当。自 1932 年奥伊根·乌尔默(Eugen Ulmer)的开创性著作《现代竞争法的意义背景》开始,竞争者保护的首要目标便包括了额外的社会功能:按照当前普遍认可的观点,反不正当竞争法还额外地服务于消费者的保护。[14]

联邦司法部根据打击经济犯罪专家委员会的建议提出针对损害投标竞争的协议设置刑法规定,但由于联邦经济部的反对这一建议失败了。[15]此后直到 20 世纪末,这一领域中才出现了最后的、决定性的创新方式,其一方面来自当前几乎是全球性的、更好地打击腐败犯罪的想法的支持,在公开招标的场合无论是在质量上还是数量上都会涉及国家公职人员(而不切实际的权限轮换建议或其他经济上不合理的法外措施都不能充分地应对这种腐败问题),另一方面世贸组织 1994 年发起的关贸总协定也加速了这一方式,欧盟通过了该协定并因此推动作出多项采购方面的指令[16](参见新版《反限制竞争法》第 97 条以及 2001 年的《联邦公共采购分配规章》)。这一国际性的举措在刑法上的体现首先是 1997 年在《德国刑法典》中增设了"侵害竞争的犯罪"一章(第 298 条以下),此外还包括了欧盟委员会针对私人经济部门的行贿行为采取共同措施(比利时、意大利、西班牙等传统上并没有设置对公司成

---

[11]  Binding, Lehrbuch des Gemeinen Deutschen Strafrechts; Besonderer Teil Bel. I, 2. Aufl. 1902, S. 460 ff. und Bd. II/1, 2. Aufl. 1904, S. 73 ff.

[12]  Kriegsmann, Vorschläge für die Einarbeitung der Nebengesetze in das Strafgesetzbuch, in: Kahl/v. Lilienthal/v. Liszt/Goldschmidt, Gegenentwurf zum Vorentwurf eines deutschen Strafgesetzbuches, Begründung (1911) S. 337 ff.

[13]  Vgl. nur Daniel, Das Verbrechen des unlauteren Wettbewerbs (1900), S. 71 f.

[14]  Vgl. 通说见 Rittner, Wettbewerbs-und Kartellrecht, 6. Aufl. 1999, § 1 Rdnr. 18.

[15]  Vgl. Tiedemann, JZ 1986, 865(867).

[16]  概要见 Roebling, Jura 2000, 453(457 f.).

员行贿罪的国家也因此负有义务增设这类的罪名),由德国发起的《欧盟关于在共同市场中分配公共采购计划的过程中实施的欺诈性以及其他不公平的违反竞争行为的可罚性的框架协议》草案刊登在 2000 年 9 月欧共体官方公报中;根据 1999 年《欧洲委员会反腐败条约》、2000 年年中提交并受欧洲议会委托的"法律文书"(第 2 条)的建议,欧盟将于 2001 年 5 月提交一份指令草案,以实施该建议。[17] 2000 年 10 月在弗莱堡举行的包括了外国学者与德国学者参加的一次国际研讨会上,与会者讨论了保护竞争和消费者的有关刑事犯罪(对公司成员行贿、串通投标、不实广告等)的表述,[18]该表述部分偏离了前述建议,并被提交给联邦司法部和其他国家的司法部。与《德国刑法典》第 299 条相比,这一建议能够更好地执行欧盟与欧洲委员会的前述反腐败措施,并且参照国外的立法例扩张了第 298 条的行为范围。

## 二

　　违反竞争行为的当罚性与需罚性问题,特别是是否要将 1997 年《德国限制竞争法》中作为秩序违反行为加以规制的规则违反行为"升格"[19]为犯罪,长期充满争议。而是否要用全新的宪法范畴如合比例性、补充性、最后手段性等取代在过去流行的刑事政策范畴(当罚性与需罚性)的问题,则意义极其有限:任何时候刑法手段的介入都不仅需要判断社会伦理上的价值,也需要论证实践上的必要性。而这两点都曾经是、现在仍然是充满争议的。而对于今后其他的违反竞争行为是否要——如使用强制、实施欺骗等——像其他欧盟成员国那样进行犯罪化的问题,上述两个视角也都是重要的。

　　普遍认为,经济竞争是德国经济宪法中主导性的基本原则,即便没有在《德国基本法》中明确地规定。从所谓弗莱堡学派提出自由主义理念以来,尽管经济理论的基本表述发生了许多变化,[20]但它一直被认为是在最大限度地保障自由的前提下实现最高经济效率的发动机。这种一般性的描述也提出了要保护市场免受垄断,但串通投标协议中典型的寡头垄断则在传统上被忽视。而对竞争造成限制的串通投标在多个方面都构成了集中性的限制竞争的特殊形态。[21] 招投标中的垄断特点在事实上源自公开招标通常总是涉及更大的标的。此外它也具有严重的欺诈潜质,这

---

〔17〕　FAZ V. 15. 3. 2001 s. 18.

〔18〕　Tiedemann ( Hrsg.), Wirtschaftsstrafrecht in der Europäischen Union-Harmonisierungsvorschläge zum Allgemeinen und Besonderen Teil (2001).

〔19〕　BTDrs. 13/5584 S. 14.

〔20〕　Dazu etwa Rittner, Kraft-Festschrift (1998) S. 523ff.

〔21〕　Vgl. bereits Alternativentwurf "Straftaten gegen die Wirtschaft" (1977), S. 33; ausführlich Tiedemann, in: LK, 11. Aufl. 2001 § 298 Rdnr. 6 mit weit. Nachw.

种欺诈性与在诈骗罪中的一样,奠定了显著的行为无价值。但是这两点都没有被立法者吸收为《德国刑法典》第 298 条的构成要件要素。但它们也并不仅仅是立法动机;而是通过限制投标方式以及竞争者之间串通(而不是与招标方人员串通![22])的必要性这两个要素间接地对构成要件的解释发挥作用。特别是串通投标还具有典型的反复出现的趋势,这是由竞争法的体系性与犯罪学特点所决定的,早在《德国限制竞争法》中联邦反垄断局的报告就认为这种反复性使得串通投标具有特殊的社会损害性(1949 年《经济刑法》第 6 条第 2 款第 2 项中的经典界分公式正是如此!)。[23]此外当垄断协议的成员与招标方的工作人员存在串通,则不法程度会进一步提升。但第 298 条的修订者也没有将其作为法律标准加以提及。乍看之下,如果招标方存在操纵行为,就会使得投标人之间的违法传统变得多余,因此这两种做法是相互排斥的。但是如果从犯罪学的实践的角度看,绍普恩施泰纳(Schaupensteiner)[24]通过不同类型采购招标流程说明,腐败与伪造即便不能促成串通投标,至少也能使其变得更加容易。在出现外部人员(非垄断协议成员)时,行贿就成为使串通投标成功的唯一手段。[25]腐败(通谋)因此强化了对竞争的侵害。

前文提到的反复趋势构成了串通投标行为在实质(金融)意义上的、特殊的国民经济损害性。长期以来,竞争法学则认为投标垄断协议的达成与执行会造成标的价格过于昂贵。[26]直到《联邦最高法院刑事判例集》第 38 卷第 186 页对垄断协议这种提价效果作出判断,上述观点便不再站得住脚,批评者认为对于损害大小的估算——大约每年在公共工程建设领域存在 100 亿德国马克的损害——是无法证明或者是任意的。这一数字的计算主要是基于反垄断局对增值部分的估算,以及特别是黑森州审计署在考察了不同的招标类型、城市与农村差异、招标标的大小等因素之后作出的认定。[27]反复串通投标而给国民经济造成的损害不能与具体个案中出现的财产损害相混淆。第 298 条的规定仅仅在减轻刑法上的证明负担,除了这个事实外,第 298 条也被批评相比于第 299 条(《德国反不正当竞争法》第 12 条的规定被视为其前身)没有任何的提升——尽管同样也可以思考,对公司成员行贿是否是背信的特殊形态(如法国和荷兰刑法以及意大利最新的刑法草案中的规定)因而其成立以雇主受到损害(或者消费者受到损害)为前提。

---

〔22〕 Tiedemann a. a. O. (o. Fn. 21) Rdnr. 16 gegen Girkens/Moosmayer,ZfBR 1998,223 (224) und Fischer,StGB,50 Aufl.,2001,§ 298 Rdnr.12.

〔23〕 1995—1996 年联邦反垄断局工作总结,BTDrs. 13/7900 S. 29 ff.

〔24〕 ZRP 1993,250 f. (f.).

〔25〕 Bangard,wistra 1997,161 (ff.);Beispiel:BGHSt 41,385 mit Anm. Kindhäuser JZ 1997,101 ff.

〔26〕 Vgl. Nur lmmenga/Mestmäcker,GWB,2. Aufl.1992,§ 1 Rdnr. 263.

〔27〕 Müller,Kriminalistik 1993,509 (516).

　　与前述从国民经济视角出发存在的实质损害相应的,是广泛的、几乎独一无二的非物质性损害:在第 298 条设置之前,建筑领域普遍认为执行串通投标协议仅仅违反了秩序而没有任何社会损害性。刑法学者认为这种投标串通协议与诈骗没有任何关系,[28]这种意见也进一步强化了这种认识。尽管在评价上有所区别,但理论上一致认为,德国反垄断局数十年来针对串通投标行为处以罚款的实践,即便是处以最高的罚款额度——通常针对的是公司——也并没能显著地降低串通投标的频率与规模,特别是在建筑工程领域。从一般预防的角度看,拒绝对串通投标行为进行犯罪化是令人费解的。奥尔迪格斯(Oldigs)在论文与专著中反复指出,刑法与刑事司法无法完成第 298 条所设置的任务,因为这种串通往往发生在作为企业中层的行为人之间,这些人是可替换的,且对于初犯通常并不会判处或执行自由刑。[29] 这对于一个认为消极的威慑预防已经过时的作者来说,尤其令人惊讶。在积极一般预防的意义上,1997 年设立第 298 条就已经在实践中改变了所有规范接收者的认知,[30]这并不需要任何社会学的研究来证明。自此,投标串通行为只发生在更小规模的、私人之间互相认识的企业主之间或者只发生在私人招标之中。被奥尔迪格斯和其他作者所否认的消极威慑预防也显而易见地增长了,因为除了羁押(Untersuchungshaft)之外,吕德森(Lüderssen)1972 年在第 49 届德国法学家大会上所反复强调的(刑事程序的)公开性[31]都具有预防性的效果——即便最终只处以财产刑或者缓刑。这与当前国际刑事政策与犯罪学观点相对应,认为在公司犯罪领域中,除了针对自然人施加刑罚之外,还需要针对公司(及其管理层)施加高额的、从而限制其盈利的罚款。[32] 许内曼(Schünemann)也将其早年发表的反对观点与这一认识相适应。[33] 根据《反限制竞争法》第 82 条的规定可以针对获利企业处以其盈利目标三倍以上的罚款,即便反垄断局并不愿意自己的整体管辖被分割,这在通常情况下也会得到执行。根据当前正确的通说,[34]反垄断局至少对于根据《秩序违反法》第 30 条对公司处以罚款拥有管辖权,因此也有相应的调查权。虽然这种惩罚权限的"划

　　〔28〕　Otto, ZRP 1996, 300 (303) und wistra 1999, 41 (46).

　　〔29〕　Oldigs, wistra 1998, 291(294 f). Und Möglichkeit und Grenzen der strafrechtlichen Bekämpfung von Submissionsabsprachen(1998).

　　〔30〕　关于一般预防实证测量的这一标准参见 Tiedemann, Tatbestandsfunktionen im Nebenstrafrecht (1969) S. 146 mit Nachw.

　　〔31〕　Lüderssen, Erfahrung als Rechtsquelle (1972) S. 195., 206 ff. Und in : Verh. 49. DJT (1972), Bd. II S. M. 124 ff.

　　〔32〕　Vgl. dazu nur Tiedemann, Revue Internationale de Criminologie 1991, 226.

　　〔33〕　Schünemann, in: Madrid-Symposium (1994) S. 265 (277 ff.) gegen Schünemann, Unternehmenskriminalität (1979) S. 236 ff., 254f.

　　〔34〕　Tiedemann a.a.O. (o. Fn. 21) Rdnr. 59 mit Nachw. (gegen Fischer § 298 Rdnr. 22).

分"并不理想,但如果与检察机关充分合作,确实可以使反垄断机关的专业知识和经验得到充分的利用。根据《反限制竞争法》第82条所进行的程序中,反垄断局的管辖权也仍然保留,因为自然人的犯罪与受到罚款的公司行为在程序上是两个不同的行为。[35](尽管存在成立第298条犯罪的嫌疑但没有提交调查程序是否构成第258条的犯罪,则仍需要澄清!)。为什么在串通投标这一特别严重的违反竞争行为中,适用于行政罚款程序的机会原则能够为被告人提供相比于刑事诉讼程序中的法定原则更为显著的好处,改革的反对者们对此并没有进行阐释。

即便是作为改革主要反对者之一的吕德森在1997年4月联邦议会法律委员会的专家听证会上也正确地指出,针对1997年德国进行的改革与国际层面的改革都不存在宪法上的问题。[36]特别是吕德森也没有认为,他与其他学者提出的竞争法益具有开放性和不确定性在《基本法》第103条第2款意义上构成行为描述上的问题:《德国刑法典》第298条对于构成要件行为的描述具有充分的明确性。不明确的问题主要存在于第299条对行为的描述中,后者既广泛地参照了公职人员腐败犯罪的规定,在边缘问题[37]上又借鉴了其前身《反不正当竞争法》第12条的规定,因而被批评存在不明确性。

前述对于欧盟措施以及比较法上的介绍都说明第298条所规定的投标串通行为具有当罚性。而需罚性与刑罚手段介入的合比例性则尤其来自反垄断局工作报告中所提到的犯罪学内容,即正如前文所提到的,即便处以最高额度的罚款也很难产生预防效果,对于处于企业中层的(可替换的)行为人只能通过传统刑法的常规手段来加以规制。屈尔(kühl)针对设置新罪名的必要性所提出的质疑[38]因而也没有说服力。同理,质疑将原本规定在《反不正当竞争法》中的规定转移到《刑法典》第299条的观点[39]也并不正确。正如《刑法典》第265b条与第324条及以下数条的沿革历史所证明的,[40]将附属刑法中的规定吸纳进刑法典之中会极大地激发对刑法理论的研究热情(第265b条的前身《信贷管理法》(KWG)第48条与第265b条的规定字面完全相同,但在此之前从来没有受到过刑法学者的批评!);同时也能改善刑事追诉机关的认识(《信贷管理法》第48条也并不为刑事追诉机关所认识)。通过限制刑事自诉的要求,这种限制是《反不正当竞争法》第12条极其有限的具有实践意义的主要内容,尤其是在跨国案件中极大地引起了追究支付回扣行为刑事责任的普遍兴

[35] Tiedemann, NJW 1988, 1 169 (1172).

[36] Vgl. Lüderssen, StV 1997, 319.

[37] Pfeiffer, NJW 1997, 782 (784); dazu Tiedemann a.a.O. (o. Fn. 21) Rdnr. 7 vor § 298.

[38] Lackner/Kühl, StGB, 23. Aufl.1999, Rdnr. 1 vor § 298.

[39] Vgl. dazu die Nachweise beiLackner/Kühl, § 299 Rdnr. 1.

[40] Dazu Tiedemann, in: LK, 11. Aufl. 1997, § 265 b Rdnr. 2

趣。特别是与 1999 年《税收减免法》对所谓有益费用的税收减免进行限制的方面,〔41〕《反不正当竞争法》原本第 12 条规定的刑事自诉要求被认为表达了对经济领域自净能力的信赖,〔42〕但该条规定并未经得起考验。而兰齐克(Ransiek)〔43〕所倡导的公司内部自我控制机制也常常失效。整体而言,设立《刑法典》第 298 条及以下数条罪名是正确的! 与偶然出现的担忧不同的是,设置这些罪名并不会打开在限制竞争法领域进一步犯罪化的大门。〔44〕 由于其行为不法所具有的特殊性质,可以讨论的是,应不应该参照意大利的模式将禁止抵制与歧视的禁止规范部分地犯罪化(新版《反限制竞争法》第 20、21 条),以及是否参照法国法的规定将欺诈性的串通予以犯罪化(新版《反限制竞争法》第 1、14 条)。〔45〕 这一领域中的大规模丑闻以及/或欧洲立法者的行动为人所认识,那么在这方面也导致在事实上与/或法律上不得已而为之,这些被迫采取的举措会超越理论上的思考与其他关切。如果有人还认为这是刑法的过度介入,那么他肯定没有认真地研究过附属刑法——除了极少数受到资助的专家鉴定意见外——几十年来附属刑法的发展已经远远超出了"整体"刑法学的研究范围。

三

　　从《德国刑法典》第 298 条及以下数个罪名的沿革史与立法技术来看,在条文解释与适用的过程中都有必要考虑《反不正当竞争法》与《反限制竞争法》上的概念与价值判断。因此在竞争犯罪中出现了与环境犯罪相似的问题:从附属刑法中吸收罪名进入刑法典并没能消除内在的(概念上的)与外在的(术语上的)对于刑法之外内容的依赖。在《刑法典》第 324 条及以下数条罪名的解释使用中,这究竟是好是坏,长期以来就存在争议,即就其与环境法的关系上究竟应当提倡一种独立的还是从属性的解释进路?(偶尔有观点主张删去第 324 条及以下数条罪名而没有任何替代性的罪名,〔46〕但由于德国受到 1998 年欧洲委员会相关公约以及将来还有相应的欧洲共同的协调措施的约束,这是不可能发生的!)与环境刑法一样,〔47〕我们认为在竞争刑法领域,相比于独立的可罚性规定,对刑法的技术性约束在法安定性方面更具优势。

---

〔41〕　Vgl. nur Gieseke,FAZ Nr. 222v. 24.9.1999 S. 22;Klingelhöfer,StBp 1999,309ff.

〔42〕　Vgl. insbesondere Schaupensteiner,Kriminalistik 1997,699 (702)

〔43〕　StV 1996,446 (453).

〔44〕　Zutreffend Rittner a.a.O. (o. Fn. 14) § 14 Rdnr. 3 a. E.

〔45〕　Vgl. Tiedemann a.a.O. (o. Fn. 18),Vorwort sowie Teil C 3.

〔46〕　Hierzu treffendlackner/Kühl Rdnrn. 4 ff. vor § 324.

〔47〕　Tiedemann,Art. Umweltstrafrecht,in:Handwörterbuch des Umweltrechts,2. Aufl. 1988.

与文献上一些要求不同,这一点可以以第298条的规定为例作如下阐明:

　　显然刑法之外的概念界定对于解释"商品""商业性服务"等《反限制竞争法》与《反不正当竞争法》上的关键规制对象(特别是旧版《反不正当竞争法》第2条)具有决定性作用。刑法上的罪名与刑法之外的规则的保护目标不存在明显的差别——不怎么明确但在结论上也同样没有疑问的是第298条中规定了串通投标的"违法性"这一构成要件要求,而这一要求应被理解为对《反限制竞争法》的违反。第298条在结构上与旧版《反限制竞争法》第1条、第38条第1款第1项的规定相应,并将原本作为秩序违反行为处理的执行限制竞争的协议的行为予以犯罪化(而新版《反限制竞争法》第81条则将这种串通协议本身视为秩序违反行为)。由于《反限制竞争法》(无论旧版还是新版)都只针对(潜在的)竞争者,因此与文献上的观点不同,[48]竞标者与为招标方提供咨询的建筑设计师之间的串通就被排除在外了;而与费舍尔的观点[49]不同,竞标者与其他"招标方的人员"之间的串通也被排除在外。与之相应,第299条中的"不公正的"这一要素包含了来自《反不正当竞争法》上的一个一般条款,该条款从《德国基本法》第103条第2款的角度看不无疑问,因此在解释时应当要受到《反不正当竞争法》第1条所包含的价值判断的限制。[50] 相反,第299条第1款所提到的竞争要求则看起来是不恰当的。波鸿州法院最近审理的一起案件说明了对这一要素所存在的疑虑:即便当借款人与其他(当时并不存在的借款人)之间并不存在竞争,或者可以用于发放贷款的资金足以满足所有借款人要求时,信贷机构的职员在批准给借款人授信时索要利益的行为是否符合第299条的构成要件? 波鸿州法院在2000年2月14日(12 Qs 3/2000)的一项非公开裁决中对这一问题作出肯定的回答,并援引了联邦最高法院《法学新周刊》1991年第370页上的判决,而罗森塔尔/勒夫蔓[51]在评注中则对其前身《反不正当竞争法》第12条第2款的规定作了如下评论:

　　"银行职员以收取佣金或者其他的报酬为条件而向借款人提供资金时,若没有进一步的事实,那么该行为并不违反《反不正当竞争法》第12条第2款,因为这一行为不处于竞争之中。如果两名借款人向同一家银行申请借款,而银行只能或者只愿意向其中一家提供贷款,则评价便会有所不同。"

　　波鸿州法院所采用的第299条第2款意义上的竞争的通行定义(竞争者是指所

---

〔48〕　Vgl. bereits o. Fn. 22.

〔49〕　§ 298 Rdnr. 12.

〔50〕　Wohl weitergehend Lackner/Kühl § 299 Rdnr. 5.

〔51〕　Gesetz gegen den unlauteren Wettbewerb, 9. Aufl. 1969, § 12 Rdnr. 33. Auch Fischer § 299 Rdnr. 13 也要求在行为时必须存在共同竞争者,并且旨在"消灭"竞争对手。

有生产或销售同种或相似产品与服务的竞争推动者〔52〕)在适用于信贷领域时会在实施上导致对竞争要求的放弃,因为理所当然地存在潜在的其他人员或公司需要获得贷款。本案表明,在《反不正当竞争法》第 12 条与《刑法典》第 299 条的关系中,第 12 条第 1 款与第 2 款看似只是在形式上发生了位置的变化,即将前一项规定吸收到了刑法典之中,却产生了立法者所没有预见的困难。由于前述第一部分所提到的欧洲委员会条约的要求,第 299 条的新规定必须删去第 1 款中关于竞争的要求,并代之以"交易活动"的要素。此外无论是欧盟的措施还是欧洲委员会的条约都要求被行贿的雇员违反了义务。这里第 299 条明显地趋向于(有争议的)背信要素,今后人们必须讨论的是,如果雇主同意雇员收取利益是否可以否定构成要件。〔53〕在这种情况下,实施欧盟措施的意大利草案在商业公司犯罪领域创造准背信罪的构成要件,似乎并不是完全错误的。因为欧盟指令与欧盟的共同措施通常并不包含静止性的要求,因此也并不能排除国内法所设定的刑事责任。

## 四

　　后一种考虑已经表明,关于"侵害竞争的犯罪"命题的讨论并没有因为第 298 条及以下数条的修订而结束。除了使第 299 条特别是与 1998 年 12 月 31 日的欧盟措施和 1999 年《欧洲委员会协定》保持一致之外,还必须使不实广告罪(《反不正当竞争法》第 4 条)——无论是否纳入《德国刑法典》——符合欧共体法律的标准,特别是欧洲法院的标准。在德国,由联邦最高法院判例所确立的"平均消费者"标准必须与欧洲法院所确立的谨慎(小心)的消费者标准相协调。〔54〕这一标准也通行于其他欧盟成员国。一个由我们所提出的表述方案〔55〕对于德国的立法者或许有益,并且能够取代此前对于《反不正当竞争法》第 4 条的解释,这一解释与欧共同法律规定是有所偏离的。

　　联邦司法部正计划在本轮立法周期内参照欧盟措施与欧盟委员会协议的规定在第 299 条中增设第 3 款,该款规定将确保竞争在世界范围内的要保护性。这无疑将最终在立法上普遍承认竞争是值得刑法保护的法益。

---

〔52〕 So die übliche, von § 12 Abs. 1 UWG übernommene Definition; vgl. etwa Lackner/Kühl § 299 Rdnr. 3 mit Nachw.(其中认为只需要有"即将产生的竞争关系"即可;这一观点的正确之处仅仅在于,无论是竞争关系还是偏好都只需要存在于认识之中。)

〔53〕 对于此前的构成要件理解参见 Fischer § 299 Rdnr.14 mit Nachw.

〔54〕 Vgl. zuletzt EuGH NJW 2000, 1173 ff. -"Lancaster";

〔55〕 Tiedemann a.a.O. (o. Fn. 18) Teil E.

**图书在版编目(CIP)数据**

中德法学论坛 / 宋晓主编. —南京：南京大学出
版社，2021.4
ISBN 978 - 7 - 305 - 24388 - 2

Ⅰ.①中…　Ⅱ.①宋…　Ⅲ.①法律-文集　Ⅳ.
①D9 - 53

中国版本图书馆 CIP 数据核字(2021)第 074369 号

出版发行　南京大学出版社
社　　址　南京市汉口路 22 号　　　　邮　编 210093
出 版 人　金鑫荣

书　　名　**中德法学论坛**
主　　编　宋　晓
责任编辑　潘琳宁

照　　排　南京紫藤制版印务中心
印　　刷　南京玉河印刷厂
开　　本　787mm×1092mm　1/16　印张 13.75　字数 285 千
版　　次　2021 年 4 月第 1 版　2021 年 4 月第 1 次印刷
ISBN　978 - 7 - 305 - 24388 - 2
定　　价　78.00 元

网　　址:http://www.njupco.com
官方微博:http://weibo.com/njupco
官方微信:njupress
销售咨询热线:(025)83594756